통일철학과 단민주주의

이찬구 저

국립중앙도서관 출판시도서목록(CIP)

통일철학과 단민주주의 : 이찬구 저. -- 서울 : 한누리미디어, 2015
p. ; cm

ISBN 978-89-7969-498-7 93130 : ₩18000

종교 일반[宗教一般]
남북 통일[南北統一]

255.8-KDC6
299.57-DDC23 CIP2015008097

표지설명 : 원초적 삼태극 문양과 무극원의 결합형태를 이룬 5천 년전 홍산옥기의 하나
(박문원 한국홍산문화학술원장 소장)

통일철학과 단민주주의

이찬구 저

한누리미디어

저자가 늘 가슴에 품었던 생각의 주안점은 개벽의 새 세상, 그리고 통일이었다. 이 책에 실은 여섯 편의 논문들은 주로 천부경, 주역, 단군, 동학이라는 네 가지 관점에서 쓴 것들이다. 천부경의 삼태극사상, 주역의 중정(中正)사상, 단군의 수미균평위와 홍익인간사상, 그리고 동학의 만민평등과 사인여천의 상균적 주민자치사상이 통일철학의 핵심적 가치들이다.

저자는 1992년에 국조봉안회 신도성 상임고문(국토통일원 장관 역임)을 모시고 통일부의 승인(교일 02201-1305호)을 받아 남북개천대제 합동봉행을 위해 북측에 성명을 발표한 바도 있으나 성사되지는 못했다(『단군신화와 역사』 1992). 그 후인 1994년에 북한은 평양 소재 단군릉을 대대적으로 개건하였고, 1995년 개천절에는 안호상 박사가 통일의 물꼬를 트기 위해 방북하였으며, 2002년과 2003년에는 6 · 15공동선언의 결과로 역사적인 개천절 민족공동행사(남측 대표 한양원 회장, 북측 대표 류미영 회장)가 평양과 서울에서 동시에 열렸다. 한동안 막혔던 남북의 공동행사가 2014년 개천절에 다시 성사되어 평양 단군릉에서 개천대제를 합동으로 봉행하였다.

여섯 편의 논문 중에 다섯 편은 이미 학술지나 세미나에서 공개된 것으로 시사성에 맞게 다시 보완하였으며, 마지막 「근대 민족운동과 단민주주의 통일론」은 그 전에 써 놓은 미공개 논문을 새롭게 보완하여 최종적으로 정리한 것이다. 이번 처음으로 제기한 '단민주주의(檀民主主義)' 라는 말은 단군의 홍익인간 이념에 동학혁명이 우리 민족사에 남긴 주민자치, 주민자결의 민주주의 요소를 결합한 새로운 운동개념이다.

저자는 1985년에 이미 '홍익민주주의론' 의 초안을 작성한 바 있다. 그동안

'홍익민주주의' 에 관하여는 박정학, 이홍범, 정경희 박사 등이 자주 거론한 바 있다. 이홍범 박사도 홍익민주주의를 "구국의 횃불이며, 자유와 민주, 통일과 번영의 위대한 광명" 이라고 주장하고 있는데, 여기에 이론이 있을 수 없다. 또 '단군민족주의' 라는 말도 정영훈, 임형진 박사 등이 정치학에서 사용해 온 바 있어 낯설지 않다. 하지만 이 두 용어는 단군사상에 한정하고 있다는 한계가 있다.

이처럼 저자가 이미 써 놓은 홍익민주주의라는 이름을 쓰지 않고 그 이름을 '단민주주의' 라고 고친 것은 단군의 이름으로 민족의 자주권을 드높이고, 여기에 동학혁명의 민주적 정신을 되살려 통일국가를 앞당겨 실현하기 위해서다. 더욱이 북한에서 이미 단군릉과 개천절을 소중하게 여기고 있기 때문에 직접적으로 '단군' 의 '단(檀)' 을 앞에 내세우는 것이 '우리 민족' 의 통일준비운동에 이롭다고 본 것이다.

이 책의 원고를 마감할 즈음에 피케티의 『21세기 자본』을 읽고 신선한 충격을 받았다. 특히 홍익인간이라는 고차원의 이념을 현실적으로 어떻게 적용할 것인가로 고민하던 터에 그의 불평등이론은 많은 참고가 되었다.

이 책의 결론은 단민주주의에 의한 남북통일준비에 있다. 남북의 통일준비는 혼자 하는 것이 아니다. 상대를 인정하고 상대와 함께 하는 것이다. 앞으로 남북이 단민주주의에 인식을 공유하여 '남북통일과도정부' 를 구성하고, 통일된 '홍익국가' 를 건설할 수 있길 간절히 바란다. 통일운동에서 중요한 것은 '오늘부터 통일이다' 는 생각을 갖는 일이다.

끝으로 개벽으로 익어가는 성숙사회를 함께 염원 드리며, 이 땅의 애국민족운동가 앞에 이 책을 감히 내놓으면서 강호제현의 질정을 바라마지 않는다.

단기 4347(2014, 갑오). 12.

이 찬 구 삼가 씀

차례 Contents

4 홍암 나철과 심산 김창숙의 민족적 종교관

5 동학 상균론과 통일에의 접근

6 근대 민족운동과 단민주주의 통일론

국한문 표기의 원칙

- 경전의 원문을 인용할 경우는 원문 한자를 앞에 쓰고 뒤에 한글 음을 달았다. 중복해서 쓸 경우는 한글과 한자를 병용하였다.
- 중요한 용어는 한글과 한자를 (　)로 병용하였다. 주로 한글을 앞에 쓰고 한자를 뒤에 썼다.
- 쉬운 한자 中, 正 등은 그대로 한자로 썼다.
- 같은 뜻을 의미하는 한자는 [　]에 넣었다.
- 서명에는 『　』, 논문명에는 「　」로 표기하였으며, 일반적으로 널리 알려진 주역, 논어 등의 서명에는 표기를 생략하였다.

1 천부경의 분화와 통일의 원리

천부경의 분화와 통일의 원리

1. 一始無始一(일시무시일)에서 一과 無의 관계

9천 년 전 환인(桓因) 때로부터 구전(口傳)으로 전해 오고, 환웅(桓雄) 또는 단군(檀君)시대에 경전이 된 천부경(天符經)은 오늘날 81자의 한문으로 알려져 있다. 경전은 '一始無始一일시무시일'로 시작하고 '一終無終一일종무종일'로 끝맺는다. 그런데 이 첫 구절인 一始無始一을 어떤 순서로 해석할 것이냐에 따라서 해석은 다양하게 나올 수 있다. 저자는 一始無始一을 그냥 우리말에 어순대로 "하나가 시한다(一始), 無(무)에서 시한 하나다(無始一)"라고 해석한다. 전병훈은 일은 무시에서 비롯되었다(一始於無始일시어무시)[1] 고 보았고, 류정기는 "一의 始는 無로 始하나 一이라"[2]고 했다. 始(시)는 비롯된다는 뜻으로 편의상 始作(시작)의 말로 이해한다. 류정기의 관점에서 보면, 無(무)를 '없다'는 형용사가 아니라, '없음'이라는 명사개념으로 본다는 뜻이다.

여기서 문제가 되는 것은 一과 無의 관계, 無와 一은 어떤 관계인가? 하는 점이다. 이것이 천부경 첫 구절이 제기하고 있는 근본 문제이다. 一과 無의 관계를 천부경은 놀랍게도 둘로 갈라서 보지 않고, 하나로 보고 있다. 一이면 一이다. 無면 無다. 이렇게 설명을 해야 할 텐데, 그 一과 無가 서로 떨어져 있는 관계가 아니라고 설명을 하고 있다. 一은 無를 높여 주고, 無는 또 一을 높여준다. 그 근거는 一始無始一의 해석에 있다. 一始 즉 하나에서 시작했는데도, 그 시작한 하나는 어디서 근원했느냐? 그 시초를 다시 묻고 있다. 그 시초는 '無에서 시작한 하나'라는 것이다. 이 때 無(무)는 '없다'는 형용사가 아니라, '없음'이라는 명사로 보아야 한다. 無에서 하나가 시작했다는 말은 一을 주체적으로 설명한 것이다. 그런데 그 一조차도 알고 보니 無에서 비롯

---

1) 전병훈 『정신철학통편』 북경, 1920 (명문당 영인본, 1983) p.32
2) 류정기 『동양사상사전』 아세아문화사, 1988, p.387

된 하나라는 점이다. 그렇지만 無에서 비롯된 하나지만 그 無는 一이 없으면 시작할 수 없다. 다시 말해 하나에서 시작했는데, 無에서 시작한 하나이므로 無는 一이 없으면 또 시작할 수가 없다는 말이 된다. 반면에 一은 無가 없으면 나올 수가 없다. 一과 無를 동시에 강조하고 있기 때문이다. 그래서 一과 無는 떨어져 있는 존재가 아니고 하나로 이어 있다.

그렇지만 그 無가 '없는 존재'는 아니다. 있는 존재이나 '알 수 없는 존재'이다. 우리는 많은 체험을 못 했지만 내가 자랄 때는 몰랐지만, 어른이 되어서는 그것을 알게 된다. 그것이 바로 無의 세계이다. 그래서 자식과 어머니는 떨어질 수 없듯이, 一과 無는 서로 떨어질 수 없는 관계이다. 一은 無에 의해서 無는 一에 의존하듯이, 이 우주의 원리도 一과 無가 서로 공존하고 있다. 이것이 천부경의 첫 구절이 일러주는 가장 중요한 우주관이며, 여기에서 천부경의 수리철학이 나온다. 이런 면에서 이를 무극과 태극관계로 설명할 수 있을 것이다. 전병훈은 一을 太極(태극), 無始(무시)를 無極(무극)으로 보았다.[3] 또 류정기는 전통적인 관점에 따라, "최초의 無極(무극)에서 천지가 조판되니 그것은 太極(태극)이고, 천지의 중간에서 인간이 출현하였으니 그것은 三極"이라고 명명했다.[4] 혜동도 "음양의 두 기가 서로 사귀어 사람이 그 가운데서 낳게 되니 삼재를 갖춘다"[5]고 했다. 그런데 이 때의 一은 하나나 둘이라는 개체적인 의미의 태극이 아닐 뿐 아니라, 태극은 본래부터 2가 아니고, 3임을 일러주고 있는 것이 천부경의 중요한 내용 중의 하나이다. 즉 一은 태극에 가깝고, 無는 무극에 가깝다고 할 수 있다. 여기서 주역의 2수와 다른 3수 구조의 관념체계가 천부경임을 알 수 있을 것이다.

---

3) 전병훈 『정신철학통편』 북경, 1920 (명문당 영인본, 1983) p.32

4) 류정기 『동양사상사전』 아세아문화사, 1988, p.387

5) "陰陽氣交 人生其中 三才具焉" (惠棟 『周易述』(계사상전 권16 역유태극, 중화서국 2007년판본 p.287)

2. 『한서』의 太極元氣(태극원기)와 3재

천부경을 이해하는 데 중요한 단서가 되고 있는 것은 周易의 "易有太極역유태극 是生兩儀시생양의"와 『漢書한서』의 "太極元氣태극원기 函三爲一함삼위일"이다. 특히 "太極元氣 函三爲一"의 출전은 班固(반고)의 『한서』의 「율력지」로 널리 알려져 왔다.

이 "易有太極"과 "太極元氣 函三爲一"의 공통점은 '太極태극'이다. 『한서』에는 "太極元氣 函三爲一"을 설명하기를, "태극원기(太極元氣) 함삼위일(函三爲一) 극중야(極中也) 원시야(元始也)"[6]라 하였다. 이는 "태극 원기는 셋을 포함하여 하나가 된다. 極(극)은 中(중)이요, 元(원)은 始(시)이다"라는 뜻이다. 이에 대해 후에 맹강(孟康)이 풀이하기를, "태극의 원기는 처음 子에서 일어나는데, 나누어지기 전에는 天地人이 혼합하여 하나가 되는 고로 子數(자수)는 홀로 1"이라고 한다는 것이다. 여기서 태극은 일원기(一元氣)이면서 동시에 三氣가 혼원(渾元, 흐릿한 기운 덩어리)한 三元의 모양임을 알 수 있다. 태극이 자(子), 축(丑), 인(寅) 삼원을 포함하여 일원(一元)으로 돌아간다는 것이니, 즉 천(天), 지(地), 인(人) 삼재(三才)를 의미한다.

3. 『삼통력』의 太極元氣(태극원기)와 一始(일시)

저자가 우연히 陳伯适(진백괄)의 『혜동역학연구』[7]를 읽다가 "太極元氣태극원기 函三爲一함삼위일"의 원출전이 『한서』가 아님을 알았다. 惠棟(혜동,

---

6) "太極元氣 函三爲一(孟康曰元氣始起於子未分之時天地人混合爲一故子數獨一也師古曰函讀與含同後皆類此也"(『漢書』 卷二十一上 漢 班固撰 唐 顔師古注「律歷志第一上」)

7) 陳伯适(진백괄)의 『惠棟易學研究』 2005년, 대만 정치대학 박사논문, pp.743~744

1697~1758年)이라는 청대 역학자가 그의 저서인 『周易述(주역술)』에서 『三統歷(삼통력)』을 수차례 인용하고 있는 것에 착안하여 의심을 해 보았다. 우실하도 "太極元氣 函三爲一"의 원출전을 『한서』로만 알고 있었는데,[8] 저자가 이를 찾아보니 『한서』가 아니고 『三統歷(삼통력)』(또는 『三統曆』)임을 알게 되었다.

『삼통력』은 반고(班固)보다 1백여 년 앞선 BC 1세기경 유흠(劉歆, BC 53?~BC 23)[9]의 저작이다. 『삼통력』에 의하면 "太極元氣태극원기 函三爲一함삼위일"이라는 구절과 함께 "始于一而三之시우일이삼지"[10] 라는 구절이 나온다. 즉 "태극의 원기는 셋을 포함하여 하나가 된다. 하나에서 비롯하여 셋으로 한다"라고 풀이할 수 있다. 또 여기에 다른 말을 더해 "一卽天地人之始일즉천지인지시 所謂元也소위원야"[11]라고 하였다. 이 말이 유흠의 말인지, 『주역술』의 저자인 惠棟의 주석인지 정확한 구별이 되지 않지만, 일단 태극의 의미를 가장 잘 드러내주고 있다는 점에서 주목할 만하다. 즉 "태극의 원기는 셋을 포함하여 하나가 된다. 하나는 곧 천지인의 비롯함이니, 이른바 元

8) 우실하 『3수 분화의 세계관』 소나무, 2012, p.94

9) 전한 말기 패현(沛縣) 사람. 자는 자준(子駿)인데, 나중에 이름을 수(秀), 자를 영숙(穎叔)으로 고쳤다. 유향(劉向)의 아들이다. 젊었을 때 『시경』과 『서경』에 정통했고, 글을 잘 지었다. 성제(成帝) 때 황문랑(黃門郞)이 되어 아버지와 함께 많은 서적들을 교정했다. 애제(哀帝) 때 봉거광록대부(奉車光祿大夫)로 옮겼다. 왕망(王莽)이 집권하자 중루교위(中壘校尉)와 경조윤(京兆尹)을 지내고 홍휴후(紅休侯)에 봉해졌다. 왕망이 칭제(稱帝)한 뒤에는 국사(國師)가 되어 가신공(嘉新公)에 봉해졌다. 나중에 왕망을 죽이려다가 음모가 발각되자 자살했다. 『좌씨춘추(左氏春秋)』와 『모시(毛詩)』, 『일례(逸禮)』, 『고문상서』를 존중하여 학관(學官)에 전문박사(專門博士)를 두기 위해 학관 박사들과 논쟁을 벌였지만 이루지 못하고 하내태수(河內太守)로 전출되었다. 궁정의 장서를 정리하고 육예(六藝)의 여러 서적을 7종으로 분류한 『칠략(七略)』을 썼다. 『칠략』의 내용은 상당수가 『한서(漢書)』 예문지(藝文志)로 편입되었다. 그 밖에 『삼통역보(三統曆譜)』를 지었고, 명나라 사람이 편집한 『유자준집(劉子駿集)』이 있다.([네이버 지식백과] 유흠 [劉歆](중국역대인명사전, 2010.1.20, 이회문화사)

10) "三統歷曰 太極元氣 函三爲一 又曰 始于一而三之"(『周易述』(역미언 상, 권22, 중화서국 2007년판본 p.440)

11) "三統歷曰 太極元氣 函三爲一 一卽天地人之始 所謂元也"(『周易述』(乾 象傳) 권9, 중화서국 2007년판본 p.143)

(또는 원기)이라 한 것이다"라고 해석할 수 있다. 글의 선후로 보아 이 『삼통력』의 말이 뒤의 『한서』에 전달된 것으로 볼 수 있다. 천부경의 一始가 天地人의 始임을 분명하게 알 수 있고, 또 그 一은 三을 포함한 것임을 『삼통력』에 의해 문헌상 처음으로 확인할 수 있다. 마치 천부경 一始無始一을 주해해 놓은 느낌이 들 정도이다. "一卽天地人之始일즉천지인지시"는 『한서』를 풀이한 맹강(孟康)의 주석인 "天地人混合爲一천지인혼합위일"이란 말과 서로 부합하는 면이 있으며, 이는 천부경의 一始를 설명한 것과 일치한다고 볼 수 있다. 따라서 천부경의 一始는 낱개의 하나가 아니라, 天地人이 혼합된 큰 덩어리 '한 기운' 임을 알 수 있다. 한편 한말의 유학자인 김택영은 一始(일시)를 一氣(일기)의 始라고 하고, 極(극)을 一氣가 나뉘어 3재가 되는 것을 이른다고 했다.[12]

기존 성리학의 무극과 태극	천부경의 무극과 一始의 본태극
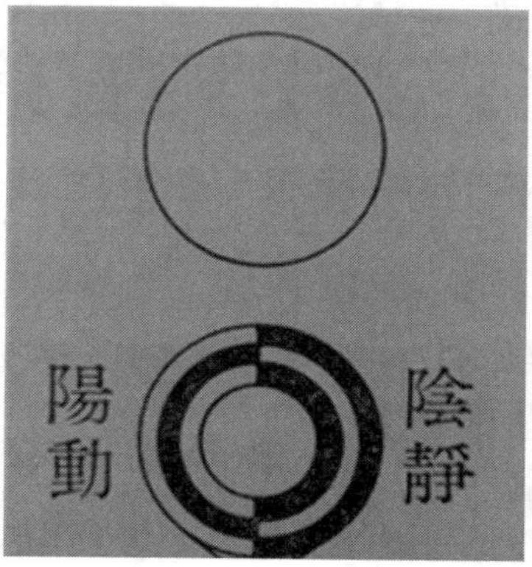	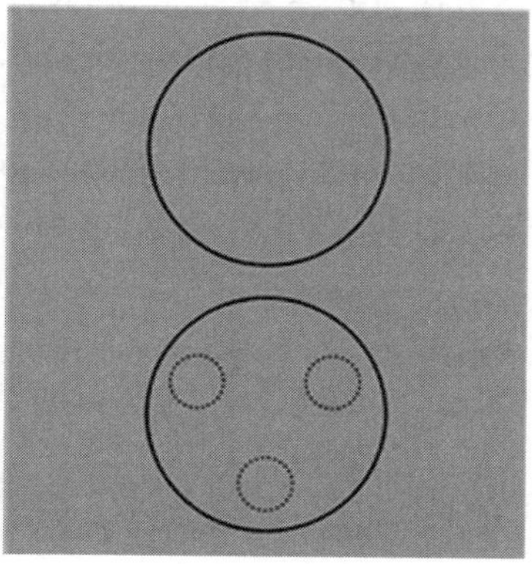

12) 김택영 『韶濩堂集續卷五』 [文] 本紀 檀氏朝鮮紀 '檀君' : 以本邦之地先受朝日光鮮。建國號曰朝鮮。作天符經。極說人君受天命之道 天符者。天命之符驗 也。其文曰。一始無始。澤榮註曰。將說人君所以受天命之由。故先推本天地之始而言之。一始者。一氣之始。無始者。循環之故。言天地之先。只是循環之一氣。而莫知其始者也。一析三。三者。天地人三才。言三才由一氣而分也。極無盡。極者太極也。言自一氣而分爲三才。遣往理之有國曰朝鮮。其人水居。偎人愛人 偎。親近也。謂檀君有親人愛人之仁政。

4. 析三極(석삼극)의 분화원리

앞에서 말한 천부경 '一始無始一일시무시일' 다음에 '析三極석삼극 無盡本무진본' 이 나온다. 析(석)은 쪼개다, 나누다, 흩어지다, 가르다라는 뜻이 들어 있다. 나무[木목]를 도끼[斤근]로 쪼갠다는 것은 서로 아래 위로 연결된 것을 끊는다는 뜻을 함의한다. 나무 木(목)의 우리말 '목' 에는 아래, 위가 연결되어 있다는 원초적인 뜻을 갖고 있다. 그 실례가 손목, 발목의 '목' 에서 알 수 있다. 나무 '목' 의 옛 글자도 『설문해자』에 의하면 이다. 하늘(위)과 땅(아래)을 연결하는 것이 바로 '목' 임을 분명하게 알 수 있다.[13]

이런 관점에서 석삼극은 천지인의 엉켜 있는 큰 덩어리 氣(기)가 셋으로 쪼개진다는 것을 의미하며, 이 때 쪼개진다는 것은 큰 덩어리 속에 엉켜 있던 기가 갈라지고, 끊어져 나온다는 것을 의미하는 것이다. 따라서 一始의 始와 析三極의 析은 그 뜻이 다르다는 것을 알 수 있다. 始가 氣의 엉킴이라면, 析은 氣의 分化(분화)를 의미한다. 여기서 析과 生을 혼동하면 안 된다. 의재 심씨가 말하기를 "資始(자시)는 氣의 비롯이요, 資生(자생)은 形의 비롯"[14]이라고 지적했다. 따라서 始(시)는 氣의 엉킴이며, 析(석)은 氣의 分化이며, 生은 形體(형체)를 낳는다는 뜻으로 서로 그 의미가 다르다.

그러면 석삼극에 의해 쪼개져 나오는 분화의 실체는 무엇인가?

'天一一地一二人一三천일일 지일이 인일삼' 에서 天一, 地一, 人一이 나오고, 그 다음에 '一積十鉅일적십거' '無匱化三무궤화삼' 을 거쳐 '天二三 地二三 人二三천이삼 지이삼 인이삼' 이 나온다. 비록 석삼극의 실체가 천一

13) 조옥구 『백자초문』 이아, 2014, p.142. 우리는 여기서 나무 木(목)자를 놓고 볼 때, 나무도 우리말이고, 목도 우리말임을 분명하게 알 수 있다. 따라서 '나무' 는 우리말이고, '목' 은 한자말(이 말속에는 남의 말이라는 느낌을 갖게 한다)이라는 고정 관념이 얼마나 무지인 줄을 깨달아야 한다.

14) "資始者氣之始 資生者形之始"(『주역비지구해』, 건괘 단전, 毅齋沈氏)

지－인이지만, 그것은 단계별로 진화한다. 天一一地一二人一三의 1단계 과정을 '석삼극의 천지인 삼태극' 이라 할 수 있고, 一積十鉅 無匱化三의 2단계 과정에서 천지인이 '三의 창조성' 을 획득한다. 3단계 과정이 天二三 地二三 人二三이다. 이는 각기 三의 창조성을 획득한 '天三, 地三, 人三의 평등성' 을 의미한다. 마지막 4단계 과정은 二의 성품을 획득하는 과정이다.

(1) 析三極의 천지인 삼태극	(2) 천지인 無匱化三의 창조성	(3) 天三 地三 人三의 창조성
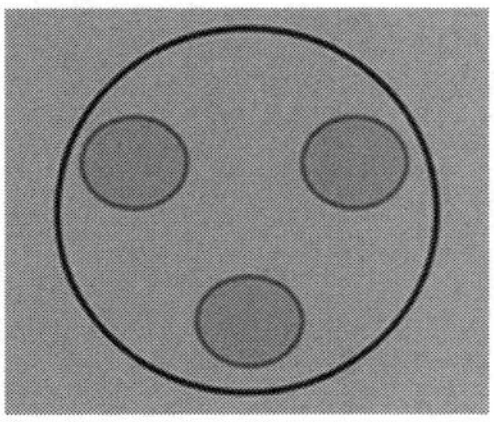		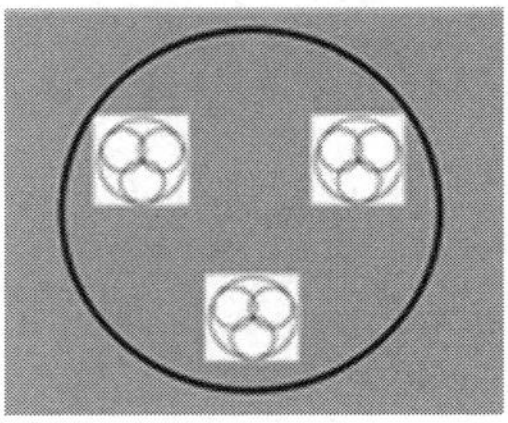

천부경은 기본적으로 天地人 三才(삼재), 三極(삼극)의 논리로 설명을 한다. 그 천지인이 그냥 고정되어 있는 세 개, 즉 삼재가 아니라, 그것은 삼극으로서 무수한 관계를 맺으며 유기체적으로 존재하고 있다. 하늘도 땅도 사람도 무수한 관계 속에 있다. 그 대표적인 관계가 二이다. 앞에서 三은 '창조성' 이라고 했다. 창조성의 3을 다른 말로 '조화(造化), 교화(敎化), 치화(治化)' 라기도 하고, 또 '생물(生物), 화물(化物), 성물(成物)' [15]이라고도 하는데, 이 '생물(生物)▶화물(化物)▶성물(成物)' 을 창조성의 3과정이라 보고자 한다.

반면에 二는 어떤 관계를 설명하는가? 이를 '음양성' 이라고 할 수 있다. 음양의 分化(분화) 관계로 볼 수 있다는 것이다. 주역에서는 이것을 두고 천

15) 윤세복 「檀君考」 『학술지』 2-1호, 건국대학교, 1959, p.12

天三의 二(음양)분화발산과정

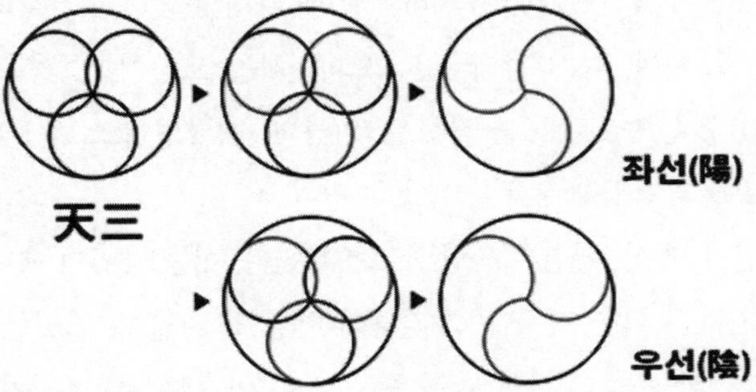

地三의 二(음양)분화발산과정

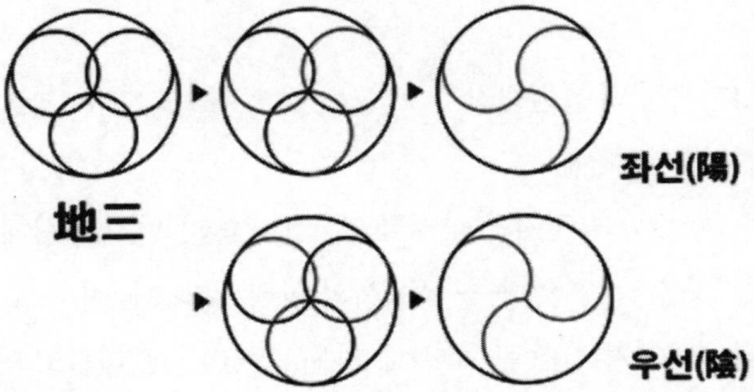

人三의 二(음양)분화발산과정

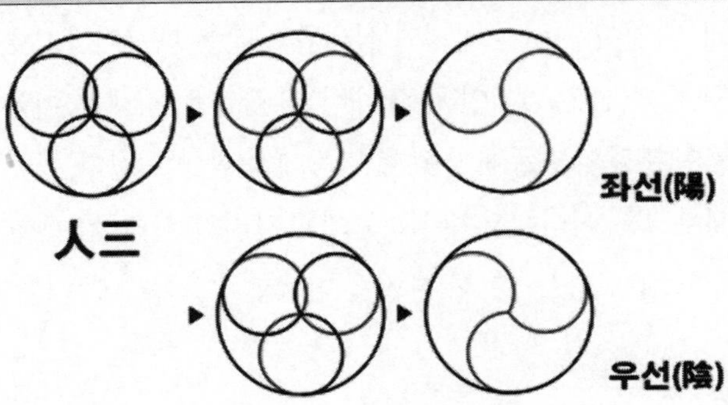

은 陰陽(음양), 지는 剛柔(강유), 인은 仁義(인의)로 설명한다. 다시 말해 天三, 地三, 人三이 음양관계를 유지하기 위해 다시 분화하며 각각의 창조성을 발휘한다는 뜻이다. 특히 삼태극은 그 회전하는 모양이 左旋(좌선)과 右旋(우선)이 있다. 왼쪽으로 도는 좌선은 陽(양)의 태극형이고, 우선은 陰(음)의 태극형으로 둘의 음양관계를 확인할 수 있다.

이렇게 천삼, 지삼, 인삼은 음양으로 분화한다. 이는 자기의 생명성을 지속적으로 유지하기 위한 것이다. 그리하여 천일일, 지일이, 인일삼은 이어 三(삼)의 창조성과 음양의 분화 과정을 거쳐 마지막에 '천이삼, 지이삼, 인이삼' 이 되어 천지인의 분화가 완성된다.

5. 天地人(천지인)의 통일원리

이렇게 '一始에서의 천지인 삼태극' 과 '析三極의 천지인 삼태극' 과는 서로 다르다는 것을 알 수 있다. 一始에서의 삼태극(本太極이라 할 수 있음)은 천지인이 나누어지기 전의 큰 세 갈래 기운 덩어리를 포태하고 있다면, 析三極의 삼태극은 천지인이 각기 셋으로 分化한 모양이라고 볼 수 있다. 수운 최제우는 동학의 至氣(지기)를 설명하면서 '渾元之一氣혼원지일기'[16]를 말한 적이 있는데, 이것이 一始의 천지인 삼태극과 같은 맥락이라고 본다. 이처럼 앞의 本太極(본태극)은 천지인 內函(내함)의 靜態性(정태성)이라면, 뒤의 삼태극은 천지인 분화의 역동적인 動態性(동태성)을 의미한다.

그러면 천부경은 어디에서 합일하는가? 천지인 삼태극은 어디에서 만나는가? 天二三 地二三 人二三이 분화를 마치면, 그 다음에는 수렴의 과정을

16) 최제우 『동경대전』(「논학문」 12장)

三太極의 실제1	삼태극의 실제2
 「미추왕의 보검(보물 635호)」[17]	

거치게 된다. 수렴(收斂)이란 생명이 분열을 마치고 결실을 위해 통합에 들어가는 과정이다. 통합이 곧 통일과 합일의 단계이다. 모두 하나를 지향한다는 점에서 동일하다. 『釋名석명』에 이르기를 3 · 1이란 것은 '精(정)－神(신)－氣(기)' 의 3 가지가 섞여 1을 이룬 것이라고 적고 있다.[18] 그래서 우리가 천지인의 三과 관련해서 會三歸一(회삼귀일)이나 執一含三(집일함삼)이라는 설명을 한다. 이 一은 결국 三을 이루는 기본적인 몸이다. 또 三은 一에 의해서 쓰임이 되고, 셋은 서로 모여서 하나로 돌아간다. 앞에서 말한 것처럼, 하나 속에 이미 셋이 포함되어 있는 관계로 1은 1이 아니고, 3이며, 그 3은 다시 1이 되기 때문에 바로 1과 3 즉 3과 1의 관계가 형성된다.

이 분화와 수렴의 중간에서 전개되는 과정이 '一妙衍일묘연 萬往萬來만왕만래' 이다. 이 때의 一은 天一, 地一, 人一에 내재된 一이다. 일묘연 만왕만래에 의해 天一, 地一, 人一이 통일로 돌아가는 것이 會三歸一(회삼귀일)이

17) 『경주국립박물관』 p.133
18) "釋名云 三一者精神炁混三爲一也" (장군방 『운급칠첨』 권49 삼일결). 이에 대하여는 우실하 교수가 『3수분화의 세계관』에서 잘 밝혀 놓았다.

다. 천지인의 삼극이 다시 통일하는 것, 즉 會三歸一하는 것이 바로 '人中天地一인중천지일' 이다. 人中天地一은 분화, 분열되었던 천지인이 다시 하나 된 천지인 일체로 돌아가는 것을 의미한다. 人中天地一은 세 가지로 해석이 가능하다.

▶ 사람이 가운데를 얻어 천지와 하나 된다.

▶ 사람이 천지와 하나 되어 가운데 한다.

▶ 사람이 천지 사이의 가운데에 들어 하나 된다.

어느 해석이건 천지인이 氣의 분화를 마치고 다시 하나 된 것을 의미한다. 다만, 여기서 문제가 되는 것은 人中인중이다. 천부경이 처음에는 셋으로 나누어짐을 '석삼극' 이라 했고, 마지막에 천지인이 하나로 합함을 '인중천지일' 로 말함으로써 천지 사이에 있는 人中으로서의 인간의 위치가 규명되었다. 예로부터 하늘, 땅, 사람이 하나된 것을 '커발한' 이라 하였으니, 이것이 크고, 밝은 '한(환)' 이라는 人中이 어떤 의미인가를 말해 준다. 천부경이 '일종무종일' 로 마칠 수 있는 것도 결국 '인중천지일' 이 이루어져 사람의 바른 자리가 정해졌기 때문이다. 만약 '인중천지일' 이 이루어지지 않았다면, 『천부경』은 마칠 수 없는 것이다. 따라서 『천부경』의 목적은 가히 '인중천지일' 에 있다고 할 수 있다. 이를 오늘날 표현으로 하면, '天地人합일' 을 의미한다. 이 말보다도 '인중천지일' 이라는 말이 더 역동적이고, 능동적이다. 천지인이 분화되었다가 합일하는 이 이치가 한민족 정신사의 대광명처(大光明處)이다.[19]

19) 김석진 『대산의 천부경』 동방의빛, 2009, p.89

6. 人中(인중)과 삼태극의 人極(인극)

다시 會三歸一(회삼귀일)과 執一含三(집일함삼)을 말할 필요가 있다. 執一含三(집일함삼)은 하나를 잡으면 셋이 포함되어 있다는 뜻인데, 이는 천부경의 '일시무시일 석삼극' 과 맥을 같이한다. 반면에 會三歸一(회삼귀일)은 셋이 모여 다시 하나로 돌아간다는 뜻인데, 이는 천부경의 '인중천지일' 과 맥을 같이한다. 그래서 천부경 81자의 결론은 '인중천지일' 이라 해도 과언이 아니다. 여기서 더 중요한 핵심은 人中이라는 말이다. 이는 '사람이 中을 얻었다' 는 뜻이요, '사람이 中을 통했다' 는 뜻이다. 다시 말해 사람이 中을 얻었다는 것은 사람이 하늘과 땅을 자기 마음에 품었다는 뜻으로 해석할 수 있다.

『한서』에 極(극)은 中(중)이라 했으므로, 이 中은 極(극)의 뜻으로 볼 수 있다. 그러므로 人中이란 사람이 하늘과 땅에서 비로소 생명으로서의 자기 중심체가 된다는 의미의 人極(인극)이다. 삼태극의 天極(천극), 地極(지극) 다음에 우주가 완성의 단계에서 이루어지는 것이 人極(인극)이다. 류승국은 "천지의 中은 사람이요, 사람의 中은 마음이요, 마음의 中은 本來性(본래성)이요, 본성의 중핵을 인극 · 태극"[20]이라고 보고, 특히 인심의 중핵을 천부인의 天符(천부 ; 하느님과 꼭 맞음)에 비유하였다.

그러면 사람이 어떻게 인중, 인극이 되는가?

천부경은 그에 대한 해답으로 '本心本太陽본심본태양' 을 제시한다. 본심이란 변하지 않은 근본의 뿌리마음이라는 뜻이다. 그 본심을 한 사람, 한 사람에게 적용하면 '나의 마음' 이라고 할 수 있다. 즉 '나의 마음' 의 근원은 본래가 하늘의 태양이며, 그 하늘의 태양으로부터 근원한 것이다. 역사적으로

20) 류승국 『한국유학사상의 연원과 역사적 전망』 유교문화연구소, 2008, p.141. 이 그림의 작은 ○이 人極(인극)을 상징한다.

인중천지일의 삼태극(가운데 ○이 인극)	빨노파 천지인의 무궁조화
	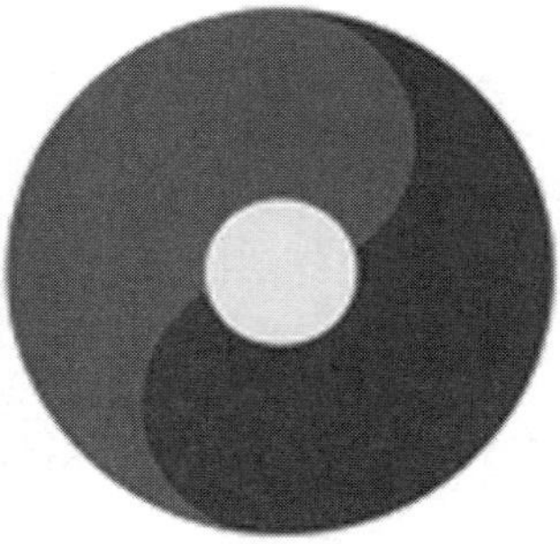

보면, 우리 조상들은 이 본심을 弘益(홍익)의 마음으로 이해한 것 같다. 홍익은 나와 남과 우주를 유익하게 하는 마음의 작용이다. 弘益人間(홍익인간)이 나아가 弘益宇宙(홍익우주)가 된다. 우주 자체가 弘益性(홍익성)을 갖는다. 우주의 本性(본성)이 홍익이다. 그것을 깨닫는 것이 性通光明(성통광명)이다. 이 弘益性(홍익성)은 태양과 같이 사사로움이 없이 크고 넓은 마음에서 나온다. '本心본심 本太陽본태양' 에서 말한 그 태양의 마음이다. 천지를 품

本心本太陽昻明(우측으로부터)[21]
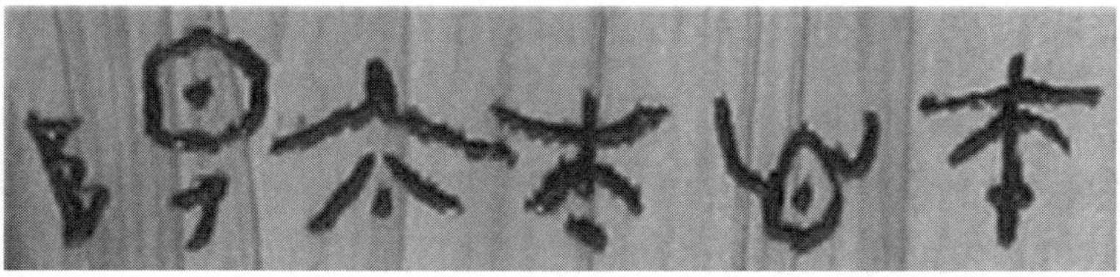

21) 이는 민홍규씨가 공개한 「갑골문 천부경」에서 모사한 것이다. 「갑골문 천부경」은 천부경의 인식을 넓히는 데 크게 기여하였다고 평가할 수 있다. 다만 지금도 「갑골문 천부경」에 대한 진위논쟁이 계속되는 것이 안타까울 뿐이다. 이 목각 사진은 대전 거주 정관 이형우 선생의 작품에서 인용한 것이다.

었기에 태양 같은 따뜻한 마음이며, 태양 같은 공평한 베품이니, 이것이 곧 太心(태심)이며 太益(태익)이다. 사람의 마음도 태심으로 돌아가 우주에서 이 홍익의 極性(극성)을 받았을 때 人極(인극)이 된다는 것을 의미한다. 우주의 홍익성이 인간사회에서는 太心(태심), 太益(태익)으로 구현된다.

한자 클 弘(홍)은 활 弓(궁)에 마늘 厶(모, 사)이다. 이 활 弓(궁)에 태양의 뜻이 숨어 있다.[22] 활은 '활활' 을 연상하고, 이 '활활' 은 불이 타는 모양이며, 그러므로 불의 근원은 '해' 인 것이다. 穹蒼(궁창)의 穹(궁)에 하늘의 뜻이 들어있는 것에서도 弓(궁)과 穹(궁)의 의미가 하늘을 공통으로 한다는 것을 쉽게 연상할 수 있다.

그러므로 사람의 본심은 홍익하는 마음으로, 그 마음이 인간에서 우주로 점점 확대되어 간다. 이렇게 홍익하는 마음의 본래심(本來心)을 회복한 다음에야 사람이 人中의 존재, 즉 천지를 품은 중심체로서의 人極(인극)이 되는 것이다. 천지를 품은 사람이 인극이 될 때, 비로소 천지인을 통일했다는 말할 수 있다. 통일과 합일은 다 같이 하나 된다는 뜻이다. 단지, 合一(합일)에는 천지인이 하나 된다는 소극적인 개념이 들어있고, 반면에 統一(통일)에는 하나 된 천지인을 인간이 주도한다는 뜻이 강하게 들어 있다. 이러한 천지인 '다시 통일' 의 과정을 말한 것이 천부경의 '인중천지일' 이며, 이 一이 되는 원리가 '회삼귀일' 이다.

다시 정리하면, '집일함삼' 은 천부경 중에 선천적인 혼원일기(渾元一氣)의 천지인을 말한 것이요, '회삼귀일' 은 천부경 중에 후천적인 태극원기(太極元氣)의 천지인을 말한 것이다. 여기서 중요한 말은 '태극원기' 이다. 본래부터 태극은 원기이다. 『삼통력』의 "太極元氣태극원기 函三爲一함삼위일" 에서 알 수 있듯이, 고대로부터 태극은 元氣(원기)라는 관념을 가지고 있었

22) 조옥구 『백자초문』 이아, 2014, p.110

다. 또 이 말에 의해 고대인들이 태극을 氣(기)의 순환으로 본 것을 알 수 있다. 元氣(원기)란 '뿌리기운' 이며, '본래기운' 이며, '처음기운' 이며, '으뜸기운' 이다.

따라서 태극원기는 선천적 우주시기의 혼원일기와 대비되는 후천적인 우주시기의 '으뜸기운' 이라 할 수 있다. 혼원일기가 씨뿌리는 때의 기운이라면, 태극원기는 열매 맺는 때의 기운에 비유할 수 있다. 「삼성기전 하편」의 서두에 나오는 '斯白力之天사백력지천' 의 '斯白力사백력' 은 우주의 광명하늘을 의미하는 동시에 우리말 '새벽녘' 을 뜻한다. 이 때의 새벽녘은 '새밝력' 이 변해 온 말로, 하루의 첫 새벽[曉]이 아니라, '우주의 첫 새벽' 이라는 뜻이다. '백' 과 '밝', '복' 은 서로 통한다.

따라서 사람이 후천적 시기에 人中(인중)을 얻어 홍익우주의 주체가 될 수 있는 것은 이 태극원기를 바르게 회복하여 人極(인극)이 됨으로써 가능하다는 말이다. 태극의 새로운 바람, 그것이 '태극원기' 가 되기 위해서는 천－지의 兩(양)태극이 아니라, 천－지－인의 삼태극이 되는 것을 의미한다. 태극원기는 천지태극이 아니라, 사람이 인극이 된 천지인 삼태극의 '으뜸기운' 이다. 이 '으뜸기운' 인 태극원기를 스스로 얻는 것이 바로 천지인의 진정한 통일이다. 태극원기의 새바람은 이 천부경 81자에서 나오는 우주광명의 기운이다. 서일의 『회삼경』에 會三歸一(회삼귀일)의 一(일)은 天(천)이며, 一神(일신)이라고 풀이했다. 그렇다면 천지인이 하나 되는 그 자리는 곧 一神(일신)의 경계로도 설명할 수 있다.

한편, 천부경은 '人中天地一인중천지일' 다음에 '一終無終一일종무종일' 로 끝을 맺는다. '일종무종일' 은 우주의 종말을 말하는 것이 아니라, 천지인 삼태극의 결실을 의미한다. '인중천지일' 에서부터 '일종무종일' 까지는 동학에서 말하는 후천 5만년의 결실기로 이해할 수 있다.

7. 세계의 人極(인극)-평화통일의 새바람

오늘날 우리 남북한은 분단 70년이라는 고통 속에 서로를 원망하며 떨어져 살고 있다. 남북한은 겉으로 보면 남과 북, 북과 남의 둘로 나누어진 것처럼 보인다. 그러나 자세히 그 속을 들여다보면 남과 북은 그 사이에 休戰線(휴전선)을 두고 있다. 간선(間線)인 휴전선은 남과 북을 경계선으로 하여 공히 4km의 공간을 점유한다.

즉 경계선에서 남쪽으로 2km, 북쪽으로 2km 떨어지게 된다. 물론 지역별로 차이가 나는 곳도 있다. 시기적으로 38선은 1945년에 그어졌고, 6 · 25 전쟁을 거치면서 휴전선이라는 새로운 경계선이 발생했다. 즉 38선 → 6 · 25 전쟁 발생 → 휴전선(현재)이 된 것이다. 휴전선의 길이는 248km(통칭 155마일)에 그 면적만 해도 한반도 전체면적(22만㎢)의 0.4%인 907㎢(2억 7천만 평, 제주도 크기의 반면적)에 해당된다(통일부 자료). 이 휴전선을 기준으로 해서 남북으로 각각 2km씩 천혜의 공간이 만들어졌다. '정전협정 제1조 군사분계선과 비무장지대 조항' 에 따른 것이다. 거기가 이른바 비무장지대(DMZ)이다.

비무장지대에는 6개의 강, 1개의 평야, 2개의 산맥이 지나고 있으며 그 안에 70개의 마을이 있다. 그 곳은 수많은 지뢰가 놓여있고 비밀 무기가 상대를 겨누고 있는 가장 불안한 곳이다. 또 이 비무장지대의 남방한계선에서 남쪽 5~20km에 걸쳐 민간인의 출입이 제한된 지역이 있다. 이 지역의 경계선을 민통선(민간인 출입통제선, CCL)이라고 부른다. 정착해 집을 짓거나 농사를 지을 수 없는 곳이다.

비무장지대를 관리해야 한다는 명분으로 1954년 2월, 미군 제8군단 사령관이 결정한 통제선이다. 민간인 통제선은 총면적 1,528㎢에 달하며 비무장지대처럼 우리 땅임에도 자유롭게 드나들 수 없는 곳이 되어 버렸다. 이처럼

한반도 생태축(가운데 DMZ생태축)[23]	남과 북, 휴전선의 삼태극 형상[24]
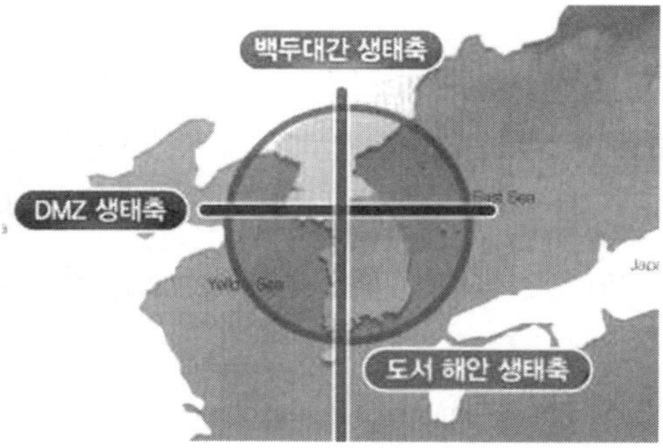	

전쟁으로 인해 출입이 통제된 지역의 남한 내 총 면적은 2,400여 ㎢에 달한다. 서울특별시 면적(605.41㎢ ; 1억8,300만 평)의 4배에 달한 크기이다.

주지하는 것처럼, 비무장지대 일대(2,400여 ㎢)는 말 그대로 아무도 싸울 수 없고, 싸워서도 안 되는 별유천지(別有天地)로서 신성한 곳이어야 한다. 그래서 한반도는 '남북' 과 이 '비무장지대' 를 포함하여 3개 지역으로 나뉘는데, 그 지리적 형상을 비유하면 양(兩)태극이 상하로 떨어져 있을 뿐만 아니라, 또 하나의 태극 띠가 있기 때문에 쉽게 삼태극을 연상할 수 있다.

이것을 가칭 '한반도 삼태극' 이라고 불러본다. 다시 말해, '한반도 삼태극' 이란 숨어있는 비무장지대를 드러내놓고 한반도 전체를 보면, '남한, 휴전선, 북한' 이라는 현실적으로 존재하는 3개 공간구조를 의미한다.

이 중에서 가장 중요한 역할을 맡고 있는 곳은 남과 북의 완충역할을 할 수 있는 '휴전선 비무장지대 일대' 이다. 한반도의 허리띠인 이 곳이 삼태극 중의 人極(인극)에 해당하기 때문이다. 휴전선은 과거의 38선이 변해 온 것이

23) 정태용 「DMZ세계생태평화공원 후보지별 발전구상」『통일준비위원회 제3차회의자료』 통일준비위원회, 2014. 12. 2, p.25

24) 펩시콜라의 로고에서 차용

다. 본래 38은 수리학적으로 동방 목이요, 38은 그 합수가 11(十一)이니, 새로움(10의 1)이 시작되는 동방의 새 땅(土 = 十一)이라는 뜻을 간직하고 있다.[25)]

人極(인극)의 자리인 '휴전선 비무장지대'에서 '태극원기'의 새바람이 불어야 한다. 통일의 문을 여는 '삼태극의 신바람'이 불어야 한다. 통일의 바람은 역사의 질곡을 풀고 평화의 바람으로 일어나야 한다. 고난의 역사를 상생의 역사로 바꾸는 변혁의 새바람이 필요하다. 평화와 통일의 바람이 광명의 바람이 되어 온 지구촌에 울려 퍼져야 한다. 한반도가 상생과 평화의 정신을 실천함으로써 역사적으로 세계의 중심이 될 수 있다. 그러면 한반도가 세계의 인극 자리가 되는 것이다. 왕선산도 "인극이 서니 천지의 위가 정해진다"(人極而天地之位定也 : 주역외전)고 한 말이 이와같은 뜻이다.

요즘 'DMZ 세계생태평화공원' 조성에 관한 구상들이 제기되는 것도 우연이 아니지만, 원리적으로는 이곳에 평화공원이 들어서는 것이 맞다. 평화공원 조성에는 비무장지대의 전체 또는 부분을 선정해야 하는데, 여기에는 반드시 남과 북이 합의해야 하는 조건이 따른다. 북이 합의해 올 수 있는 조건을 제시하는 것이 중요하며, 유엔기구의 참여도 가능할 것이다. 이 사업이 성공하면 통일은 그만큼 가까워지는 것이다.

통일 이후에도 이 평화공원은 보존 유지하여 언제나 삼태극의 역할을 할 수 있도록 한다. 한국의 땅에 있지만, 한국만의 땅이 아니다. 세계와 연결된 곳이기 때문에 세계인의 공유물로서의 생태적 가치와 경제적 생산성을 지닌다. 이 평화공원의 운영과 관리도 남과 북, 그리고 유엔기구가 일정한 비율로 참여하는 가칭 'DMZ생태평화공원 특별공동자치위원회'[26)]를 구성하여 남과

25) 이 말은 한국민족종교협의회 한양원 회장이 평소에 강조하는 통일론이다.

26) '특별공동자치위원회'는 도지사 정도의 자치행정을 갖게 하고, 위원장은 도지사 수준의 대우를 해야 할 것이다. 이 위원회 산하에는 남북의 공무원이나 전문가, 대학생이나 대학원생들을 공동으로 선발하여 통일과도정부 운영에 대비하여 진정한 의미의 쌍방소통의 '통일교육'을 실시해야 할 것이다.

북, 북과 남의 두 정부 사이의 갈등을 완화할 수 있도록 중매(仲媒) 역할을 수행하며, 특히 향후에 있을 '남북통일과도정부'를 염두에 두고 실험적으로 운영해 보는 것도 남과 북이 긴장을 완화하고 쌍방소통하는 데 대단히 좋을 것이다. 그 자체가 자연한 삼태극이다. 이것이 '삼태극통일론'의 초석이 될 것이다.[27] 저자가 말하려는 '삼태극통일론'은 다음 논문들에서 조금씩 언급하겠지만, "남—북—DMZ생태평화공원 특별공동자치위원회"라는 3극 운영체제의 협동경험을 골간으로 다시 "남한정부—북한정부—남북통일과도정부"의 3극 운영체제(시스템)로 가자는 것이다. 이 '삼태극통일론'의 실천에 앞서 남한사회를 보다 더 따뜻한 정의사회로 정화 발전시키자는 것이 뒤편에서 말하는 '중정지도'와 '상균사회' 그리고 '단민주주의'이다.

최근 미국의 뉴욕타임즈는 "한반도의 평화통일은 돈키호테와도 같은 꿈"[28]이라고 비관적으로 내다보았다. 이런 사설들은 대개 기획된 의도 하에 작성되었을 수 있다. 미운 시누이처럼 한국의 통일을 걱정해 주는 척하면서 한국의 분단을 고착화하여 강대국의 부당한 이익만을 꾀하려는 검은 술책이 들어있을 수 있다. 그러나 어느 누구도 통일을 막을 수 없고, 통일운동은 멈출 수 없다. 특히 우리 스스로 통일비용 운운하며 통일부정론이나 무용론을 확산시키는 것은 통일의 최대축복인 한민족의 '무한 창조성'을 가로막는, 가히 반민족적(反民族的)이며, 매국적(賣國的)이다. 더욱이 '기다림'의 평화통일을 포기하고 '빨리빨리'의 무력통일에 의존하려는 듯한 상식이하의 통

27) 제주대 안창범교수는 평소에 남한정부, 북한정부, 통일정부가 참여하는 天地人일체주의에 입각한 3정부1국가연방제 통일론을 주장한바 있다.(안창범 『한반도의 완전통일과 세계평화』 삼진출판사(제주도), 2009, p.123). 그 세부내용에 있어서는 다르지만 여기에서 '삼태극통일론'을 시사 받은 바 크다. "DMZ생태평화공원 특별공동자치위원회"는 그와 같은 이름이 아니더라도 그런 중매역할을 수행할 수 있는 기구를 대표하여 가칭(假稱)한 것이다. 自治委員會라 한 것은 이 기구가 자치성을 담보할 때 발전할 수 있기 때문이다.

28) 『뉴욕타임즈』 2014. 12. 12. 사설('남북한 평화통일 가능할까? Is Peaceful Korean Unification Possible?)

일론은 더 이상 논의의 대상이 될 수 없다. 만약 이 DMZ 평화공원 조성사업 마저 공염불로 그친다면, 우리는 역사에 또 한번 죄를 짓고 말 것이다.

〈세계천부경학술대회(2014. 11. 11)에서 초안 발표〉

참고문헌

『三統歷(삼통력)』

『漢書한서』

『周易주역』

『운급칠첨』

惠棟『周易述(주역술)』

『동경대전』

『환단고기』

김택영『韶濩堂集續卷五』

윤세복「檀君考」『학술지』 2-1호, 건국대학교, 1959

우실하『3수 분화의 세계관』 소나무, 2012

陳伯适(진백괄)의『惠棟易學硏究』 2005년, 대만 정치대학 박사 논문

조옥구『백자초문』 이아, 2014

김석진『대산의 천부경』 동방의빛, 2009

류승국『한국유학사상의 연원과 역사적 전망』 유교문화연구소, 2008

안창범「한반도의 완전통일과 세계평화」 삼진출판사(제주도), 2009

정태용「DMZ세계생태평화공원 후보지별 발전구상」『통일준비위원회 제3차회의자료』 통일준비위원회, 2014.12.2

2 주역에 나타난 공공행복

– 손익괘를 중심으로 –

*이 논문은 대산 김석진 선생의 강론을 중심으로 저자가 1990년에 「주역 손익괘와 홍익이념」으로 정리하여 발표했던 것을 2012년 윤리학회의 요청을 받고 공공행복의 관점을 추가하여 재정리한 것으로 내용에 있어서는 사제간의 공동집필임을 밝힌다.

주역에 나타난 공공행복

1. 홍익인간과 공공행복

저자는 주역에서 공공행복(公共幸福)을 어떻게 표현하고 있는가를 고찰하려고 한다. 공공행복을 국(國)과 민(民), 자(自)와 타(他)가 더불어 향유하는 행복으로 이해할 때 일찍이 주역은 손과 익괘를 통하여 이런 점을 밝혀주고 있다.

주역은 기본적으로 중재(重財)의 관점에 서 있다. 계사전에 "富有之謂大業부유지위대업 日新之盛德일신지성덕"(상5장)이라 했다. 이는 부유하게 두는 것을 대업이라 하고, 그 재부(財富)를 날로 새롭게 증대시키는 것을 성덕이라 말할 수 있다는 뜻이다. 그래서 "崇高莫大乎富貴숭고막대호부귀"(계상 11장 : 숭고한 것이 부귀보다 큰 것이 없음)라 하였고, 태(泰)괘에 "以財成天地之道이재성천지지도"(大象 : 財(裁)로써 천지의 도를 이룸)라 하여 재부를 중요시했던 것을 알 수 있다. 이는 공자가 말한 "富與貴부여귀 是人之所欲也시인지소욕야"(里仁5장)와 맥을 같이 한다. 다만 공자는 그것이 정도(正道)여야 한다는 전제를 달고 있다. 이를 주역은 "理財正辭이재정사"(계하 1장)라 했다. 재물을 바르게 다스리며, 말을 바르게 하라고 했다. 이처럼 재물을 중히 여기는 중재(重財)와 재물을 다스리는 이재(理財)는 두 수레바퀴와 같다.

주역은 보다 더 구체적으로 산택손(山澤損)괘와 풍뢰익(風雷益)괘를 통하여 왕과 백성의 손익 관계를 언급하고 있다. 외괘(外卦)는 왕(王)이다. 반면에 내괘(內卦)는 백성을 의미한다. 아래인 백성의 것을 덜어내는 것이 손(損)이고, 아래인 백성에게 보태주는 것이 익(益)이다. 중심은 아래[下]에 있다. 아래를 중심으로 손과 익을 구별하여 말한다.

그러면 오늘날 왕과 백성은 어떤 관계로 이해할 수 있을까? 왕의 지위를 오늘날로 보면 대통령이 아니다.

왕은 교체가 없으나 대통령은 교체의 대상이다. 교체의 대상이라는 면에서 대통령은 옛날의 영의정과 같다. 그래서 왕은 대통령이 아니라 오늘날 국가 내지는 국가권력에 해당한다고 할 수 있다. 국가 내지는 국가권력은 교체가 없다.

또 옛날의 백성과 이제의 국민도 그 지위가 다르다. 하지만 왕 앞에 있는 백성의 왜소함과 현대의 국가권력 앞에 있는 국민의 왜소함의 지위에 큰 차이가 있는 것은 아니다. 그래서 왕(=국가권력)과 백성(=국민)이라는 관계의 화두는 오늘날도 유효하다.

이런 관점에서 손익괘를 이해할 수 있다. 아래에 있는 풍족한 국민이 자기 것을 덜어서 위에 있는 국가에 보태주는 것이 손괘이고, 위에 있는 국가가 백성을 의미하고 있는 아래[上國下民]를 보태주는 형상이 곧 익괘로서 그 중심은 아래 즉 내괘(內卦)에 있다는 면에서 두 괘는 상의적이다. 다만 백성의 입장에서 자기 것을 덜어줄 때가 행복할까 아니면 받을 때가 행복할까 하는 점이다.

저자는 주역의 손익괘를 과거적 의미에서는 홍익인간의 개념과 현재적 의미에서는 공공행복의 개념이라는 두 측면의 관계 속에서 접근하려고 한다. 그런데 주역에는 몇 가지 원칙이 있다. 외괘인 국가는 내괘의 백성에 수동적으로 따른다는 점과 믿음을 두라[有孚]라는 점과 때에 맞게 하라[與時偕行]는 공통점이 있다.

손괘에는 작손지(酌損之, 요량하여 던다)의 미덕과 익괘에는 중행(中行, 공평하게 행하라)의 미덕이 요구된다. 이런 것이 실제로 어떻게 표현되고 있으며, 구체적으로 적용되는지 손익괘 본문과 괘효의 변화를 통해 알아보고자 한다.

2. 손괘의 대의

1) 괘의 구성과 의의

산택손(山澤損)괘란 외괘(外卦)에 간상련(艮上連)이라는 산(山)과 내괘(內卦)에 태상절(兌上絶)이라는 못이 만나 이루어진 괘이다. 이것을 괘상(卦象)으로 보면 손괘는 본래 비(否)[1]에서 온 것이다. 상(上)의 외괘는 본래 양3효였으나 1양2음이 되었으니 음(陰)에 대해 양(陽)이 손(損)을 보고, 하(下)는 내괘로 본래 음3효였으나 1음2양이니 양(陽)에 대해 음(陰)이 손을 보게 되므로 손(損)이다. 그리고 위의 산은 깎아내리고, 아래 못은 넘쳐흐르니 또한 손이다.

그러나 손은 풍부한 가운데에 있는 것이지 빈곤한 데에 있는 것이 아니다. 그러므로 손괘에서 상양(上陽 ; 상구효)을 손하고, 하음(下陰 ; 육삼)을 손하면, 곧 본래의 비(否)에서 손괘를 거쳐 태(泰)괘로 가는 과정을 알 수 있다. 그 결과로 산택(山澤)이 통기(通氣)하는 것이니 손(損) 가운데에 익(益 ; 통기)이 있다.

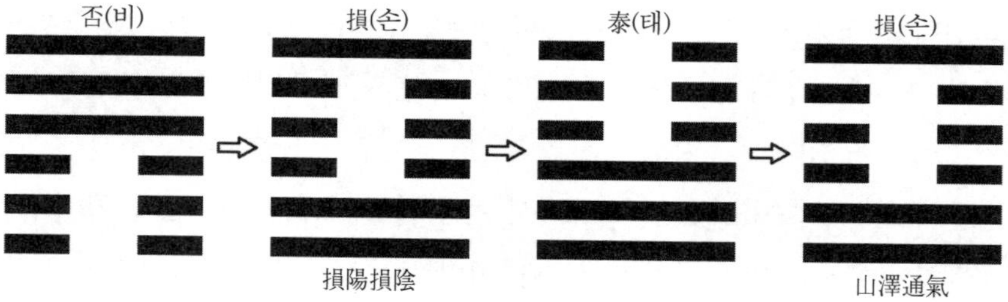

그러면 손괘의 의의는 무엇인가? 손(損)하면 우리는 관념적으로 물질적

1) 괘명으로는 否를 '비'로 읽는다.

손해를 먼저 생각한다. 그러나 옛적에는 그와 반대였다. 정신의 손(損)을 먼저 생각했던 것이다.

㉠ 경제적으로 보면, 손은 말 그대로 손해를 보는 것이다. 손해를 보는 상황에서 인간은 어떻게 처신할 것인가에 대해 해답을 찾는다.

㉡ 도덕적으로 보면, 손은 마음 속에 있는 잡된 것들을 덜어 버리는 것에 비유할 수 있다. 공자는 대상(大象)에서 '懲忿窒欲징분질욕' 하라 했고, 또 계사(하, 7)의 구덕(九德)괘 가운데에서 손괘에 대해 말하기를, 먼저 '損손德之修덕지수' 라 하고, 그 다음에 '先難而後易선난이후이' 라 하였고, 마지막에 '損以遠害손이원해' 라 하였다.

손(損)은 덕을 닦는 것이 기본이므로 처음은 어렵지만 나중은 쉬우며 결국 해를 멀리 하는 것이다. 이것이 손(損)이 가져다주는 진정한 의미의 익(益)인 것이다.

본문 괘사(卦辭)에 '有孚유부 二簋可用享이궤가용향' 이라 하였다. 먼저 有孚유부는 믿음이 있다는 말이 아니라 믿음을 두라는 뜻이다. 여기서 '믿음' 을 강조한 것은 어려운 처지일수록 믿음을 잃기 쉬우므로 이를 잃지 말고 굳건하게 자기 마음을 지켜 나가야 한다는 말이다.

그 다음 簋享궤향은 대그릇이라도 제사지낼 수 있다는 뜻이다. 실제 생활에 있어서는 사람이 늘 익(益)보다는 손(損)을 당하므로 가능한 한 손해를 덜 보기 위해서 평소에 '검소하게 생활' 하여야 한다는 말이다. 그래서 그 예를 제사와 제사 그릇으로 비유한다. 비록 제사가 고대 생활에서 가장 중요한 예법이지만 주과포를 다 올리지 못해도 대그릇에 포 하나 올려놓는 검소함으로도 족하다는 뜻이다. 풍족한 제수(祭需)는 아니더라도 믿음으로 검소하면 그것이 곧 익(益)이 되기 때문이다. 이처럼 검소한 것 그 자체가 익이 되기 때문에 흔히 손(損) 속에도 익(益)이 있다는 말을 하게 된다. 이제 이를 현실의 문제로 돌려보고자 한다.

㉢ 정치적으로 보면, 산택손(山澤損)괘의 외괘(外卦)는 왕이나 국가라 할 수 있고, 내괘(內卦)는 국민(백성)이라 할 수 있다. 이를 국가와 국민의 관계로 보는 것은 현대적 관점이지만, 내괘의 택수(澤水)가 풍족해서 외괘(外卦)의 산[수목]을 윤택하게 하는 것과 마찬가지로 아래에 있는 풍족한 국민이 자기 것을 덜어서 도리어 위에 있는 국가에 보태준다는 의미이다. 그래서 손(損)은 손해 본다는 뜻이 아니라, 스스로 덜어낸다는 뜻을 내포한다.

왜 그런가? 그것은 손(損)괘가 원래 태(泰)괘로부터 나왔기 때문이다. 이를 손(損)의 원괘(原卦) 태(泰)라 한다. 태(泰)는 태평한 세상을 상징한다. 그것은 천지가 사귀고 만물이 통하고 국가와 민족이 화합을 이루므로 국민이 잘 살게 되고, 개인의 것을 덜어 국가에 보태주는 것이다. 이때의 손은 국가에 의한 착취와는 다른 개념이다.

태평한 세상에서 이루어지는 자발적 손(損)과 같은 것이다. 의연금(義捐金)이라고 할 때의 연(捐)과 같다. 이것을 괘상(卦象)으로 보면, 지천태(地天泰)괘의 아래 양효(구삼)를 덜어 위 음효(상육) 자리에 더해 줌으로써 損下益上손하익상이 되며, 또한 '其道上行기도상행' 이 되니 가히 損民益國손민익국이라 할 수 있다.

㉣ 끝으로 인사적으로 보면, 남녀가 만나 아기를 출산(出産)하는 것에 비유할 수 있다. 소남(少男)과 소녀(少女)가 서로 만나 교합을 이루는 택산함(澤山咸)괘를 배합(配合 : 상하를 자리바꿈)하여 괘변(卦變)하면 산택손(山澤損)이 되는데, 여기서 덜어낸다는 손(損)은 곧 출산을 뜻한다. 이는 함(咸)괘의 九四에서 말한 '憧憧往來동동왕래' 로써 알 수 있다. 함(咸)괘의 九四에서 잉태한 아이는 그로부터 10번째 괘인 손(損)의 六三에 '則損一人즉손일인' 에 닿으니, 이것에 근거해서 10개월 만의 출산으로 해석할 수 있다. 이처럼 손(損)에는 음양의 생성이치가 담겨 있는 것이다.

2) 損卦(손괘) 각효의 의미와 변화

(1) 初九爻의 의미와 변화

초구(初九)[2]에 이르길, '已事이사 遄往천왕 無咎무구 酌損之작손지' 라 하였다. 즉, "일을 마치거든 빨리 그 자리를 떠나야 허물이 없으리니 참작하여 덜어내라" 고 하였다. 初九는 같은 괘의 六四와 정응(正應 ; 내괘 초효와 외괘 4효와의 음양배합) 관계이다. 하지만 初九는 양이고 六四는 음이므로 덜어서 주긴 주되, 반드시 참작해서 덜어주라는 것이다. 초구는 백성의 뜻을 말한다.

대개 주역 본문 해석에서 초구는 백성을 의미하고 사효는 대신(大臣)을 의미한다. 백성들이 지은 농사가 풍년이 들었을 때, 백성에게 여유가 있고, 나라에 보태줌으로써 나라와 백성 모두가 부흥할 수 있다. 그러면 백성을 상징하고 있는 내괘의 초구에서 얼마만큼을 덜어내서 외괘에 줄 것인가? '작손지' 란 初九와 六四 사이의 관계인데, 이를 알기 위해서 우선 초구가 변하면 어떤 괘(이를 之卦라고 함)가 되는지 알아본다.

손의 초구효가 변하면 내괘가 감(坎☵)이 되므로 산수몽(山水蒙)괘가 된

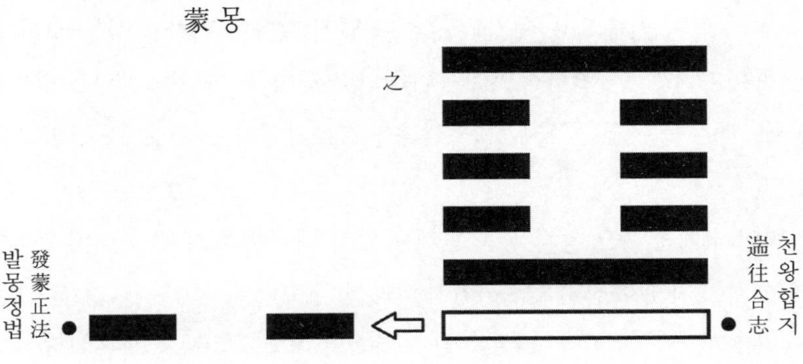

2) 初九라 함은 처음 나온 陽爻란 뜻이요, 반면에 初六이라 함은 처음 나온 陰爻란 뜻임.

다. 대개 주역 본문해석에 있어서 변한다고 함은 陰變爲陽(음변위양), 陽變爲陰(양변위음)하는 것을 말하는데, 본괘(本卦)를 체(體)로 보고, 지괘(之卦)(변해 간 괘)를 용(用)으로 보는 것이다.

그러면 손의 지괘인 몽(蒙)의 초효를 보자. 그 初六에 이르길 '發蒙발몽 利用刑人이용형인 用說桎梏용탈질곡 以往吝이왕린' 이라 했다. 몽(蒙)은 특히 교육을 강조한 괘이다. 발몽은 몽매함을 계발하는 것이다. 여기서 형벌을 써서 모든 질곡을 벗기라[말씀 설이 아니고 벗을 탈說]는 말은 곧 공부하는 사람은 공부에 앞서 몸에 붙어 있는 잡된 습관 등을 버리라는 뜻이다.(그림상의 遄往合志나 發蒙正法이란 말은 각괘의 효사를 金大山의 『주역과세계』에서 인용한 것임. 이하도 같음)

이와 같이 본괘의 초구는 '백성은 세금으로 덜어내고', 지괘의 초육은 '학생은 질곡을 벗는 것' 으로써 경제적으로 작손, 교육적으로 탈곡을 의미하고 있다.

(2) 九二爻의 의미와 변화

九二에 이르길, "利貞이정 征凶정흉 弗損불손 益之익지"라고 했다. 즉 "바르고 굳게 함이 이롭고, 나아가면 흉하니 덜지 말아야 더하게 하는 것이다" 라는 뜻이다. 구이는 인사적으로는 아내의 자리이다. 아내는 살림을 맡았기 때문에 '弗損불손 益之익지' 하는 절약을 강조하였다. 또 九二는 선비의 자리이다.

선비인 구이는 육오 왕과 상응 관계에 있기 때문에 자기 것을 덜어 왕에게 보태는 것이 자칫 아첨이 될 수 있다. 그래서 '征凶정흉' 이다. 征(정)은 그 본뜻이 바르게 가는 것이나, 본뜻을 잃고 자기의 이익을 취하는 싸움의 뜻으로 변질됐다. 선비가 정치에 투신하는 것은 싸움판에 뛰어드는 격이다. 아내나 선비나 모두 내괘(內卦)의 중(中)에 있으므로 자기 본분을 지키며 밖보다는

頤이

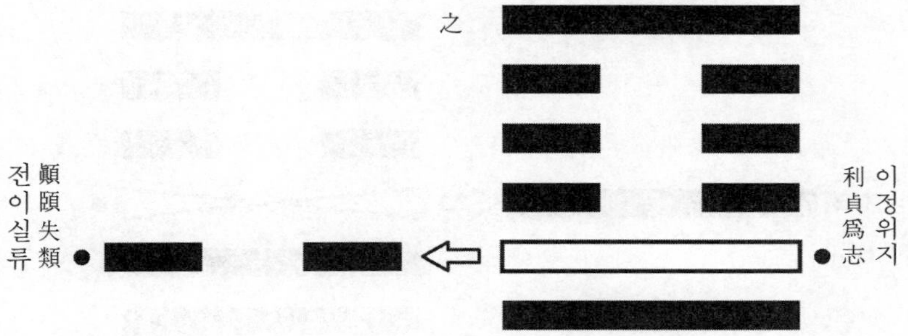

안으로 가정을 돕고, 또 왕을 돕는 것이 곧 '利貞이정 益之익지' 라 할 수 있다.

그러면 그 지괘는 어떠한가? 이 九二효가 변하면 진(震☳)이 되므로 기른다는 뜻의 산뢰이(山雷頤)괘가 되는데, 그 六二에 이르길, "顚頤전이 拂經불경 于丘우구 頤이 征凶정흉" 이라 했다. 즉 "거꾸로 기름이라 법도에 어긋나니, 언덕에 기르려고 가면 흉하다" 라는 뜻이다. 顚(전)은 꼭대기, 이마의 뜻이나 그것이 顚倒(전도)된 것, 즉 엎어져 넘어지거나 위치가 뒤바뀌어 거꾸로 된 것을 의미한다. '顚頤전이' 가 엎어져 거꾸로 기르는 것이라면, '丘頤구이' 도 언덕에 올라 기르는 것이므로 동류(同類)를 떠난 채 홀로만의 독선을 지향하기 쉽다. 모두 비정상적이다. 그래서 '拂經불경 征凶정흉' 이다. 그러므로 자신의 본분을 망각하지 말라는 것이 '전이 불경' 이며, 윗사람에게 홀로 아첨하지 말라는 것이 '丘頤구이 征凶정흉' 으로 볼 때 손괘 구이와 그 '체용의 관계' 가 분명함을 알 수 있다.

(3) 六三爻의 의미와 변화

六三爻에 이르길, "三人行삼인행 則損一人즉손일인 一人行일인행 則得其友즉득기우" 라 했다. 즉, "세 사람이 감에는 곧 한 사람을 덜고, 한 사람이 감

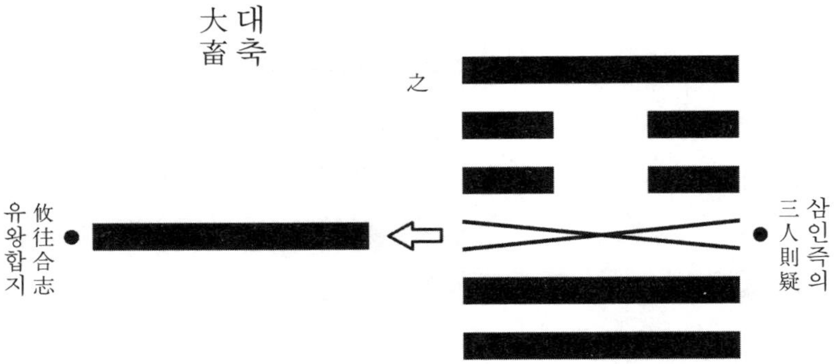

에는 곧 그 벗을 얻도다"라는 말이다.

괘상으로 볼 때 '三人行삼인행'은 손 이전에 있었던 원괘(原卦)인 태(泰)괘의 내(內) 三爻를 말함이요, '則損一人즉손일인'은 아래로부터 세 번째에 있는 구삼효를 덜어 여섯 번째의 上六자리로 가는 것에 비유할 수 있고, '則得其友즉득기우'는 그렇게 함으로써 음양이 상응관계를 이루는 것을 의미한다. 이것이 국태민안을 상징하는 以損補益(이손보익)이다. 六三爻는 損(손)과 得(득)을 동시에 가르쳐 준다.

이는 損(손) 가운데에 益(익)이 있음을 말해 주는 것이다. 계사에 "言致一언치일"(하,5장)이라 하였으니, 손(損)과 익(益)이 결국은 하나를 이룬다는 뜻이다. 국가 경제적으로 강(强)이 약(弱)을 위해, 부(富)가 빈(貧)을 위해 손(損)하여 하나를 지향하는 것이다.

그러면 그 지괘는 어떠한가? 六三爻가 변하면 건(乾☰)이 되어 크게 쌓는다는 산천대축(山天大畜)괘가 된다. 대축(大畜) 九三에 이르길, '良馬逐양마축 利艱貞이간정 日閑輿衛일한여위 利有攸往이유유왕'이라 하였다. 즉 좋은 말로 쫓아감이니 어렵게 여기고 바르게 함이 이로우니, 날마다 수레 모는 것과 호위하는 것을 익히면 나아가는 것이 이롭다는 뜻이다. '良馬逐양마축'은 좋은 말[馬]이지만 약한 말을 위해 꾸준히 달린다는 뜻이고 '日閑與

衛일한여위' 는 그 일을 위해 자기를 연마하는 것이니 이것은 소상(小象)의 '上合志상합지' 로써 강-약, 빈-부, 민-국간이 화합하여 대축(大畜)의 일치를 이루는 것이다.

(4) 六四爻의 의미와 변화

六四爻에 이르길 '損其疾손기질 使遄사천 有喜유희 無咎무구' 라 하였다. 즉, "그 병을 덜되 빨리[천]하게 하면 기쁨이 있어 허물이 없다" 는 뜻이다. '손기질' 은 六四가 六五의 왕 밑에 있는 대신으로서 사회의 모든 병폐를 제거한다는 말이고, '사천' 은 그 일을 빨리 처리하라는 말이니 이는 곧 六四가 初九의 백성과 응하고 있어서 그 백성의 고통을 속히 덜어주니 기쁘다는 뜻이다.

그러면 그 지괘는 어떠한가? 이 六四가 변하면 화택규(火澤睽)괘가 되는데, 그 九四에 '睽孤규고 遇元夫우원부 交孚厲교부려 無咎무구' 라 하였으니, 즉 어긋남에 외로워서 착한 지아비를 만나서 미덥게 사귐이니 위태하나 허물이 없다는 뜻이다.

어그러진 상태를 말해 주는 규(睽)괘의 九四 역시 대신(大臣)의 위치로서 그 어긋남을 해결하기 위하여 원부(元夫)를 찾아가라는 뜻이니 이 본문에서

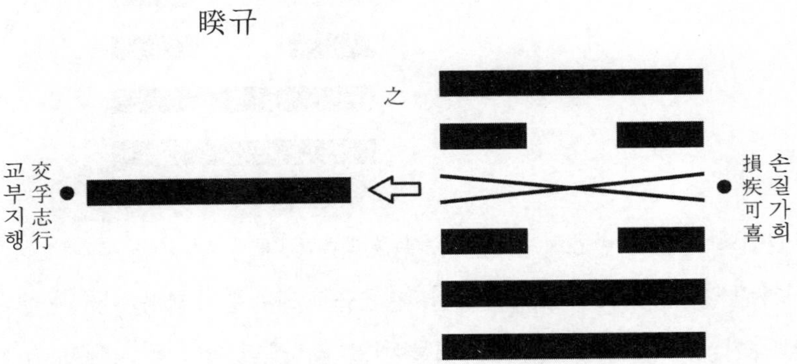

의 원부는 초구의 백성이다.

다만, 손(損)에서 초구와 육사는 음양이 서로 바르게 응하고 있으나, 규(睽)에서는 구사와 초구가 같은 양강(陽剛)끼리여서 바르게 응하지 못하고 있다. 그러나 규와 같이 어그러진 때에는 같은 양(陽)일지라도 그 동덕(同德)으로 상응하여 구사가 초구[元夫]와 함께 어려움을 헤쳐 나감으로써 욕심 없이 바르게 주고받을 수가 있어 또한 '言致一언치일' 이라 할 수 있다.

(5) 六五爻의 의미와 변화

六五에 이르길, '或益之혹익지 十朋之십붕지 龜귀 弗克違불극위 元吉원길' 이라 하였다. 즉 혹 더하면 열 사람의 벗이 더한다. 거북점도 어기지 못하리니 크게 착하고 길하다는 것이다. '或益十朋혹익십붕' 이란 말처럼 열 벗이 찾아오게 만들기 위해서 어떻게 하여야 할 것인가? 그 해답을 얻기 위해 지괘를 알아보자.

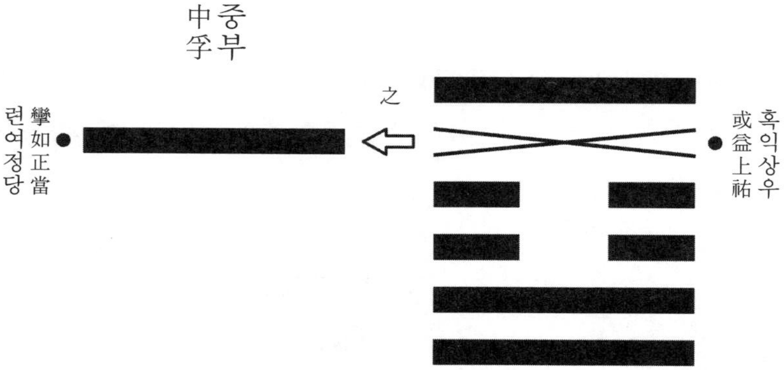

손(損)의 六五가 변효하면 풍택중부(風澤中孚)괘가 된다. 중부의 九五를 찾아가면 알 수 있다. 九五에 이르길 '有孚유부 攣如련여 無咎무구' 라 했다. 즉 믿음이 있기를 당기는 듯하면 허물이 없다고 했다. 믿음을 가지고[有孚]

서로 협조[攣如]함으로써 십붕(十朋)이 내합(來合)하고 사회가 안정되어 손중익(損中益)이 된다.

그러니까 손해를 보는 괘이지만 중정(中正)으로 미덥게 행동하면 그 돕는 벗은 오히려 열[十]이라 한 것이다. 열은 가득 찬 수이다. 괘상(卦象)으로 볼 때도 손괘의 초구, 구이, 육삼, 육사, 상구의 벗들이 찾아와 六五를 돕는 형상이다.

(6) 上九爻의 의미와 변화

이 上九는 본래 태(泰)괘의 구삼(九三)이 손하익상(損下益上)으로 이루어진 효이다. 이 괘의 주효(主爻)가 된다. 上九에 이르길, '弗損益之불손익지 無咎무구 貞吉정길 利有攸往이유유왕 得臣无家득신무가'라 하였다. 즉 덜지 말고 더하면 허물이 없고, 바르고 길하니, 나아가는 것이 이로우니 신하를 얻음이 일정한 집이 없다고 했다.

그러면 그 지괘는 어떠한가? 上九가 변하면 그 지괘는 지택림(地澤臨)괘로서 그 上六에 "敦臨돈림 吉길 無咎무구"라 했다. 즉 돈독하게 임함이니 길하여 허물이 없다는 뜻이다. 손의 외괘(外卦)인 간(艮☶)은 토(土)로써 그 상

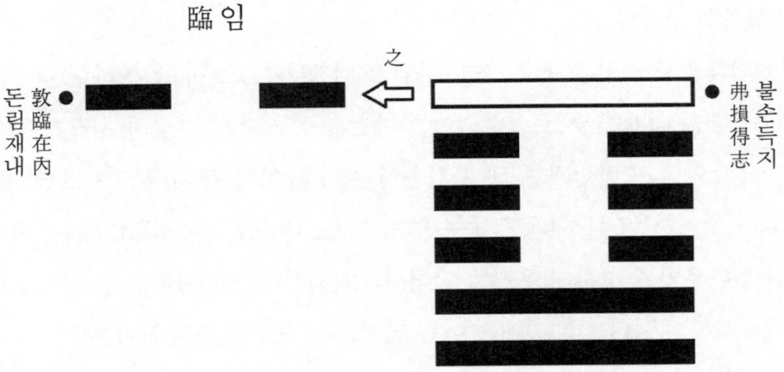

이 돈후한 것을 의미하는데, 그 맨 위 효이자 마지막 효인 上九에 와서는 지금까지 손해 볼 것 다 보고 이제 마지막은 이익만 남는다는 뜻을 가지고 있다. 그러니까 그동안 내괘로부터 손하익상(損下益上)하였던 것을 이제부터 맨 위에 있는 상구가 아래 효(爻)들에게 베풀어 준다.

따라서 '弗損益之불손익지' 란 앞에서 말한 구이의 '불손익' 과는 다른 뜻으로서 "손의 극치에 있는 상구가 아래 백성들로부터 더 이상 덜어내는 것이 아니라(弗損), 반대로 백성들에게 이익을 베풀어 준다"는 의미이다. 상구 소상(小象)에서 "弗損益之불손익지 大得志也대득지야"(덜지 않고 더함은 크게 뜻을 얻음이라)라 한 것도 온 천하 백성과 함께 이익을 나눈다는 뜻을 담고 있다. 이 상구가 변하면 외괘는 곤(坤☷)이 되는데, 후덕재물하여 은혜를 베푸는 형상이라 할 수 있다. 홍익인간 정신을 구현하는 것이다.

이것으로써 손괘의 설명을 마친다. 손(損)괘를 거꾸로 도전(倒轉)하면 손의 상구가 곧 익(益)괘의 초구가 된다.

3. 익괘의 대의

1) 益卦의 구성과 의의

익(益)괘는 손하절(巽下絶 : ☴) 바람을 외괘(外卦)로 하고, 진하련(震下連 : ☳) 우레를 내괘(內卦)로 한다. 이는 하늘과 땅 사이에 바람과 우레가 같이 있는 형상으로 그 바람과 우레의 기운이 천지 사이에 꽉 차 있으므로 익(益)이 되는 것이다. 또한 외괘도 손목(巽木)이요, 내괘도 진목(震木)이니, 아래와 위의 나무가 울창하게 우거져 있어서 익(益)이다. 익(益)괘는 천지비(天地否)괘로부터 나왔다. 익(益)괘는 어떤 의의를 가지고 있는지 알아본다.

㉠ 도덕적으로 보면, 익(益)은 그 단사(彖辭)에서 말하듯이 겸손하게 움직

이며(動而巽), 이러한 자세로 쉴 사이 없이 나아가는(日進無疆) 것이니 겸손이란 천시지생(天施地生)하는 천지의 마음가짐을 이르는 것이다. 그것이 곧 익(益)의 바른 형상이다. 대상(大象)에서 말한 "見善則遷견선즉천" 이란 말과 같이 선을 보면 곧 실행하는 것이 익의 덕이다.

계사(繫辭)에 '損손 德之修也덕지수야' 라 한 반면에 '益익 德之裕덕지유'(하,제7장)라 했다. 덕의 넉넉함이란 곧 남을 유익하게 하기를 힘쓰는 것이다. 그러므로 위선된 마음으로 베풀어서는 안 되기 때문에 또한 '長裕而不設장유이불설' 이라 했다. 비록 넉넉하여도 함부로 써서는 안 된다. 특히 공자는 구덕(九德)괘에서 손(損)과 익(益)괘를 다 같이 설명하고 있다.

㉡ 경제적으로 보면, 익(益)으로써 이(利)를 일으키는 것이다. 계사에 '益以興利익이흥리' (하, 7장)라 했다. 익(益)으로써 이로움을 일으킨다는 뜻이다. 익(益)에는 늘 이(利)가 붙으므로 이익이란 말이 생긴다. 익에는 이가 붙기 때문에 늘 옮기고(則遷), 고치는(則改) 태도가 필요하다. 그런데 그 이(利)는 소리(小利)가 아닌 대리(大利)여야 하며, 대리(大利)는 정의(正義)로운 경제활동에서 나올 수 있다.

하늘이 베풀고[天施] 땅이 낳는[地生] 것과 같이 인간은 즉천(則遷) 즉개(則改)하는 가운데서 정의로운 경제활동을 하여야 한다는 의무감을 갖게 된다. 그럼으로써 정의로운 분배(分配)가 가능해진다. 이것이 곧 단전(彖傳)에 말한 '其益无方기익무방' 이다. 즉, 그 이익됨이 끝이 없다는 것이다. 이는 인간을 널리 이롭게 한다는 홍익인간 정신과 맥이 통하고, 공공(公共)의 행복과도 일치한다.

㉢ 정치적으로 보면, 나라를 의미하고 있는 위에서 백성을 의미하고 있는 아래[上國下民]를 보태주는 형상이 곧 익괘로써 나라가 백성을 더해 주는 것이다. 본래 익(益)괘는 비(否)괘로부터 나왔기 때문에, 비의 九四가 손상익하(損上益下)하여 初六에 내려옴으로써 익이 된 것이다.

비괘는, 하늘은 위에 있고, 땅이 아래에 있어 자연스런 괘로 보이나, 그 뜻은 도리어 천지가 막혀 있는 비색(否塞)한 세상을 말한다. 비색한 세상에서 백성들이 풍족하게 살 수 없다는 것은 너무도 자명하다. 이 때 나라의 역할이 강조된다.

익괘의 괘상을 보면, 그 내호괘(內互卦)[3]가 곤(坤☷)이다. 곤은 곧 땅, 나라를 뜻한다. 이것은 익괘가 의미하고 있는 대의를 구현함에 있어서 나라가 얼마나 중요한 역할을 하는지를 시사해 주는 것이다. 단왈(彖曰)의 "損上益下손상익하 民說無疆민열무강"이란 말과 같이 나라가 백성을 위해 베풀어 주니, 백성들이 한없이 기뻐한다[說 : 열]는 것이야말로 익(益)의 극치라 할 수 있다.

㉣ 끝으로 인사적으로 보면, 부부가 가정을 이루어 부유한 살림을 사는 것에 비유할 수 있다. 부부지도(夫婦之道)의 가정을 말한 뇌풍항(雷風恒)괘가 배합(配合)을 이루면 익괘이니, 익에서 비로소 부부는 자식을 낳아 기르고 재산을 늘게 하여 살림을 한다. 그러므로 익(益)은 가정과 국가로부터 우주 만물에 이루기까지 기익(其益)이 홍대(弘大)한 것이다. 이에 대해 혜동(惠棟)은 『주역술』에서 건(乾)은 대명(大明)하니 건(乾)으로써 곤(坤)을 비추는 까닭에 그 도가 크게 빛난다고 했다.

2) 益卦 六爻의 의미와 변화

(1) 初九爻의 의미와 변화

初九에 이르길, '利用爲大作이용위대작 元吉원길 無咎무구'라 했다. 크게 일을 하는 것이 이로우니, 크게 착하게 해서 길해야 허물이 없다는 말이다.

3) 互卦란 괘의 初爻와 上爻를 가리고, 그 二 三 四爻를 內互卦, 그 三 四 五爻를 外互卦라 한다.

觀관

童觀동관
小人소인 ●

大作厚事대작후사 ●

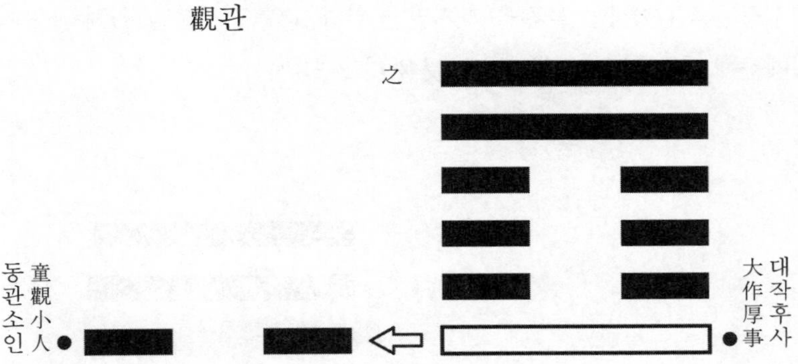

初九는 백성의 자리로서 농사짓는 일을 말하고 있는데, 예로부터 농사란 천하의 대본으로써 익(益)의 기초가 된다.

그래서 신농씨는 익괘를 보고 쟁기를 만들어 농민으로 하여금 농사를 짓게 하여 이(利)를 보게 하였던 것이다.

그러면 지괘(之卦)는 어떠한가? 이 효가 변하면 풍지관(風地觀)괘가 되는데, 그 初六에 '童觀동관'이란 말이 나온다. 관(觀)의 중심적 의미를 가지고 있는 주효인 九五로부터 멀리 떨어진 初六이 보는 것을 어린애가 보는데 비유한 것과 같이 익의 초구는 나라의 식생 문제를 위하여[利用], 농사에 힘씀[大作]으로써 익(益)의 기초를 쌓는 것에 불과하다고 할 수 있다.

(2) 六二爻의 의미와 변화

六二爻에 이르길, '或益之혹익지 十朋之십붕지 龜귀 弗克違불극위'라 했다. 혹 더하면 열 벗이 더한다. 거북점도 어기지 않는다는 뜻이다. '或益十朋혹익십붕'이란 말은 이익을 보는데 있어서 모든 사람들이 도와주는 것을 의미한다.

앞에서 본 바와 같이 손(損)괘에서도 '십붕'이란 말이 나온다. 손괘의 십붕은 손(損)일지라도 성실하기 때문에 모든 사람들이 도와주는 것이고, 이 효

의 십붕은 익(益)하는 물건을 자기만을 위하지 않고 십붕을 위해 나누어 주기 때문에 더욱 익을 보게 된다는 뜻을 갖고 있다.

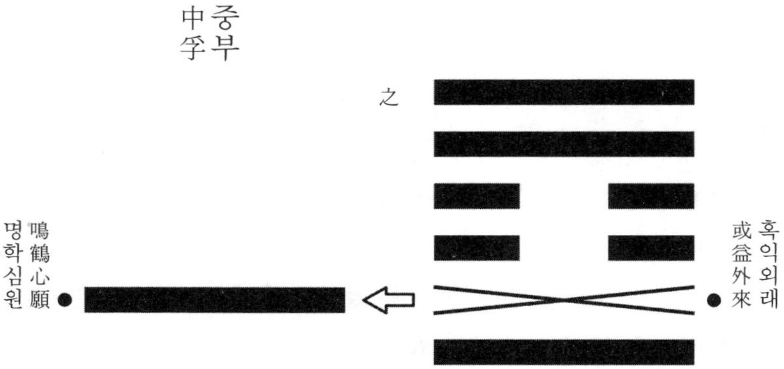

그 다음은 지괘를 보자. 앞에서 '십붕' 이 나오는 손의 六五가 변해서 중부(中孚)괘가 되듯이, 이 육이효도 변하면 같은 중부(中孚)괘가 된다. 중부 九二의 '鳴鶴子和명학자화' 란 말과 같이 어미 학[九二]이 울자 이에 자식 학[九五]이 화답하는 것에서, 익(益)의 六二 선비와 九五 임금이 서로 화합을 이루어야 온 나라 안이 유익해진다는 것을 알 수 있다.

3) 六三爻의 의미와 변화

六三爻에 이르길, '益之用凶事익지용흉사 無咎무구 有孚中行유부중행 告公用圭고공용규' 라 하였다. 더해 줌을 흉사[흉년]에 쓰면 허물이 없으려니와 믿음이 있고 중도로 행해야 윗[公] 사람에게 고하는 데 도장을 쓰듯 한다는 뜻이다. 흉년이 들어서 백성들이 어려움에 직면하였을 때에는 비록 六三이 지방수령에 불과한 벼슬자리이지만, 일단 백성들을 위해 곳간의 곡식을 중도에 맞게 나누어 주고, 그런 다음에 공(公)으로부터 추인을 받을 수 있다는 뜻이다.

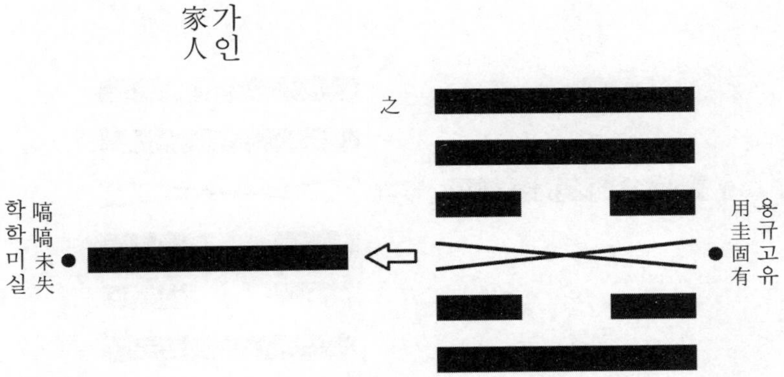

그러면 지괘는 어떠한가? 이 六三이 변하면 풍화(風火) 가인(家人)괘가 되는데, 그 九三의 '家人가인 嗃嗃학학' (가인이 엄하게 하다)이란 말이 가르쳐 주는 바와 같이 내괘의 九三이 내괘 전체를 잘 이끌어 가기 위해서는 엄숙하고 신중해야 한다는 뜻이다.

이것은 모두 결단과 그에 따른 행동의 중요성을 강조한 것이다. 이것이 곧 六三爻가 지방수령으로서의 할 일이며 백성을 위해 이익을 주는 것임을 말해 준다.

4) 六四爻의 의미와 변화

六四에 이르길, '中行중행 告公從고공종 利用爲依이용위의 遷國천국' 이라 했다. 이 효사를 깊이 음미해 볼 필요가 있다. 중도로 행하면 윗사람에게 고함에 윗사람이 따를 것이니 윗사람에게 의지하여 나라를 옮김이 이롭다는 뜻이다. 나라를 옮긴다는 것은 수도(首都)를 옮기는 일로 볼 수 있고, 그것은 임금의 궁전을 옮기는 일이다.

만약 육사가 대신으로서 백성을 이롭게 하는 것이라면, 또 그것이 백성이 원하는 것이라면[利用爲依], 왕에게 건의하여[告公從] 나라까지도 옮길[遷

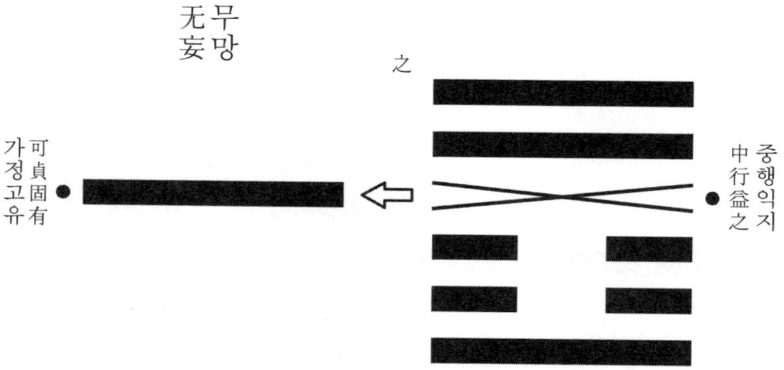

國] 수 있다는 것이다. 익의 내호괘가 곤(坤)이니 국토, 나라가 나오며, 내괘가 진(震)이니 옮긴다는 말이 나온다. 요즘말로 인식하면 국토의 균형발전에 해당한다.

또한 六四는 初九와 응하므로 초구 즉 백성에 의지하지 않을 수 없다. 따라서 육사는 위로는 임금과 아래로는 백성의 뜻에 좇아 그 이익 됨을 위하여 중행(中行)으로써 뜻을 펴야 한다. 그것이 소상(小象)에 말한 '以益志也이익지야'라 한 것이다.

그러면 지괘를 보자. 六四가 변하면 그 지괘는 천뢰무망(天雷无妄)괘가 되는데 그 구사효에서도 "可貞가정 無咎무구"(바르고 굳게 할 수 있으니 허물이 없다)라 한 것처럼 백성을 이롭게 하기 위해 가히 바르게 행하는데 어찌 허물이 있겠느냐는 것이다.

이와 같이 나라가 백성을 이롭게 하는데 있어서, 비록 그것이 이롭게 하는 것이 틀림없다 하더라도 '中行중행 可貞가정'이라는 경계사를 잊어서는 안 된다는 것이다.

아무리 고귀한 이념일지라도 중행, 가정을 벗어날 수는 없다는 뜻이다. 괘상으로 보더라도 육사는 내괘에서 외괘로 넘어가 다시 시작하는 변혁개명(變革改命)의 자리이므로 한시도 경계를 늦출 수가 없다. 이것이 곧 망령됨이 없는[无妄] 바른 일[可貞]이다.

5) 九五爻의 의미와 변화

九五에 이르길, '有孚惠心유부혜심 勿問물문 元吉원길 有孚유부 惠我德혜아덕' 이라 했다. 은혜를 베푸는 마음을 믿음 있게 한다. 묻지 않아도 크게 길하니 사람마다 믿음이 있어 나의 덕을 은혜롭게 생각한다는 뜻이다. 임금은 모든 백성들이 고루 이익을 얻도록 미덥게 은혜를 베풀어[有孚惠心], 백성들이 그 덕에 감화를 받을 때[惠我德] 백성은 나라를 믿게 된다. 여기서 가장 중요한 것은 왕과 백성간에 '믿음을 갖는 것[有孚]' 이다. 현대적 의미로는 국가와 국민간의 유부(有孚)로 이해할 수 있고, 혜심(惠心)이란 말도 왕의 일방적인 시혜(施惠)가 아니라 국가의 '공평한 복지' 로 새롭게 이해할 수 있다. 이것이 곧 홍익의 실천이며, 공공행복이라고 본다.

괘상으로 보더라도 九五는 중정(中正)을 모두 얻었으므로 익(益)하는 때에 유익함이 스스로 그 속에 있는 것이며, 六四에서 어려움을 거쳐 넘어왔으므로 물어 볼 것 없이[勿問] 믿을 수 있는 세상이다. 믿을 수 있는 세상은 좋은 세상이고, 행복한 세상을 말한다. 이것은 九五에 '有孚유부' 란 말이 두 번이나 나올 뿐만 아니라, 익(益)하는 때에 그 유익함을 바르게 실천하였기 때문

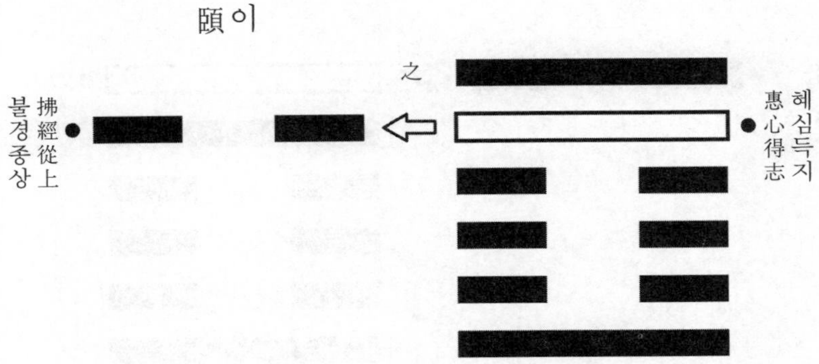

이다.

그러면 지괘를 보자. 九五가 변하면 산뢰이(山雷頤)괘가 되는데, 앞에서 살펴 본 손(損)괘에서는 손(損)의 구이(九二)가 변하여서 이(頤)괘가 되었으나, 여기서는 九五가 변하여 이(頤)괘가 되었다. 이(頤)는 '기른다'는 뜻을 가지고 있지만, 기르는 관계에 있어서 차이가 있다. 손(損)에서는 내괘에서 길러서 외괘에 보태주는 반면에 익(益)괘는 외괘에서 길러서 내괘에 보태주는 것이다. 다시 말해, 손(損)은 백성이 기르는 것이요, 익(益)은 나라가 기르는 것이다.

6) 上九爻의 의미와 변화

上九爻에 이르길, '莫益之막익지 或擊之혹격지 立心勿恒입심물항 凶흉'이라 했다. 더하는 이가 없으니 혹 치리라. 마음을 세움이 항상하지 않으면 흉하다는 뜻이다.

앞에서 말한 六二의 '或益之혹익지'란 말은 더하려 하지 않아도 저절로 더해 준다는 뜻인 반면에, 이곳 上九의 '莫益之막익지'란 억지로 더하려 해도 더해지지 않는다는 뜻이다.

다시 말해 上九의 소상(小象)에 '莫益之막익지 偏辭也편사야 或擊之혹격

屯 둔

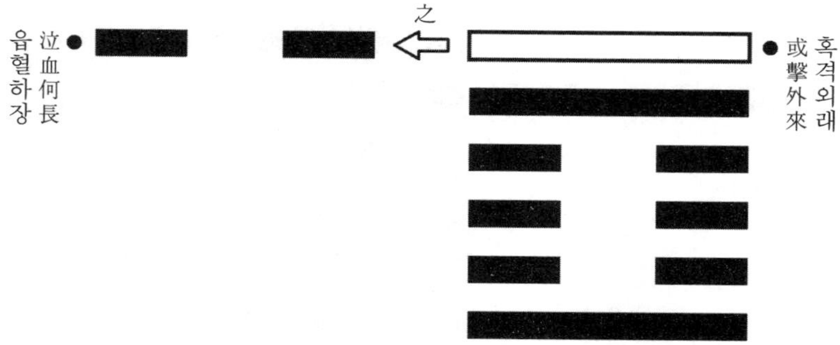

지 自外來也자외래야' (막익지는 자기 욕심에 치우친 결과이고, 혹격지는 적이 밖으로부터 온다는 뜻)의 '偏辭也편사야' 란 말과 같이 편벽된 이익만 추구하다가 아무도 도와주지 않으며, 오히려 밖으로부터 공경을 다하는 꼴이 된다.

괘상으로 보더라도, 익(益)괘는 외괘에서 내괘를 보태주는 괘이므로 특히 上九는 자기만 생각하지 말고 미련 없이 내괘로 덜어주어야 할 효인데도 오히려 자기만 더하려 한다면 후회가 생기고 남의 공격을 받게 된다. 같은 익괘 내에서도 외괘(外卦) 삼효는 국가편에서는 3요소이고, 내괘(內卦)의 삼효는 백성편에 서는 3요소에 비유할 수 있다. 외괘의 3요소는 대신[四爻], 임금[五爻], 봉건영주[上爻]이고, 내괘의 3요소는 백성[初爻], 선비[二爻], 지방관리[三爻]로 이해할 수 있다. 이 중에 上爻는 대개 상왕(上王)이나 퇴역관리로 보나 그들이 배후에서 경제적으로 형성하고 있는 막강한 세력권을 통칭하여 저자는 '봉건영주' 라고 본다. 손(損)괘의 上九爻가 허물이 없는 효라면, 익(益)괘의 上九爻는 흉하다고 했다. 건(乾)괘의 '亢龍有悔항룡유회' 처럼 지나침이 있다. 그것을 국가의 경제적 배후세력인 봉건 영주들의 횡포로 볼 수 있다.

끝으로 지괘를 보자. 上九가 변하면 수뢰둔(水雷屯)괘가 되는데, 어렵게 생긴다[難生]는 둔(屯)괘는 이름 그대로 주역의 4대 난괘(難卦 : 屯 坎 蹇 困)의 하나로서, 그 上六에 '泣血漣如읍혈연여' 라고 했다. 즉 피눈물이 흐른다 하였으니 그것이 어찌 오래 갈 수 있겠는가?

너무 지나친 익(益)과 편벽된 익(益)은 백성의 뜻에 어긋나기 마련이며, 그런 익(益)은 어느 누구도 오래 가질 수 없는 법이다. 손(損)괘에 '損益盈虛손익영허' 란 말이 있다. 천도에 차고 빔이 있다면, 인간사에도 덜고 더함이 있으니 이것이 손익의 공평한 이치이다. 손익은 오히려 공평을 위해 존재하는 것이다. 이처럼 공평한 손익이 곧 홍익이며, 공공행복이라 할 수 있다.

4. 홍익에서 공공행복으로

1) 손괘의 손하익상과 익괘의 손상익하

손(損)괘에서 말하고 있는 '損下益上손하익상' 즉, '아래를 덜어서 위를 더한다' 는 말이 무슨 뜻인지 괘상을 보고 설명하면 다음과 같다.

주역에서 양(陽)의 값은 3, 음(陰)의 값은 2로 본다. 이것은 삼천(三天)양지(兩地)의 원리에 따른 것이다.[4] 이러한 이치에 따라 손괘의 내외괘를 비교해 보면, 외괘 간(艮)은 육사, 육오, 상구로써 그 합이 7(2+2+3)이 되며, 내괘의 태(兌)는 初九, 九二, 六三으로써 그 합이 8(3+3+2)이 된다. 따라서 내괘가 외괘보다 1의 값만큼 많음을 알 수 있다. 그래서 손하익상이다. 그러면 어느 효에서 덜어서 어느 효에 더해 줄 것인가? 그것을 알기 위해서는 손괘 초구의 '酌損之작손지' 라는 말과 육오의 '或益之혹익지' 라는 말에 유의할 필요가 있다. 즉, 참작해서 덜라고 했으므로 먼저 그 초구효에서 0.5를 덜어내고, 혹 더하라고 한 그 육오효에 0.5를 더해 줌으로써 내외괘의 값은 똑같이 7.5가 되는 것이다.

본래 손괘는 태괘가 변해서 온 것이라고 말했는데, 이것을 괘상으로 보아도 바로 알 수 있다. 태괘의 경우 내괘의 합은 9요, 외괘의 합은 6이니, 내괘 백성들이 외괘의 나라보다 더 풍족하므로 이를 태평한 세상이라 하는 것이며, 이때 비로소 백성이 나라를 위해 덜 수 있는 여건이 마련되는 것이다.[5]

익(益)괘의 경우도 마찬가지이다. 손괘에서처럼 삼천양지의 원리에 따라 내외괘를 비교해 보면 다음과 같다.

내괘는 3+2+2=7이고, 외괘는 2+3+3=8이 된다. 따라서 손괘와는 반

4) 주역에서 말하는 기본수는 1~5까지로 그 다섯 수 가운데서 1,3,5라는 양이 셋이요, 2,4라는 음이 둘이기 때문이다.

5) 김석진 『주역과 세계』 동신출판사, 1989, p.141

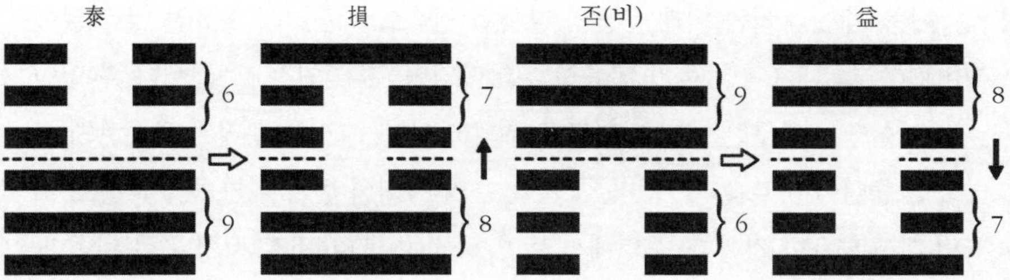

대로 익괘는 외괘가 내괘보다 많으므로 외괘에서 덜어서 내괘에 보태 준다. 이것은 곧 損上益下손상익하로써 나라가 백성에게 더해 주는 형상이다.

그러면 익괘의 어느 효에서 덜어서 어느 효에 보태 줄 것인가? 六五爻에 '有孚惠德유부혜덕' 이라 하였으니, 六五에서 0.5를 덜어 내어 내괘에 더해 주는데, 六二에 '或益之혹익지' 라 하였으므로 여기에 더해 내외는 각각 7.5가 되는 것이다.

본래 익괘는 천지비(天地否)괘에서 나왔다고 했다. 비괘는 외괘의 합이 9요, 내괘의 합이 6이다. 나라는 부유한 것 같으나, 아래 백성은 가난에 처해 있다는 것을 형상한다. 그러므로 나라를 상징하는 九四爻가 初六 백성자리에 내려와 백성을 구원한다. 가난한 백성의 구제가 바로 익괘의 본 뜻이다. 혜동(惠棟)은 九四 양(陽)이 베풂을 주장하므로 이것을 천시(天施) 즉 하늘의 베풂에 비유하였다.

2) 손익과 홍익의 공공행복

『삼국유사』의 신시고국사(神市古國史)에는 '弘益人間홍익인간 在世理化재세이화' 라는 말이 나온다. 이 8글자는 한민족의 뿌리 사상으로서 그 의미하는 바가 매우 크다. 「소도경전본훈」에는 '一神降衷일신강충 性通光明성통광명 在世理化재세이화 弘益人間홍익인간' 이라는 16자가 그 원문임을 밝혀 주고 있다. 홍익인간의 인간은 인간세(人間世)의 의미에 가깝다.

해방 이후 우리는 외래 문물의 잘못된 영향으로 우리의 고유한 것을 잃어버렸다. 그 대표적인 예가 민족의 건국이념인 '홍익인간' 일 것이다. 홍익인간은 어느덧 고루한 이념 정도로 치부되고 있다. 그러나 뿌리가 튼튼하지 못하면 중심이 바로 설 수 없다. 오늘날 우리 사회의 방황과 가치관 혼돈도 이런 데서 연유할 것이다. 주역에서 보면, 중정(中正)이 바로 서지 못한 것이다. 중정이 서지 못하면 사회정의가 바로 서지 못한다. 정의란 손(損)과 익(益)이 그 때에 맞게 바르게 행하여지는 것이다. 익할 때 손하고, 손할 때 익하면 사회는 불평등해진다.

손괘의 단전(彖傳)에 "損益盈虛손익영허 與時偕行여시해행"(덜고 보태며 채우고 비움을 때로 더불어 함께 한다)이란 이를 두고 한 말이다. 모든 것은 때에 맞게 덜면 보탬이 있고, 채우면 비움이 있어 전체적으로 균형을 유지하게 된다.

그럼 홍익인간(弘益人間)이란 무엇인가? 『삼국유사』 에 나오는 환웅은 두 가지 입장에 서 있다는 것을 알 수 있다. 하나는 환웅이 천상의 입장에 서는 경우와 다른 하나는 통치자의 입장에 서는 경우이다. 천상에 있는 환웅으로서의 홍익인간은 "인간세상을 하늘의 해처럼 넉넉하게 한다"는 천시(天施)의 뜻이고, 세상 통치자로서의 환웅은 "사람마다 이롭게 다스린다"는 뜻이다. 명사적 의미로 보면 홍익(弘益)은 태양의 광명같은 '큰 넉넉함' 이다. 반면에 동사적 의미로 보면 '넓히고 넉넉하게 한다' 또는 '크게 넉넉하게 만든다' 는 뜻이다. '널리 이롭게 한다' 는 말은 너무 상투적인 해석이다.

이 홍(弘)이라는 글자 속에는 활 궁(弓)과 팔뚝 굉(肱)이 들어 있다. 조옥구에 의하면 활 弓에는 불, 해, 마음의 뜻이 들어 있다고 했다.[6] 활시위를 팔뚝으로 잡아당길 수 있을 때까지 잡아당기면, 높은 데는 눌러지고 낮은 데는 돋

6) 조옥구 『백자초문』 이아, 2014, p.110

아나서 결국 둥그런 타원 모양이 된다. 이는 원만구족(圓滿具足)을 상징한다. 활은 사냥의 도구이다. 원시부족에서는 집단이 사냥을 나가서 사냥을 해오면 그 사냥감을 모두 늘어놓고 그것을 공평하게 나누는 일을 가장 먼저 한다. 자칫 자기가 잡아왔다고 자기 것을 숨길 수도 있다. 그러나 부족사회에서 사적(私的)인 숨김은 용납 받을 수 없다. 숨기면 공평이 깨진다. 공평은 부족공동체를 유지하는 이념이다. 사람을 사람으로 대하는 태도가 공평이며, 그것을 실천하는 것이 홍익이다.

따라서 홍익인간이란 말의 원초적 의미는 '잡아온 사냥감의 공평한 분배'라 할 수 있고, 그 나눔의 의식을 통해 공동체의 신뢰와 행복을 공유했던 것이다. 그것이 재세이화이다. 저자는 현존하는 원시부족을 다룬 다큐 영화에서 이를 확인하였다.[7] 지산겸(地山謙)괘의 대상(大象)에도 '裒多益寡부다익과 稱物平施칭물평시' 란 말이 있고, 소축괘에도 '不獨富부독부' (구오 소상)라 하여 홀로 부(富)하지 않는다는 균부(均富)의 중요성을 역설하고 있다.

이는 많은 것을 덜어내고 적은 것을 보태어 고루 평등하게 한다는 뜻으로 홍익의 실천적 의미라 할 수 있다.

주역에서 상경(上經)은 체(體)가 되고, 하경(下經)은 용(用)이 된다. 또 상경에서 건곤(乾坤)괘가 체가 되고, 비태(否泰)괘가 용이 되며, 하경에서 함항(咸恒)괘가 체가 되고, 손익(損益)괘가 용이 된다. 상경의 경우, 건곤~비태 사이가 11~12번째 사이에 있듯이, 하경의 경우도 함항~손익 사이가 11~12번째 사이에 있다.

함항과 손익을 다시 나누어 설명하면 함과 손, 항과 익 관계가 성립된다.

---

7) 최후의 원시부족 사회를 다룬 Q채널 방송 다큐 『최후의 원시부족 2-쿠부족』 참조 ; 쿠부족은 인도네시아 수마트라섬에 사는 원시부족 이름이다. 이들은 합동으로 잡아 온 멧돼지를 가족단위로 공평하게 분배한다. 공평하게 분배받은 고기를 온 가족이 먹으면서 한없이 즐거워한다. 이 즐거움이 이화세계이다.

소남 소녀가 만나 아이를 출산하는 것이 함손(咸損)의 이치라면, 장남 장녀가 가정을 이루어 살림하는 것은 항익(恒益)의 이치이다. 이처럼 함항(咸恒)과 함께 손익(損益)은 인사적으로도 중요한 의미를 지닌다.

손괘의 배합괘가 택산함(澤山咸)괘이다. 함괘가 말한 '虛허로 受人수인'(마음을 비워 사람을 받아들인다)은 두 가지 의미가 있다. 虛(허)는 남녀간 사귐의 자세인 동시에 욕심이나 재물을 덜어냄을 의미한다. 손괘를 호(互)괘로 보면, 그 외호괘가 곤(坤)이요, 그 내호괘가 진(震)이니 곧 지뢰복(地雷復)괘가 된다. 비록 손해를 본다 하더라도 언젠가는 회복할 수 있다는 가능성을 암시해 주고 있다. 이 회복하는 이치는 정치, 경제, 도덕 등 모든 분야에 통할 수 있다.

그리고 손괘의 도전괘인 익괘의 호괘가 곧 산지박(山地剝)괘가 된다. 이 박(剝)은 깎아 손해 보는 괘로서 박손(剝損)에서 도리어 익(益)이 있음을 암시한다. 세상에서 돈을 투자하는 것도 손(損)이요, 땀 흘리며 일하는 것도 손(損)이다. 이처럼 손(損)이 있어야 그 다음에 익(益)이 오고 그 익(益)은 그냥 온 것이 아니라 손(損)으로부터 온다는 것이 박복손익(剝復損益)하는 역의 이치이다.

산택손(山澤損)괘를 오행으로 보면, 위로는 간토(艮土)요, 아래로는 태금(兌金)으로 토와 금이 상생의 관계를 이룬다. 비록 손(損)이나 상하간에 화합을 이루어 결국 백성이 잘 살게 된다. 또 이 손(損)괘를 호(互)괘로 전환해 보면, 위로는 곤토(坤土)요, 아래로는 진목(震木)으로 목극토(木克土)의 관계를 이룬다. 즉, 내괘가 외괘를 극(克)하는 것은 백성이 나라를 견제할 수 있다는 뜻이므로 백성은 풍요롭고 자유를 구사할 수 있다.

그러면 풍뢰익(風雷益)괘는 오행으로 보면 어떤가?

익괘는 위로 손목(巽木)과 아래로 진목(震木)이 되니 상하가 같은 목(木)이다. 또 그 호괘로 보면 위 간토(艮土)와 아래 곤토(坤土)도 역시 같은 토(土)

이다. 여기서도 목극토(木克土)가 일어나는데, 이 때의 목극토는 나무가 땅에 뿌리를 내리는 것을 의미한다. 결국 익괘는 동토(同土)동목(同木)으로 같은 땅 위에 같은 나무가 서로 어울린다. 이를 익괘 단전(彖傳)에 '木道乃行목도내행' 이라 했다. 목도는 3,8목이다. 익괘의 하괘 진목은 양3이고, 상괘 손목은 음8이다. 양3+음8 = 11이다. 11은 곧 十一이니 흙土가 나온다. 목도가 완전히 흙에 뿌리를 내려야 비로소 내행(乃行)이 이루어진다.

이상에서 알 수 있듯이 손과 익을 말하는 주체는 언제나 내괘인 백성이다. 손괘에서 손해를 본다는 것은 백성의 것을 덜기 때문이요, 익괘에서 더한다는 것은 백성에게 보태주기 때문에 익이다.[8)]

주역은 가장 이상적인 괘상을 지천태(地天泰)괘로 설명한다.

그 괘상을 보면 땅이 위에 있고, 하늘이 아래에 있다. 천지의 위치가 뒤바뀐 것이다. 본래 하늘은 위에 있고 땅은 아래에 있다. 그런데 하늘은 아래에 있어 그 기운이 아래로 내려가고, 반면에 땅은 위에 있어 그 기운이 위로 올라간다.

다시 말해 땅은 자기의 본능과는 거꾸로 위로 올라가고, 하늘도 자기의 본능과는 거꾸로 아래로 내려간다. 그래서 하늘과 땅 사이에 사귐이 있게 된다. 이 사귐은 자기 본능의 포기에서 나온 것이다. 앞에서 말한 '허(虛)수인' 이다. 만약 비(否)괘처럼 위에 있는 하늘이 더욱 위로만 올라간다든지, 아래에 있는 땅이 계속 아래로만 내려간다면 하늘과 땅은 영원히 사귐이 없게 된다. 그래서 비괘는 비색해 막힌 세상이요, 태괘는 하늘, 땅의 사귐과 같이 만물이

---

8) 주역 본문에서 말하는 '손상익하' 또는 '손하익상' 이란 말은 나라와 백성과의 관계로써 덜고 더하는 이치로 말한 것이나, 여기서 분명한 것은 백성을 주장으로 삼아 백성의 것을 덜면 손이요, 백성을 보태주면 익인 것이다. 그런데 '손상익하, 손하익상' 에서 말하는 상하란 무엇인가? 그것은 괘의 형상으로 놓고 볼 때, 다만 외괘는 상괘요, 내괘는 하괘이기 때문에 상하라는 말이 나온 것이지, 국(國)과 민(民) 사이를 상하관계로 규정짓기 위한 것은 아니다. 주역의 위치로 보면 내괘가 항상 중심이 된다.

서로 통해 열린 태평한 세상인 것이다.

그러면 다시 한 번 손익괘를 살펴보자.

손(損)에서는 初九에서 덜어 六五에 보태 준다고 했다. 익(益)에서는 九五에서 덜어 六二에 보태 준다고 했다. 그런데 각 효의 지위로 보면, 덜 때는 初九의 백성에서 덜어서 六五 임금에게 보태 주는데 반해, 더할 때는 九五 임금에서 덜어서 六二 선비에게 보태 준다. 九五 임금은 나라를 상징한다.

그런데 손에서는 백성이 직접 덜어 주는데 반해 익에서는 임금이 백성에게 직접 주지 않고 선비를 통해 준다고 했다. 여기에는 중요한 뜻이 있다. 익괘 六二에 '永貞吉영정길' 이라 했다. 선비가 언제나 바르게 하면 길하다는 것은 바꾸어 말해 선비만이 오래도록 바를 수 있기 때문이다.

임금이 국고에서 양식을 덜어내서 가난에 허덕이는 백성을 보태 주는 것이 익이지만, 실제로 가난한 백성을 위해 바른 일을 하는 사람은 외괘[임금의 측근]가 아니라, 내괘 속에 있는데 六二 선비인 것이다. 내괘 속에 있다는 것은 백성 품속에 있어 민의(民意)를 잘 알고 있다는 말이다. 영정(永貞)한 선비만이 백성의 빈부격차를 바르게 알고 또 좋아하고 싫어하는 바를 옳게 알 수 있기 때문에 임금으로부터 식량을 받아 백성에게 골고루 나누어줄 수가 있는 것이다.

또 다른 측면에서 보더라도 六二 선비는 본래 중정(中正)한 자리에 있기 때문에 조금도 편벽되지 않게 백성을 위할 수 있는 자격을 갖고 있다. 이처럼 주는 것이라고 무조건 좋은 것이 아니라, 중정(中正)하게 즉 공정(公正)하게 주어야 한다는 것이 전제가 되는 것이다. 이것이 바로 익괘 대상(大象)에서 말한 '中正有慶중정유경' (중정해서 경사가 있음)이다. 중정을 조건으로 할 때 경사가 있고, 그런 경사가 진정한 의미의 '民說無疆민열무강' (백성의 기뻐함이 끝이 없음)이라 했다.

따라서 익괘의 핵심은 중정(中正)에 의한 민열(民說)이다. 이것이 전통적 의미의 홍익이화(弘益理化)이다.

저자는 이 중정민열(中正民說)을 현대적 의미의 공공행복(公共幸福)과 비교해 보려고 한다. 김태창은 행복을 세 가지로 나누어 설명한다. 개개인의 행복인 사복(私福), 일정생활 공간 속에 사는 주민 전체의 행복인 공복(公福), 그리고 양자가 상호보완적으로 세대를 초월하여 계승 상생하도록 작용하는 공복(共福)으로서의 공공행복(公共幸福)이 그것이다.[9]

공공행복을 구현하는 공공철학에 대해 김태창은 정치중심의 공(公)철학과 경제중심의 사(私)철학을 상호 매개하는 시민사회중심의 간(間), 공(共), 탈(脫) 철학으로 규정한다.[10]

여기서 저자는 익괘의 六二 선비가 공공을 매개하는 간(間)이라고 본다. 행복의 궁극이 자기와 타자와 세계의 3자가 함께 행복해지는 것이 공공행복의 관점이라 할 때, 익괘에서 자기는 백성인 민열무강(民說無疆), 타자는 임금의 유부혜심(有孚惠心), 세계는 여시해행(與時偕行)에서 각각의 행복이 공존함을 알 수 있다.

김태창은 종합적인 전략으로 활사개공(活私開公 : 私를 살리고 公을 개방함)과 행복공창(幸福共創)이란 말을 사용하고 있는데, 이는 공사공익(公私共益), 공사공복(公私共福)으로서의 홍익인간이란 의미와 유사한 점이 있다.

김용환은 홍익인간 사상을 삼신일체의 관점에서 파악하여 "삼신의 궁극관심인 인간세상을 다스려 구하는 도, 즉 삼신이 공공(公共)하는 도"[11]가 곧 홍익인간이라는 말이다.

홍익인간이 삼신의 관심사인 것은 삼신은 '공공함' 이 그 본성이기 때문이다. 삼신의 '공공함' 은 신들의 인간에 대한 관심에서 나온 것이다. 그 관심은

9) 김태창/조성환 『상생과 화해의 공공철학』, 동방의 빛, 2010, p.190
10) 김태창/조성환 『상생과 화해의 공공철학』, 동방의 빛, 2010, p.138
11) 김용환, 「홍암 나철 홍복사상의 세계시민성 가치」 『단군학연구』 23호, 2010. 11, p.138

다른 말로 하면 인간에 대한 신들의 사랑이다. 그 사랑은 공공(公共)의 공평성에 바탕을 둔 것이다.

5. 결론—십붕(十朋)사회를 위하여

주역에 "物畜然後물축연후 有禮유례"(서괘 상)라 했다. 충분한 재부(財富)가 준비되어야 임금은 비로소 예치(禮治)를 행할 수 있다는 뜻이다.

우리가 손과 익이라는 두 괘를 연구의 과제로 삼은 것은 손괘보다도 익괘의 중요성 때문이다. 손은 누누이 말했지만, 태평한 세상으로써 백성들이 골고루 풍족하게 살아가는 것이기 때문에 우리에게 더욱 절실하게 대두되는 것은 바로 그 다음 괘인 익괘인 것이다. 그러니까 사회가 바르게 골고루 익(益)하지 못함으로 인해 부익부 빈익빈하는 빈부의 격차가 생기고, 계층간의 갈등이 나타났던 것이다.

이를 해결하기 위해 주역은 익괘 九五 임금의 혜심(惠心)과 六二 선비에게 공정(公正)이라는 중요한 역할을 부여하고 있다는 것을 알 수 있다. 은혜를 베푸는 임금의 혜심은 오늘날 국가의 분배개념과 유사한 것으로 이해할 때, 익괘의 핵심은 오늘날 국민을 위한 공정분배가 중요한 덕목이라는 것을 알 수 있다.

권력에 의한 국가의 분배는 결국 빈부를 조절하는 역할이다. 부자의 것을 빈자가 직접 빼앗는 것이 아니라, 국가가 부자의 것을 덜어내서 대신 빈자에게 보태 주는 중개자의 역할이 주역 손익괘의 손괘를 의미할 수 있다. 그러니까 손괘의 아래(下)는 덜어내는 백성이지만, 오늘날로 보면 부유층이 더 많은 세금을 국가에 내는 행위와 같다.

반면에 익괘의 아래는 보탬을 받는 백성이다. 이 때의 백성은 국가로부터 도움을 적극적으로 받아야 할 빈민층들이다. 사실 2013년도 말 현재 GDP대비 가계부채비율이 아시아 최고인 92.9%를 기록했다는 것은 지극히 위험 수위에 이르렀다는 것을 의미한다. 위(上)의 역할은 옛날의 임금이나 지금의 국가가 공히 빈민층의 마음을 헤아려 빈부 격차를 해소하는 데 있다. 국가권력은 이 분배문제를 해결하는 데 쓰여야 한다. 이것이 아래(下)에 대한 九五의 혜심(惠心)이다.

이 혜심은 부유층을 위한 혜심이 아니다. 빈민층을 위해 혜심으로 사용해야 한다. 그렇다고 하여 분배를 마구잡이로 하라는 것은 아니다. 공정(公正)하고 균형(均衡) 있는 분배가 중요하다. 여기에 공권력(公權力)의 법적, 도덕적 책무가 있다.

만약 공권력이 이 두 가지 책무를 저버리면 국민으로부터 배반을 당하게 된다. 권력이 국민으로부터의 배반을 받아도 그 잘못을 뉘우치기란 어렵다. 권력은 죄의식을 거부하는 속성이 있다. 이런 권력에 대한 국민적 경계를 한시라도 늦추면 곧바로 권력이 국민을 향해 공격해 온다.

일반적으로 성장이나 재부가 곧 행복으로 직결되는 것은 아니다. 행복은 이익의 결과물이다. 그래서 이익의 공정한 분배는 성장보다도 더 중요하다. 곡식 추수하는 것을 주역에서는 '원형이정' 중에 이(利)라 한다. 그러나 추수의 이익이 곳간에 아무리 많이 쌓여도, 그것이 자기의 밥상에서 쌀밥이 되지 않으면 행복을 느낄 수 없다.

한국은 지금 자살율 최고, 출산율 최저의 나라이다. 하루 평균 40여 명이 자살이라는 극단적 선택을 한다. 최근 국민총행복(GNH : Gross National Happiness)[12]이라는 새로운 개념이 제기되었다. 이에 의하면 국민총행복지

12) 평균행복, 행복수명, 행복불평등, 불평등조정행복 등 4개의 행복지수로 각 나라 국민총행복지수를 발표한다. 행복지수를 산출할 때 고려하는 것은 소득, 치안, 건강, 일자리, 교육, 환경 등이다.

수 1위는 히말라야의 작은 나라 부탄이다. 반면에 한국인의 행복지수는 경제협력개발기구(OECD) 회원국 36개국 가운데 24위 수준이다.

일찍이 김구도 『나의 소원』에서 "문화의 힘은 우리 자신을 행복하게 하고 나아가서 남에게 행복을 준다" 고 했다. 이는 일종의 '문화행복론' 이라 할 수 있는데, 문화가 행복의 원천이라는 전혀 새로운 시각을 제공한다.[13)]

주역에서는 손과 익이 조화를 이룬 이상적인 모습을 십붕(十朋)이라는 말로 표현하고 있다. 손(損)괘 六五에 '십붕' 이라는 말이 나오고, 익(益)괘 六二에도 '십붕' 이라는 말이 나온다. 십붕이란 단순히 열 벗만을 말하는 것이 아니라, 시방(十方)세계와 그 모든 사람을 의미한다.

모든 백성들이 벗처럼 서로 돕고 살아가는 모습이다. 또 주역에서 십(十)은 완성수를 의미한다. 이런 의미에서 손익괘의 십붕(十朋)사회는 주역이 추구하는 이상적인 사회 즉 내외적으로 화합과 대동을 이루는 새 사회의 모습이라 할 수 있겠다.

따라서 공(公)과 사(私)를 그 사이[間]에서 상극(相克) 상화(相和) 상생(相生)의 삼차원 상관관계로 파악하여 양자를 맺고 잇고 살리면서 동시에 자—타와 세계의 완전한 화합을 추구하는 공공행복의 논리에 의하더라도 우주적 이상을 꿈꾸는 주역의 십붕은 일치하는 바는 크다고 할 것이다.

(원문 : 한국윤리교육학회, 『동서양의 공공행복과 윤리교육』(2012년 추계 국제학술발표자료집)

---

13) 싸이(박재상)의 노래 '강남스타일' 은 그것을 보고 듣는 것만으로도 사람들에게 즐거움을 만끽하게 한다. 그 즐거움의 만끽이 곧 행복이다. 이것이 일종의 문화행복이라고 할 수 있다. 여기에는 먹는 문제가 근본적으로 해결되어야 한다는 전제가 요청된다. 영국 유력 일간지 파이낸셜타임스의 데이비드 파일링 칼럼니스트는 2012년 9월 27일(현지시간)자 기고문에서 강남스타일은 강남부자에 대한 반작용으로 해석하고, "번영을 누리는 한국의 이면에 '존재론적 위기감' 이 커지고 있다" 고 진단한 데 이어, 지금 "한국인이 신경쇠약에 걸려 있는 것 같다" 고 지적했다.

참고문헌

주역

김석진 『대산주역강해』 대유학당

김석진 『주역과 세계』 동신출판사, 1989

김병호 『주역강의록』

Q채털 방송다큐 『최후의 원시부족 2-쿠부족』

김태창 『상생과 화해의 공공철학』 조성환 옮김, 동방의 빛, 2010

김용환 「홍암 나철 홍복사상의 세계시민성 가치」 『단군학연구』 23호, 2010

조옥구 『백자초문』 이아, 2014

惠棟 『周易述』 中華書局

3 주역 中正之道와 艮卦에 의한 상생통일 모색

주역 中正之道와 艮卦에 의한 상생통일 모색

1. 中正之道와 통일
2. 中과 正의 관계성
3. 괘효원리로서의 中과 正
4. 간괘의 中正과 통일현실
5. 결론—평화통일의 돈간(敦艮)

1. 中正之道와 통일

동양적 사유의 핵심은 하늘과 사람의 존재근원에 대한 의문에 있다고 할 수 있다. 특히 유학에서는 천 또는 천명에 대한 의문과 함께 인간 자신의 삶을 어떻게 살 것인가에 대한 관심으로 나타났다. 이러한 바탕에서 유학은 만물을 포함하여 인간의 존재근거를 중에 두고 있다. 유학의 경전 에서 이 중에 대해 집중적으로 언급한 경서는 중용과 주역이다.

중용의 서두에 "中은 한쪽에 치우치지 않고(不偏) 기울지 않으며(不倚 ; 불의 또는 불기), 지나침(過)과 미치지 못함(不及)이 없는(無) 것의 명칭(名稱)"[1]이라 한 이후로 많은 학자들이 이에 대해 다양한 설명을 덧붙이고 있다. 북계진 씨는 中을 "中和의 中과 中庸의 中"으로 나누어 보았고, 운봉호 씨는 "주자가 논어와 맹자에서 中을 단지 무과불급(無過不及)이라고만 말한 것은 대개 작용으로써 말한 것이고, 중용에는 未發之中과 時中이 있기 때문에 불편불의(不偏不倚)라는 네 글자를 더한 것이니, 본체와 작용을 아울러 말한 것"[2]이라 했으며, 신안진 씨는 "불편 불의는 미발(未發)의 중이고 마음으로써 논한 것으로 중의 체(體)가 되고, 무과 불급은 시중(時中)의 중이고 일로써 논한 것이니 중의 용(用)"[3]이라고 하였다. 즉 불편불의는 중의 본체이고, 무과불급은 중의 작용이라 할 수 있는데, 구체적으로는 전자는 중이 갖는 본체론적 중립성을 의미하고, 후자는 중이 현실 속에서 운용됨에 있어서의 실제론적 적합성을 의미한다고 볼 수 있다.[4]

---

1) "中者 不偏不倚無過不及之名"(중용장구대전 주자 注)

2) "朱子於語孟釋中字但無過不及 盖以用言 中庸有所謂未發之中與時中故添不偏不倚四字 兼體用言 以釋名篇之義"(중용장구대전 서 小注)

3) "不偏不倚 未發之中 以心論者也 中之體也 無過不及 時中之中 以事論者 中之用也"(중용장구대전 서 신안진 씨 小注)

4) 윤천근 『원시유학의 새로운 해석』 온누리, 1987, p.47

주역에서 中의 개념도 여러 영역에서 논의되고 있다. 세계의 실체를 태극이라 하고 이 태극의 의미를 대중, 또는 중으로 보았다. 또 가치론적 영역에서도 중을 인간이 실천해야 할 최고의 선(善)으로 삼았다.

주역 본문에도 그 의미는 다양하게 나타나고 있다. 본경에는 中, 또는 中行으로 나타나고, 단전에는 강중(剛中), 유중(柔中)으로 나타나고 있으며, 상전에는 中正, 以中, 時中 등으로 나타나고 있는 것이다. 天地人 삼재의 도를 말하고 있는 주역은 이 中과 함께 正을 동시에 강조하고 있는 점이 중용과 다른 특색이다. 그리하여 주역의 도는 중도(中道)와 정도(正道)의 결합이라는 새로운 차원을 제시한다. 주역에 "三才兩之삼재량지 故六고육"(계하10), "故易고역 六位而成章육위이성장"(설괘2)의 말과 같이 3효의 소성괘가 6효의 대성괘로 발전한다. 또 "六爻發揮육효발휘, 旁通情也방통정야"(건문언), "六爻相雜육효상잡 唯其時物也유기시물야"(계하9)와 같이 6효가 움직임에 2효와 5효가 중정을 상징하는 최고의 선으로 인식된다. 주역의 관점이 평면적 中의 차원에서 입체적 中正의 차원으로 발전한 것과 같다.

따라서 이 글에서는 주역의 중정지도(中正之道)에 주목하여 논의하려고 한다. 나아가 작용론적 관점과 가치론적 관점이 만나는 현실과 실천의 관점에서 時中의 문제에 중점을 두되, 특별히 간괘(艮卦)를 중심으로 초효부터 상효까지의 입체적 관점에서 한반도 통일의 문제에 관해 고찰해 보고, 역학적인 통일방안을 모색해 보고자 한다.

2. 中과 正의 관계성

1) 주역 밖에서의 中과 正의 관계

공자는 "중용의 덕은 아주 지극하다. 이 덕을 행하는 사람들이 적은 지 오래 되었다"(논어 옹야)고 한탄하였다. 당시의 사람들이 중용을 지킬 줄 모르고, 이리 쏠리고 저리 쏠리며 이해관계에 따라 편당을 짓고, 목표의식이나 도덕적 가치를 상실하고 시류에 쉽게 빠지며 방황하는 세태를 비판한 것이다. 이러한 공자의 중용(中庸)에 대해 정자(程子)는 "편벽되지 않는 것을 中"(不偏之謂中)이라 하고, "바뀌지 않는 것을 庸"(不易之謂庸)이라 했고, 朱子는 "中은 無過무과 無不及무불급의 이름"이라 했고, "庸은 平常평상"이라 했다.

공자의 중용관은 중용 제3장에도 똑같이 인용되었다. 논어와 중용이 한가지로 통하는 것이 바로 중용의 지덕론(至德論)이다. 본래 중용은 예기 제49편중의 제31편에 들어 있었는데, 그 중요성 때문에 별도로 표출되어 간행된 것이다. 중용은 곧 중화의 작용에 대한 설명이라 할 수 있는데, 다음은 중용의 首章이다.

> 희로애락이 미발(未發)한 것을 중(中)이라 하고,
> 발하여 다 절도에 맞는 것을 화(和)라 한다.
> 중(中)이란 것은 천하의 큰 근본이요,
> 화(和)라는 것은 천하의 통달한 것이다
> 중화를 이루면 천지가 위(位)하며
> 만물이 길러질 것이다.
> 喜怒哀樂之未發을 謂之中 發而皆中節 謂之和
> 中也者 天下之大本也 和也者는 天下之達道也
> 致中和 天地位焉하며 萬物育焉「중용 1장」

주자가 中을 대본(大本)이라 한 것은 천명의 性과 천하의 이치가 다 이로 말미암아 나오기 때문이라 했고, 和를 달도(達道)라 한 것은 성품을 좇는 것을 이르는 것이니 천하고금이 같이 말미암는 것이라고 했다. 또 그는 중을 도의 체라면, 화는 도의 용이라 하여 중과 화를 체와 용의 관계로 설명하고 있다. 이율곡도 발하지 않은 것(未發)은 성(性)의 근본이요, 태극의 묘함이요, 중(中)이요, 중요한 근본(大本)이라고 보았다.[5] 그래서 태극은 미발(未發)의 中과 같다.

춘추좌전은 中을 인간에 내재한 보편성임을 강조해 설명한다.

> 劉子(유강공)가 말하기를, 내 들었거니와, 백성은 천지의 中을 받아 생하였으니 命이 되는 所以이다.
> 劉康公曰 吾聞之 民受天地之中以生 所以命也「춘추좌전 성공13년」[6]

모종삼은 이 문장에 대해 "中은 천지의 道를 의미하고, 命은 운명의 命이 아니고 천명의 命이다. 天이 이미 命을 내려 인간의 性을 이루고, 인간의 광명한 본체를 형성한다. 그러나 홀로 그 본체만으로 만족해지는 것이 아니고, 그것은 반드시 후천적인 修德의 공부에 의해서 완전해지는 것이다. 유강공이 말한 中은 뒤에 중용의 머리구절인 天命之謂性천명지위성으로 바뀌었다"[7]라고 해석하였다. 이에 따르면 中은 천도인 동시에 인간의 本性이 된다. 또 中은 천도, 천덕이며, 인간에 내재한 성이며, 이 中이 性과 연결되는 계기는 중용의 "喜怒哀樂之未發희로애락지미발 謂之中위지중"에서 이루어졌던 것이다. 그래서 이율곡은 이 中을 하늘에 있으면 命이요, 사람에 있으면 性이니 그 실질은 하나라 했다.[8]

서전과 논어, 중용에는 집중(執中)이라는 말이 나온다. 「대우모」에는 "人

---

5) "未發者 性之本然也 太極之妙也 中也 大本也"(율곡집, 書 답성호원)
6) 魯나라 成公 13년은 B.C. 578년이다. 공자 태어나기 이전이다.
7) 모종삼 『중국철학의 특질』 송항룡, 동화출판사, 1983, p.43
8) "臣按以天言之 則謂之命, 以人言之 則謂之性 其實一也"(이율곡 성학집요 二)

心惟危인심유위 道心惟微도심유미 惟精惟一유정유일 允執闕中윤집궐중"이라 했다. 이 16자 4구의 본래 의미는 그리 분명하지 않다. 수양적 측면에서 윤리적 함의와 공부의 의미를 갖게 되었다고도 하고, 또 요순—공자—맹자가 도통(道統)을 서로 전한 16자결(字訣)로도 불렀다.[9] 이에 대해 서전 서문은 "정일집중(精一執中)은 요, 순, 우가 서로 전한 심법"[10]이라고 하여 후자의 견해를 뒷받침해 주고 있다. 먼저 유가의 여러 주석을 알아보고자 한다.

㉠ 정(精)으로써 살펴서 형기(形氣)의 사사로움에 섞이지 않게 하고, 일(一)로써 지켜서 의리(義理)의 바름에 순하게 하여 …동정과 운위(云爲, 言行)가 저절로 과불급(過不及)의 잘못이 없어서 진실로 그 중도를 잡게 될 것이다(대우모, 주자 注).[11]

㉡ 반드시 정밀하게 하고 한결같이 한 뒤에야 중(中)을 잡을 수 있을 것이다(중용, 주자 小注).[12]

㉢ 중을 잡는 공부에서 먼저 할 것은 오직 유정(惟精)에 있을 뿐이지만, 중점은 오직 유일(惟一)에 있음을 알 수 있다(중용, 호운봉 小注).[13]

㉣ 충막무짐(沖漠無朕)은 순일(純一)의 아버지이며, 만상삼연(萬象森然)은 유정(惟精)의 어머니이다. 유일한 가운데 유정이 있고, 유정한 가운데 유일이 있다. …중이란 바로 천리이며 바로 역(易)이다. 수시변역(隨時變易)하는데 어찌 고집하겠는가?(왕양명, 전습록 상)[14]

주자가 절차상 선유일(先惟一) 후집중(後執中)을 말했으나, 그의 요점은

9) 진래 『송명성리학』 안재호 옮김, 예문서원, 2000, p.141

10) "精一執中 堯舜禹相授之心法也"(서전 序)

11) "惟能精以察之 而不雜形氣之私 一以守之 而純乎義理之正..動靜云爲 自無過不及之差 而信能執其中矣"(서전 대우모, 서전대전 2권 19 주자 注)

12) "必須精之一之而後 中可執"(중용장구서, 주자 小注)

13) "便見得執中之功 先在有精 而重在惟一"(중용장구서, 호운봉 小注)

14) "沖漠無朕者 一之父 萬象森然者 精之母 一中有精 精中有一... 中只是天理 只是易 隨時變易 如何執得"(전습록 상)

가운데를 잡는 집중에 있다는 것을 알 수 있다. 반면에 호운봉이 유일을 강조하였으나, 왕양명은 유일과 집중의 조화를 추구하고 있다는 것을 알 수 있다. 다음은 이 집중에 관한 논어의 언급이다.

> 요 가로되, 자홉다 너 순아, 하늘의 역수(曆數)가 네 몸에 있으니
> 진실로 그 中을 잡아라. 사해가 곤궁하면
> 하늘의 녹이 영원히 끊어지리라. (논어 권20 堯曰)
> 堯曰咨爾舜 天之曆數 在爾躬 允執其中 四海困窮 天祿永終

주자는 역수에 대한 개념을 규정하고, 집중을 다음과 같이 말한다. "역수란 제왕이 서로 계승하는 차례이니 세시와 절기의 선후이다. 中이란 것은 지나침이 없고, 미치지 못함이 없는 것의 이름이다"[15]고 밝히고 있다.

그런데 왜 사해가 곤궁해지는가에 대하여는 언급하고 있지 않다. 사해가 곤궁해지는 경우란 하늘의 역수를 바르게 다스리지 못했기 때문이다. 다시 말하면 집중을 정확하게 하지 못했다는 뜻이다. 따라서 여기서 집중이란 시간의 파악을 의미한다.

시간의 파악이란 단순히 달력상의 시간을 말하는 것이 아니라, 하늘의 역수와 관계되는 천도적인 시간을 말한다. 구체적으로는 동지와 하지이다. 음극(陰極)에서 동지가 나오고, 양극(陽極)에서 하지가 나온다. 이렇게 하지에서 동지로 넘어가는 그 오묘한 사이(間)에서 전개되는 음양균세(陰陽均勢)가 '천도적 시간의 중' 을 잘 잡는 것이며, 세시와 절기의 선후를 밝히는 것이며, 곧 사해가 풍요로워지는 것이다. 이와 관련하여 주목할 것은 시중(時中)의 문제이다.

15) "曆數 帝王相繼之次第 猶歲時節氣之先後也 允 信也 中者 無過不及之名"(논어, 요왈편 주자 注)

군자의 중용은 군자로서 때에 따라 맞게 하는 것이요,
소인의 중용은 소인으로서 꺼림 없이 하는 것이다.
君子之中庸也 君子而時中 小人之中庸也 小人而無忌憚也 「중용 2장」

주자는 여기서 "중(中)이란 무정체(無定體)" 라고 규정하였다. 무정체란 일정한 몸체가 없다는 것이니, 이는 '시간의 중' 이란 것은 손으로 잡을 수 있는 것이 아니라는 뜻이다. 그렇기 때문에 군자와 소인의 차별점은 적시(適時) 적중(的中)의 여부에 있다. 군자는 때에 맞게 움직이나, 소인은 제멋대로 하여 때를 어긴다. 때를 어긴다는 말은 시간을 지키지 않았다는 차원을 넘어 망령된 욕심으로 천도를 어긴다는 의미로까지 확대된다.

끝으로 중용은 이 집중의 문제를 백성과 연계하여 설명하고 있다.

공자 가라사대, 순은 그 큰 知(지혜)인져. 순이 물음을 좋게 여기시고
가까운 말을 살피기를 좋아하시되, 악한 것은 숨기고 착한 것은 드날리며,
그 두 끝을 잡아 그 中을 백성들에게 쓰시니, 이로써 순되옴인져! (중용 6장)
子曰舜其大知也與 舜好問而好察邇言 隱惡而揚善
執其兩端 用其中於民 其斯以爲舜乎

시비선악이 서로 같지 않아 양단을 이룰 때는 그 저울질함이 없이 무조건 중간을 접어서 취(取)하는 것이 아니라, "이미 옳아서 그름이 없고, 이미 착해서 악함이 없는 것"[16]에서 그 中을 잡아야 한다고 보았다. 이처럼 양단의

16) "兩端非如世俗說 是非善惡之兩端 乃是事已是而不非 已善而非惡 已皆當爲之事" (중용집주 6장, 葉氏小注)

부동은 그 자체가 목적이 아니라, 결국에는 일치점에 이르러 백성에게 쓰이는 것이 목적이다. 왜냐하면 백성은 편벽되거나 지나치거나, 부족하면 이에 따르지 않기 때문이다. 그러므로 천지와 백성은 모두 이 中으로써 이루어졌고, 백성마다 中을 받아 태어났으므로 누구나 그 성(性)을 간직하고 있는 것이다. 그래서 대학은 "임금의 명령이 좋아하는 바에 반하면 백성이 따르지 않는다"[17]고 단언하였다. 이처럼 지나침이 없고, 부족함이 없이 도가 실천적으로 행하여질 때, 그것이 백성들에게는 정도(正道)로 인식된다.

이렇게 중용이 中을 강조하는 반면에 대학은 正을 강조한다. 수신(修身)은 정심(正心)으로부터 출발한다는 것이 대학의 핵심이다.

> 이른바 몸을 닦음이 그 마음을 바르게 함에 있다는 것은
> 마음에 분치(忿懥)하는 바가 있으면 그 바름을 얻지 못하며,
> 공구(恐懼)하는 바가 있으면 그 바름을 얻지 못하며,
> 좋아하고 즐기는 바가 있으면 그 바름을 얻지 못하며,
> 우환(憂患)하는 바가 있으면 그 바름을 얻지 못한다.
> 所謂脩身在正其心者 身有所忿懥
> 則不得其正 有所恐懼 則不得其正
> 有所好樂 則不得其正 有所憂患 則不得其正「대학 전 7장」

정자(程子)가 말한 것처럼, 이른바 성내고, 두려워하며, 즐기고, 걱정하는 네 가지는 사람 마음의 쓰임이니 한 번 이것을 살피지 못하면, 욕심이 동(動)하고 정(情)이 치우쳐 올바름을 잃게 되는 것이다.[18] 그리되면 사람의 마음이

17) "其所令 反其所好 而民不從"(대학장구 전9장)

18) "忿懥 怒也 蓋是四者 皆心之用而人所不能無者 然 一有之而不能察 則欲動情勝 而其用之所行 或不能不失其正矣"(대학장구 7장 정자 주)

보전되지 못해 그 몸을 검속(檢束)할 수가 없고, 보아도 보이지 않고, 들어도 들리지 않고, 먹어도 그 맛을 알 수 없게 된다.[19] 따라서 마음을 바르게 한다는 것은 "공경함으로써 마음을 곧게 한다(敬以直之)"는 수양론에 이르며, 치도(治道)에 있어서는 백성이 싫어하는 바를 싫어하고, 백성이 좋아하는 바를 좋아해야 백성의 부모 노릇을 바르게 할 수 있는 것이다. 이것이 대학이 말하는 정직(正直)의 애민지도(愛民之道)라 할 수 있다.

2) 주역에서의 中과 正

주역 건괘는 中正을 한 마디로 규정한다.

> 위대하다. 건이여! 강건하고 중정하고, 순수함이 정이 된다.
> 大哉 乾乎 剛健中正純粹 精也「건괘 문언」

여기서 강(剛)은 건괘의 본체가 강한 것을 말하고, 건(健)은 굳센 모양이고, 중(中)은 한 가운데이고, 정(正)은 제 자리에 있는 것이고, 순(純)은 다른 것이 석이지 않은 깨끗함을 말하고, 수(粹)는 전부가 다 양(陽)인 것을 말한다.[20] 이렇게 中正은 乾의 세 가지 속성 중의 하나이면서도 괘의 전체적인 상징성을 잘 드러내주고 있다. 주자는 이 중정에 대해 동시에 설명을 하고 있다.

> 中은 그 행함이 지나치거나 미치지 못함이 없고
> 正은 그 서 있음이 치우치지 않음이다.[21]

---

19) "心不在焉 視而不見 聽而不聞 食而不知其味 心有不存면 則無以檢其身 是以 君子必察乎此 而敬以直之 然後 此心常存 而身無不修也"(대학장구 7장)

20) 김석진 『대산주역강의』 1, (서울: 한길사, 1999) p.203

21) "中者 其行 無過不及, 正者 其立 不偏"(건괘 문언 주자 註)

이러한 주자의 중정관(中正觀)은 대인(大人)이 수행해야 할 인도적 차원에서 볼 때, 中과 正은 동일한 의미로 해석할 수 있는 근거가 된다.[22] 건(乾)의 이러한 중정의 속성은 성인 또는 대인이라는 인격성으로 구체화된다. 송괘(訟卦)에는 "대인을 봄이 이로운 것은 중정을 숭상하기 때문이다"[23]라고 하였다. 이처럼 직접적으로 대인에게 중정을 설명하여 중정지도(中正之道)가 대인의 덕목임을 말해 주고 있다. 특히 현실적인 송사(訟事)에서 중요한 것은 시비의 정확한 판단이다. 이때 사람은 대인의 지혜에 의지하게 된다. 대인은 재판의 시비에 합당한 판결을 내릴 수 있는 중정지도를 이미 가지고 있기 때문이다.

그런데 이 중정지도는 주역에서 中正 또는 正中이라는 두 가지 용례로 나타난다. 대체로 中正이란 中하고 또 正한 경우이고, 正中은 中하여도 반드시 正하지는 못한 경우이다.[24] 正中의 용례는 다음과 같다.

> 공자 가라사대, (대인은) 용덕(龍德)이 정중한 자이니
> 떳떳이 말을 미덥게 하며, 떳떳이(항시) 행실을 삼가서…
> 子曰 龍德而正中者也 庸言之信 庸行之謹「건괘 문언 九二」

정중이란 '용의 덕으로 바르게 가운데 한 것' 을 말한다.[25] 주역에서 中은 正을 포함할 수 있으나, 正이라고 해서 반드시 中인 것은 아니다. 그런데 이 구이효는 음위에 양이 처하여 정을 얻은 것은 아니나, 구오와 같이 용의 덕을 얻어(得中) 중도(中道)로써 행할 수 있는 九二대인이므로 정중이라 한 것이

22) 김재홍, 『역학의 중정지도에 관한 연구』박사학위논문 (충남대 대학원, 2008) p.56
23) "利見大人 尙中正也"(송괘 象傳)
24) 이정호, 『정역연구』(서울: 국제대학, 1976), p. 65
25) 이 구절을 축약하면 正中庸信이니, 곧 중용(中庸)이란 말이 나온다. 주역의 중정지도와 중용의 관계가 불가분임을 알 수 있다.

다. 같은 맥락에서 곤괘 문언 六五에서도 볼 수 있다.

> 군자가 황중의 이치를 통해서 바른 자리에 거해서…
> 君子 黃中通理 正位居體「곤괘문언 六五」

이 곤괘의 군자는 "황중통리"로써 中을 얻고, "정위거체"로써 正이 된다. 황중통리로써 깨달음을 얻어 어느 것이 정위(正位)인가를 알아 자기 본분에 맞게 바른 곳에 거할 수 있다는 뜻이다. 정중이란 '正히 中한'이라 하여 中을 강조한 正의 뜻으로 볼 수 있다.[26] 완전한 중정의 개념은 아닌 것이다. 이와 같은 용례로 수괘(需卦)의 "천위에 자리해서(位乎天位) 바르게 하여 가운데 한다(以正中也)"(단전)라는 말을 들 수 있다. 다시 말해 수괘의 구오효는 마땅히 中正이나 正中이라 하여 역설적으로 중을 강조한 것이다. 아울러 이괘(離卦)도 "유(柔)가 중정에 걸린 까닭에 형통하다(柔麗乎中正 故亨)"고 했다. 여기서 유(柔)는 이괘(離卦)의 육이, 육오를 말하는데, 둘 다 건괘 九二대인과 九五대인에서 변해 왔고, 또 해와 달을 상징하므로 중정은 아니나 중정의 위를 부여하고 있다. 그 밖에 미제괘(未濟卦)괘 구이효도 정은 아니나, "중도로써 바름을 행한다"(中以正行也)고 하여 正中을 말하고 있다. 이와 같이 중과 정은 중도를 체(體)로 하고 正으로 행용(行用)함으로써 중도의 뜻이 구현된다는 의미에서 중과 정은 상호 보완적이면서 불가분의 관계임을 알 수 있다. 이를 정리하면 다음과 같다.[27]

▶ **상전, 소상(象傳, 小象)**

以中正也 – 수(需) 구오, 송(訟) 구오, 예(豫) 육이, 진(晉) 육이

中正也 – 구(姤) 구오, 정(井) 구오

---

26) 김석진, 『대산주역강해』 상, (서울: 대유학당, 2007), p.82

27) 今井字三郎 『易經』(中), (東京: 明治書院, 平成 5년), p.1042

位正中也 – 비(比) 구오, 수(隨) 구오, 손(巽) 구오

▶ **단전(彖傳)**

中正 – 송(訟) 구오, 이(履) 구오, 동인(同人) 구오 육이, 관(觀) 구오, 이(離) 육이, 익(益) 구오 육이, 구(姤) 구오, 손(巽) 구오, 절(節) 구오

正中 – 수(需) 구오

▶ **문언전(文言傳)**

(강건)中正 – 건(乾) 석(釋) 단전

(용덕이)正中 – 건(乾) 석(釋) 효사구이

3) 中正과 유사한 개념들

괘사(卦辭 : 또는 彖辭)에 나타난 中의 개념을 검토해 보고자 한다.

○ 송은 믿음을 두나 막혀서 두려우니 중도로 함은 길하고, 끝까지 함은 흉하다

訟 有孚窒惕 中吉 終凶 利見大人 不利涉大川

○ 풍은 형통하니 왕이어야 이르나니, 근심이 없게 하려면 마땅히 해가 중천에 비추듯이 해야 한다. 豊 亨 王假之 勿憂 宜日中

○ 중부는 돼지와 물고기까지 믿게 하면 길하니…

中孚 豚魚吉 利涉大川 利貞

정자(程子)는 송괘(訟卦)의 중길(中吉)을 중실(中實)로 보았다. 중에 진실이 없으면(中无其實) 송사에 패한다는 뜻이다. 주자는 중실(中實)을 구이 양의 충실(充實)함으로써 설명하였다. 또 풍괘(豊卦)의 일중(日中)에 대해 정자는 많은 백성을 다스리는 것이 근심과 걱정이나, 중천에 뜬 해처럼 성대한 밝음(盛明), 넓게 비추어(廣照), 미치지 않음이 없게(無所不及) 한 다음에야 근

심이 없게 된다고 했다. 이는 中의 최대성, 소통성, 평형성을 의미하는 것으로 볼 수 있다. 끝으로 중부(中孚)는 괘명 그 자체인데, 정자는 구이, 구오가 양인 것은 중실(中實)이요, 가운데(육삼, 육사)가 비었으니 중허(中虛)라 하고, 이 중허는 믿음의 근본(信之本)으로 해석하였다. 송괘가 중실을 강조했다면, 도리어 중부괘는 중실보다는 중허를 강조하고 있다. 이 중허는 마음을 강조한 것으로 볼 수 있다. 마음이 비었기 때문에 물건이 감응한다(我心虛故物能感之).

다음으로 강중(剛中)과 유중(柔中)의 문제이다. 본래 중은 중효(中爻)라는 괘체에서 나온 말이다. 단전(彖傳)과 상전(象傳)에 고루게 보이는데, 여기서는 단전을 중심으로 말하려고 한다. 단전의 6효중에서 이효와 오효가 양효일 경우 강중(剛中)이라고 한다. 반면에 음효가 이효와 오효에 있을 때는 유중(柔中)이라고 한다. 백은기는 중의 논리를 괘체, 괘변, 괘상의 세 가지로 나누어 해석하는데,[28] 이 가운데서 괘변에 의한 中을 알아보고자 한다.

○ 단왈 중부는 유가 안에 있고, 강한 것이 중을 얻음이니…
彖曰 中孚 柔在內而剛得中 說而巽 孚乃化邦也(中孚 단전)

○ 단왈 턱 가운데 물건이 있음을 가로되 서합이니 유가 중을 얻어 위로 올라가니
彖曰 頤中有物 曰噬嗑… 柔得中而上行 雖不當位 利用獄也(서합 단전)

중부괘는 본래 중화리괘에서 왔으니, 리괘의 구삼효가 중부의 구이효로 가고, 리괘의 구사효가 중부괘의 구오효로 올라가서 구이효와 구오효가 강

28) 백은기 『주자의 주역해석에 나타난 중에 관하여』 『범한철학』 25(2002 여름), p.150

중(剛中)을 얻었다. 또 서합괘는 익괘의 육사효가 서합괘의 육오효로 올라가서 유중(柔中)을 하였다. 이렇게 이전괘의 변효에 의해 이효와 오효에서 중을 얻었다고 한다.[29)]

이 밖에 감괘(坎卦)의 "維心亨유심형 乃以剛中也내이강중야"(단전), 곤괘(困卦)에 "貞大人吉정대인길 剛中也강중야"(단전) 등이 있고, 이괘(履卦)는 "剛中正강중정 履帝位리제위"(단전)라 하여 中과 正을 동시에 말하고 있다.

본래 설문해자에서 中은 울타리를 나타내는 口과 위 아래로 뚫는다는 ｜으로 이루어진 회의문자로 위 아래를 관통한다는 의미이다. 여기서 안, 가운데, 화(和)의 의미로 쓰였다. 그런데 갑골문에서의 中은 울타리 가운데에 꽂아 놓은 깃발의 흔들리는 모습으로서, 본의는 깃발이며, 후에 인신되어 '가운데' 의 의미를 갖게 되었다.[30)]

따라서 설문해자는 원초적인 깃발의 의미를 설명하지 못했다는 한계를 갖는다. 中이 깃발이라는 것은 그 본뜻이 사방의 정위(定位)로부터 나왔음을 알 수 있다. 中은 동서남북이라는 주변과의 관계 속에서, 주변과의 대대적(對待的) 관계위에서 이루어진 것이라 할 수 있다. 사방에서 불어오는 바람의 측정은 농경사회에서 아주 중요한 통치의 과제였을 것이다. 깃발은 바람 측정의 도구로 활용되었을 것이며, 그 깃발에 의해 사방이 정위되고, 그와 대대를 이루는 점이 중앙으로 정립되었을 것이다.

소위 5방의 관념은 이런 이유로 신령한 것으로 각인되었을 것이다. 따라서 서전에 "황(皇)은 임금이다. 건(建)은 세우는 것이다. 극(極)은 북극의 극과 같으니, 지극하다는 뜻이어서 표준이 된다는 말인데, 中에 서서 사방의 正을 취한다는 것"[31)]이라 한말은 '깃발' 의 의미를 中과 正으로 아주 적중하게 표

29) 김석진, 『주역과 세계』, (대전 광개토, 1988), pp. 92~93
30) 장혜영 「갑골문을 통한 설문해자 1편의 오류수정」 『중국언어연구』(제17집), p.432
31) "皇君建立也 極有北極之極 至極之義 標準之名 中立而四方之所取正言者也"(서전 홍범 주)

현했다고 볼 수 있다. 正자는 본래 丁(못 정)에 왔다고 한다. 물건이 이리 저리 움직이지 않게 바르게 펴서 못질한다는 뜻에서 '바르게 한다'가 원래 뜻이고, 여기서 '바르다', '옳다' 등의 뜻이 붙게 된 것이다.[32]

3. 괘효 원리로서의 中과 正

1) 괘효의 기본구성

소성괘(3획괘)인 8괘가 서로 거듭(因重)하여 대성괘(6획괘)인 64괘가 이루어진다. 즉 소성괘 8괘가 둘씩 짝을 지어 위(外)·아래(內)로 만나 64괘가 되는 것이다. 소성괘를 단괘(單卦)라 하고, 대성괘를 중괘(重卦)라 한다. 소성괘를 중첩해서 대성괘를 이루었으므로, 그 대성괘에는 소성괘가 가지고 있는 본래의 성질이 그대로 남아 있게 된다.

소성괘는 처음에 생성될 때는 맨 아래 초효로부터 天, 2효를 地, 삼효를 人

▶ 대성괘와 천지인 삼재

體(생성의 순)			用(현상의 순)		
上	━━━━━━	天	上	━━━━━━	天 ┐
五	━━━━━━	人(성인	五	━━━━━━	天 ┘
四	━━━━━━	地	四	━━━━━━	人 ┐
三	━━━━━━	天	三	━━━━━━	人 ┘
二	━━━━━━	人(군자, 선비)	二	━━━━━━	地 ┐
初	━━━━━━	地	初	━━━━━━	地 ┘

32) 김용길 『한자로 풀어보는 한국고대신화』 정신세계사, 2004, p.245

이라 하여 3재가 구성되지만, 그 쓰임(用)에서는 초효를 地, 이효를 人, 삼효를 天이라 하여 위로부터 天人地로 3재가 구성된다. 소성괘가 인중하여 대성괘로 가면, 소성괘의 쓰임(天人地)을 체로 삼아 6효의 3재가 재구성된다. 즉 위로부터 상효, 오효, 사효는 外卦로 天人地를 구성하고, 삼효, 이효, 초효는 內卦로 다시 天人地를 구성한다. 여기서 내괘와 외괘 사이에 상응관계가 성립된다. 天은 천위(天位)끼리(삼효와 상효), 人은 인위(人位)끼리(이효와 오효), 地는 지위(地位)끼리(초효와 사효) 상응관계가 이루어진다.

효(爻)란 괘를 그릴 때의 劃(획) 하나를 가리킨다. 소성괘는 3획괘이며, 대성괘는 6획괘이다. 효는 效(본받을 효)를 의미한다. "爻者효자 言乎變者也언호변자야"(계상3)라 하고, 또 "道有變動도유변동 故고 曰爻왈효"(계하10)라 했으니, 효란 변하는 것을 말한다.이러한 효는 여섯의 각 위 및 음·양에 따라 그 명칭이 정해진다.

「爻位와 陰陽本性」	重天乾		重地坤		水雷屯	
上위(陰位)	━━━	상구	━ ━	상육	━ ━	상육
五위(陽位)	━━━	구오	━ ━	육오	━━━	구오
四위(陰位)	━━━	구사	━ ━	육사	━ ━	육사
三위(陽位)	━━━	구삼	━ ━	육삼	━ ━	육삼
二위(陰位)	━━━	구이	━ ━	육이	━ ━	육이
初위(陽位)	━━━	초구	━ ━	초육	━━━	초구

여기에서 음효(- -)는 六으로, 양효(—)는 九로 표시하고 있으며, 그 位에 따라 初·二·三 ·四·五·上으로 수를 표시하고 있음을 알 수 있다.

또 괘의 처음 효와 마지막 효인 초(初)와 상(上)은 효의 위를 먼저 말한 후 효의 음양을 나중에 말하며, 다른 효(二·三·四·五)는 그 반대로 한다.

이것은 초와 상은 시작이며 끝이므로 그 때가 중요한 것이고, 二 · 三 · 四 · 五효는 일이 한창 진행되는 때이므로 그 재질(음 또는 양)이 중요하기 때문이다.

효의 위에서 처음을 일이라 하지 않고 초라 하며, 맨 위를 육이라 하지 않고 상이라 한 것은, 하나의 괘 자체가 독립된 것으로 완전한 소우주 내지는 그의 질서체계(원리)로 존재하기 때문이다. 양을 九로 음을 六이라 한다.

효를 판단함에 있어서 주로 사용되는 것이 중(中) · 정(正) · 응(應) · 비(比)인데 이를 각각 간략히 살펴보면 다음과 같다.

○ '中' 이란 하괘의 중효와 상괘의 중효를 말한다. 즉 여섯 위에서 볼 때 2위와 5위를 중이라 하고 이 위의 얻음을 '득중' 이라 한다.

○ '正' 이란 음자리에 음효가 놓이고 양자리에 양효가 놓인 상태를 말한다. 初 · 三 · 五는 기수(양수)이므로 양위가 되고, 二 · 四 · 上은 우수(음수)이므로 음위가 된다. 양위에 양효가 놓이고 음위에 음효가 놓임을, 바름을 얻었다는 뜻으로 「득정得正」, 바른 자리를 얻었다는 뜻으로 「득위得位」, 마땅한 자리를 얻었다는 뜻으로 「당위當位」라 한다.

이와는 반대로 양위에 음효가 놓이고 음위에 양효가 놓임을 「실정失正 또는 부정不正, 부득위不得位 또는 실위失位, 부당위不當位」라 한다.

○ '응(應)' 이란 대성괘의 여섯 효에서 하괘의 첫효인 초효와 상괘의 첫효인 사효, 하괘의 둘째 효인 이효와 상괘의 둘째 효인 오효, 하괘의 셋째 효인 삼효와 상괘의 셋째 효인 상효가 서로 짝을 지어 응함을 말한다. 이 관계가 음과 양으로 응하면 이를 '정응(正應) 또는 합응(合應)' 이라 하고, 양과 양. 음과 음으로 대치된 경우를 '적응(敵應) 또는 무응(无應)' 이라 한다.

○ '비(比)' 란 서로 이웃한 효끼리의 관계를 말하는데, 이 경우에도 음양의 이치로 판단하는 것이다. 즉 양효와 음효가 서로 이웃한 것을 '상비(相比)' 라고 한다. 응(應) 관계는 정당한 짝으로 합하는 것이고, 비(比)일 경우는 단

순히 도울 뿐이지 정당한 짝이 아닌 경우를 말한다.[33]

괘를 변화시켜 보는 방법에는 지괘(之卦) · 호괘(互卦) · 도전괘(倒轉卦) · 배합괘(配合卦) · 착종괘(錯綜卦) 등이 있는데, 지괘는 본괘에 대한 용괘, 호괘는 내포된 의미, 도전괘는 상호 연계된 내용, 배합괘는 상반된 위치 상황, 착종괘는 상하(上下)의 위치 변동 등을 살필 때 쓰인다. 이 중 호괘가 가장 많이 사용되고 있다.

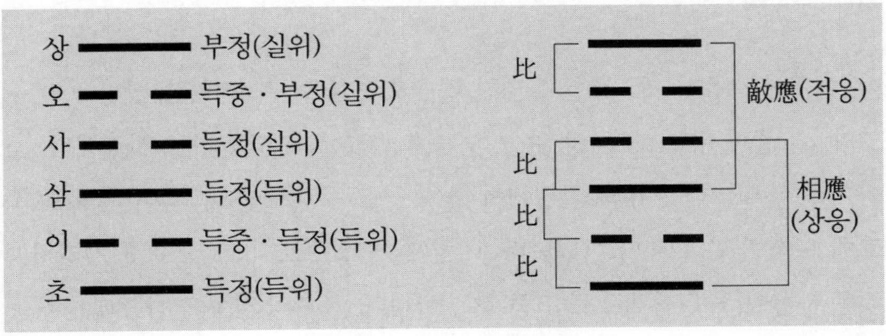

○ 호괘(互卦) : 초효와 상효를 가리고 2 · 3 · 4효를 하괘(下卦)로 하고 3 · 4 · 5효를 상괘(上卦)로 하여 이루어지는 괘이다. 공자는 "물건을 섞는 것과, 덕을 가리는 것과, 시비를 분별하는 것은 中爻(互卦)가 아니면 갖추지 못하리라"[34]라고 하여, 호괘로써 괘의 성격과 재질이 구분된다는 것을 밝혔다. 수뢰둔괘의 호괘는 산지박괘이다.

주역에서 中은 소상과 단전에 78.5%가 집중되어 있다.[35] 이것은 中이 괘 · 효를 설명하기 위한 개념임을 입증해 준다. 특히 中이 음양과 결합된 경우는 전무한 반면에 강중(剛中), 유중(柔中) 등 강유와 결합된 中이 31회 나타난

33) 이상의 도해설명은 김석진, 『대산주역강해』상, (서울: 대유학당, 2007) pp. 32~36 참조
34) "若夫雜物 撰德 辨是與非 則非其中爻 不備"(계하9)
35) 최영진 『역학사상의 철학적 탐구』(주역의 음양대대적 구조와 중정사상을 중심으로) 성균관대 박사논문, 1989, p.113

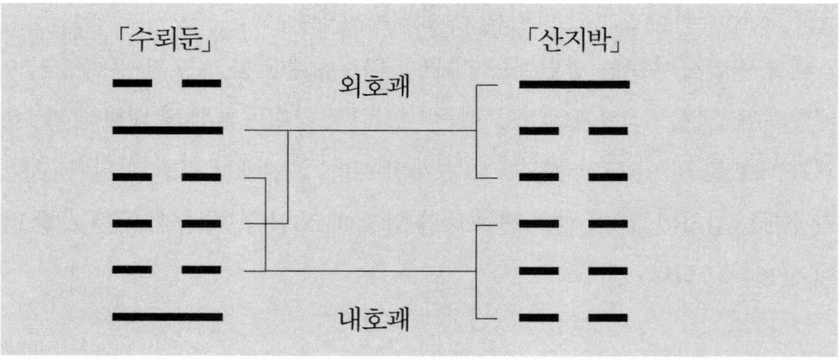

다. 여기서 강유가 괘 · 효를 설명하고, 역학사상을 구성하는 개념임을 알 수 있다. 그 중에서도 효(爻)의 위상 즉 중효(中爻)를 가리킨다는 사실이다. 소상에 45회 나타나는 中의 설명에서 구이, 구오 중효에 28회, 육이, 육오의 중효에 14회 도합 42회가 나타난다. 이렇게 中이 주로 이효, 오효를 가리키는 것은 사실이나, 일률적으로 그런 것은 아니다. 복괘의 경우는 사효에 중행독복(中行獨復)이라 하여 中을 말하는데, 이것은 5음1양중에 양효인 초효를 제외한 5개의 음효중에 사효가 세 번째 중간이기 때문이다. 이렇게 中도 주변여건 즉 시간적 공간적 조건에 따라 달라지는 것이다.[36]

예컨대, 소과(小過)괘에 "행실은 공손한데 지나치며, 초상은 슬퍼하는데 지나치며, 쓰는 것은 검소한데 지나친다"[37]고 했다. 이는 평소에는 지나치면 좋지 않은 것이지만, 공손한 데는 좀 지나쳐도 괜찮고, 초상집에 가서는 좀 지나치게 슬퍼해도 괜찮으며, 쓰임새에 있어서는 좀 지나친 듯이 검소해도 괜찮다는 말이다. 그러니까 평소에는 과공(過恭)이 비례(非禮)이지만, 공손하고, 슬퍼하고, 검소한데는 좀 지나친 것이 오히려 中에 가깝다는 말이다.

36) 곤괘의 서남득붕, 동북상붕에서 서남방에서는 득붕이 중이고, 동북방에서는 상붕이 중이다.
37) "行過乎恭 喪過乎哀 用過乎儉" (소과 대상전)

2) 6획의 중괘와 삼재의 원리

괘를 이루기 이전에 이미 천지자연은 역을 이루고 있다. 주역은 양이라는 획 하나와 음이라는 획 하나가 서로 사귀어 삼획괘를 이루고, 또 다시 거듭하여 육획괘를 이룬다. 그런데 획을 그리는 데도 일정한 법칙이 있다. 위로 하늘을 상징해서 한 획을 긋고(제일변), 아래로 땅을 상징해서 한 획을 긋고(제이변), 중간에 사람을 보고 한 획을 긋는다(제삼변). 이렇게 세 번 변해서 괘를 이룬 것을 삼변성괘(三變成卦)라 한다. 위로 하늘, 아래로 땅, 중간에 사람을 그려 천지인 삼재로 괘 하나를 이룬다. 세 번을 다 양으로 그리면 하늘 건이고, 세 번을 다 음으로 그리면 땅 坤이다. 이어 건과 곤을 중심으로 음양이 섞여 팔괘가 나온다. 설괘전에 팔괘의 기본구조를 다음과 같이 밝혀주고 있다.

> 하늘과 땅이 자리를 정함에 산과 못이 기운을 통하며
> 우레와 바람이 부딪히며, 물과 불이 쏘지 않아서
> 팔괘가 서로 섞이나니
> 天地定位 山澤通氣 雷風相薄 水火不相射 八卦相錯 「설괘3장」

이는 건과 곤, 그리고 건곤이 만나 진, 감, 간의 아들을 낳고, 손, 리, 태의 딸을 낳아 팔괘를 이룬 것을 말한다. 그러나 이런 팔괘 소성괘로는 완전한 변화를 이루지 못한다. 그래서 팔괘가 마침내 상착(相錯)을 하게 된다. 소강절은 팔괘상착을 "사귀고 서로 섞여서 64괘를 이룸을 밝힌 것"[38]이라고 했다. 주자도 소강절의 학설을 이어 이를 복희의 선천지학(先天之學)이라 규정하였다. 그러면 팔괘상착이란 무엇인가? 그것은 팔괘가 64괘로 성괘하기 위해서는 어떤 조건이 마련되어야 한다는 뜻을 내포하고 있다. 공영달은 이에 대

38) "八卦相錯者 明交錯而成六十四卦也"(황극경세, 관물외편 2장)

해 "만약에 천지가 불교하고, 수화가 다른 곳에 처한즉 서류(庶類)에는 생성의 쓰임이 없고, 품물에는 변화의 이치가 없다"[39]고 단언하였다. 따라서 천지정위로 합덕하고, 산택이 통기하고, 뇌풍이 상박하고, 수화가 상자(相資)함으로써 팔괘가 64괘를 이룰 수 있는 조건이 마련되는 것이다. 이것은 팔괘가 바르게 쓰일 때, 변화의 이치가 일어난다는 말이다. 한강백도 "팔괘상착은 변화의 이치를 갖춘 것"[40]이라고 했다. 그러면 그 변화는 어떤 원리에 입각하여 전개되는가?

> 역의 글됨이 넓고 크며 다 갖추어서 , 하늘의 도가 있으며,
> 사람의 도가 있으며, 땅의 도가 있다. 삼재를 겸해서 두 번하기 때문에 여섯이니, 여섯은 다른 것이 아니라, 삼재의 도다.
> 易之爲書也 廣大悉備 有天道焉 有人道焉 有地道焉
> 兼三才而兩之 故六 六者 非他也 三才之道也「계하10」

팔괘가 64괘를 이루는 6획 중괘의 기본원리는 천인지(天人地)를 두 번 한다(兩之)는 데 있다. 天地人이 아니고, 天人地라 한 것에서 3획 단괘임을 알 수 있고, 그것을 양지하면 주자의 말과 같이 6효 중에 上의 이효는 天이 되고, 中의 이효는 人이 되고, 下의 이효는 地가 되어 6획 중괘가 나온다는 것을 말해 주고 있다. 하지만 중괘가 나와도, 그 근본인 삼재의 도가 변하는 것은 아니라는 것이 또 하나의 조건이 된다. 이어 「설괘전」은 이 구절을 다시 언급하고 있다.

옛적에 성인이 역을 지음은 장차 성품과 천명의 이치에 순응하려는 것

---

39) "若使 天地不交 水火異處 則庶類無生成之用 品物無變化之理" (주역절중, 공영달 注)
40) "易八卦相錯 變化理備" (한강백 注)

이다. 이로써 하늘의 도를 세우니 음과 양이요, 땅의 도를 세우니 유와 강이요,

사람의 도를 세우니 인과 의니 삼재를 겸해서 두 번 했기 때문에 역이 6획으로 괘를 이루고, 음과 양으로 나누며, 유와 강을 차례로 썼기 때문에 역이 여섯 자리로 문채를 이룬다.

昔者聖人之作易也 將以順性命之理 是以立天之道曰陰與陽 立地之道曰柔與剛 立人之道曰仁與義 兼三才而兩之 故易六畫而成卦 分陰分陽 迭用柔剛 故易六位而成章「설괘 2장」

이처럼 천지인 삼재가 양지(兩之)작용을 하여 3획괘가 6획괘를 이루고, 3획 8괘가 6획 64괘를 이루는데, 그 근본은 천도, 지도, 인도에 바탕한 것임을 알 수 있다.

3) 2효와 5효의 中正

중괘 6획의 이름은 앞에서 본 바와 같이 초효, 이효, 삼효, 사효, 오효, 상효로 불린다. 초효, 이효, 삼효는 내괘이고, 그 中은 바로 이효이다. 또 사효, 오효, 상효는 외괘이고, 그 中은 바로 오효이다. 그래서 이효와 오효를 中爻라 한다. 그런데 이효와 오효의 중이 득정을 하기 위해서는 이효는 음효이므로 육이효이어야 하고, 오효는 양효이므로 구오효이어야 한다. 따라서 육이효와 구오효는 中과 正을 동시에 얻었다는 면에서 보면, 주역에서 말하는 가장 이상적인 효로써 자리한 것이다. 그러나 길흉을 판단하는 효사에서는 비록 중정이라고 하더라도 항상 길한 것만은 아니다.

우선 이효와 오효를 중정의 효로 자리매김한 이유를 살펴 볼 필요가 있다. 이를 알아보기 위해서는 이 6획 중괘가 나온 생성의 체를 보아야 한다. 생성의 체에서 내괘인 "초효 이효 삼효"를 천지인으로 보면 가운데 이효가 인

(人)의 자리이고, 외괘인 "사효 오효 상효"를 천지인으로 보면 오효가 역시 人의 자리이다. 건괘로 보면, 이효는 九二大人이고, 오효는 九五大人이다. 직위로는 구이대인은 선비요 군자이며, 구오대인은 임금이요 성인이다. 이렇게 천지인 삼재중에서 사람의 자리인 중위는 6괘의 이효와 오효에 있다. 따라서 사람의 도가 이효와 오효에 있는데, 양지의 작용에 따라 내괘와 외괘로 서로 짝을 이루어 내괘 이효는 군자의 도를 말하고, 외괘 오효는 성인의 도를 말한다. 이것이 주역에서 말하는 인간의 도덕원리인 중정지도이다.

그러면 실제 효사에서는 어떻게 중정지도를 말하고 있는가? 이효는 구이효와 육이효로 나뉘고, 오효는 육오효와 구오효로 나뉘나, 여기서는 육이효와 구오효에 대해 살펴보고자 한다.

○ 六二爻 : 육이효의 중정을 상징적으로 대표하는 것은 곤괘의 육이효이다. 그러나 육이효 자체에는 직방대(直方大)는 말하였지만, 중정을 직접 언급하지 않고 있다. 다만 직방대와 불습(不習)을 말하였을 뿐이다. 불습이란 익히지 않는다는 뜻이다. 만약 익혀야 하는 것이라면 직방대가 아니다. 그러므로 불습 그 자체가 곧 중정임을 암시해 준다. 그러나 곤괘이므로 중정이라 표현하지 않았다. 그런데 곤괘 육오효에 "黃中通理황중통리 正位居體정위거체"라 하여 중과 정이 암시되어 있으나, 이 중과 정이 곧 中正은 아니다. 건곤괘를 제외한 62괘에서 육이효는 괘상의 원리상 마땅히 중과 정을 얻는 자리이나, 실제로 효사(爻辭)와 소상(小象)에서 中正의 평가를 받는 경우는 아래 두 효 밖에 없다.

> 육이는 절개가 돌이라. 날을 마치지 않으니 굳고 바르고 길하다.
> 상에 이르기를, '부종일정길' 은 중정하기 때문이다.
> 六二, 介于石 不終日 貞吉 象曰 不終日貞吉 以中正也 (豫)

육이는 나가는 것이 근심스러우나 곧고 바르게 하면 길하리니,
큰 복을 할머니에게서 받는다. 상에 이르기를, 큰 복을 받는다는 것은
중정하기 때문이다.
六二, 晉如愁如 貞吉 受茲介福 于其王母 象曰 受茲介福 以中正也 (晉)

정자(程子)는 예(豫)의 육이는 응하는 것이 없어서 중정(中正)으로써 홀로 지키는 상(自守之象)이니, 그 절개가 돌 같다고 말했다. 반면에 晉의 육이는 사람이 중정의 도를 지킬 수 있음이 오래 되면(守中正之道久) 반드시 형통하고 큰 복을 받는다고 했다. 이 두 효의 공통점은 유약한 자기를 잘 지키는 점이다. 유약하다고 포기하지 않고, 자기를 중정으로 마지막까지 지키면 길하고 복을 받는다는 것이다. 여기에 중정이 가지고 있는 자수(自守)의 형통함을 알 수 있다.

○ 九五爻 : 구오효의 중정을 상징적으로 대표하는 것은 건괘 구오효이다. 건 구오효는 직접 중정은 말하지 않았으나, 비룡재천(飛龍在天)의 天과 부대인자(夫大人者)의 사합(四合)으로써 중정의 대의를 밝혀주고 있다. 건곤을 제외한 62괘에서 구오효는 마땅히 중과 정을 얻는 자리이나, 실제로 효사(爻辭)와 소상(小象)에서 中正의 평가를 받는 경우는 아래 네 효에 지나지 않는다.

구오는 술과 음식으로 기다림이니 바르고 길하다.
상에 이르기를, '주식정길' 은 중정하기 때문이다.
九五, 需于酒食 貞吉 象曰 酒食貞吉 以中正也 (需)

구오는 송사에 크게 착하고 길하다.

상에 이르기를, '송원길' 은 중정하기 때문이다.
九五, 訟 元吉 象曰 訟 元吉 以中正也 (訟)

구오는 박달나무로써 오이를 쌈이니, 빛나는 것을 머금으면
하늘로부터 떨어짐이 있다.
상에 이르기를, '구오함장' 은 중정함이고,
'유운자천' 은 뜻이 천명을 버리지 않기 때문이다.
九五, 以杞包瓜 含章 有隕自天 象曰 九五含章 中正也 有隕自天 志不舍命也 (姤)

구오는 우물이 맑아서 찬 샘물을 먹는다.
상에 이르기를, '한천지식' 은 중정하기 때문이다.
九五, 井洌 寒泉食 象曰 寒泉之食 中正也 (井)

정자는 수(需)의 구오에 대해서는 중정을 얻어 도를 다하는 마음(得中正而盡其道)을, 송(訟)의 구오는 중정을 얻어 크게 길하고 더없이 착함을 말하였다(大吉而盡善). 그리고 구(姤)의 구오에 대하여는 안으로 중정의 덕을 쌓아 충실하고 빛나며 아름답다(充實章美)고 했고, 정(井)의 구오는 중정한 덕이 지극히 착한 뜻이 된다(爲至善之義)고 했다. 이처럼 中正은 효에서 진도(盡道), 진선(盡善), 충실(充實), 지미(至美), 지선(至善)한 뜻을 함의한다.

4) 음양 대대의 中正과 적대성의 소멸

음양이라는 말은 빛과 그늘을 대표적으로 표상한 것이다. 그런데 빛이라는 개념에는 이미 그늘의 관념이 전제되어 있고, 그늘이라는 개념에도 빛의 관념이 전제되어 있다. 빛과 그늘이 그러하듯이 음과 양은 서로 상반적이며,

상대적이며, 대극적(對極的)인 면을 갖는다. 그러나 음과 양은 서로 의존적이며, 서로 호근적(互根的)이다. 빛은 그늘의 뿌리가 되고, 그늘은 빛의 뿌리가 되며, 삶은 죽음의 뿌리가 되고, 죽음은 또 삶의 뿌리가 되며, 은혜는 손해를 낳고, 손해는 은혜를 낳는다.[41] 이렇게 상반적이며, 동시에 일체적이다. 따라서 음양의 상반성은 적대성을 의미하는 것이 아니라, 조화의 계기로 인식된다.[42] 이것은 음양의 상반성이 조화성을 만남으로써 적대성을 감소시키거나 소멸시키는 역할을 한다는 의미이다. 예컨대, 반목과 괴리(乖離)를 상징하는 규괘(睽卦)는 火와 택(澤)으로써 화극금(火克金)의 상반성을 갖지만, 육오와 구이는 정응관계를 이룸으로써 상응과 화합을 암시한다.

> 천지(天地)가 어긋나도(睽) 그 일은 같으며, 남녀(男女)가 어긋나도 그 뜻은 통하며, 만물이 어긋나도 그 일은 같으니, 규의 때와 용(用)이 크다.
>
> 天地睽而其事同也 男女睽而其志通也 萬物睽而其事類也
> 睽之時用 大矣哉 (규, 彖)

이에 대해 정자(程子)는 "하늘은 높고 땅은 낮음은 그 체(體)가 규(睽)이나 양(陽)이 내려오고 음(陰)이 올라가서 서로 합하여 화육(化育)의 일을 이룸은 같고, 남녀(男女)가 성질(性質)이 다름은 규이나 서로 구하는 뜻은 통하며, 생물(生物)이 만 가지로 다름은 규이나 천지(天地)의 화(和)를 얻고 음양(陰陽)의 기(氣)를 받은 것은 서로 같다"[43]고 보았다. 이것은 상반 속에서도 상보와 상화(相和)가 이루어지는 만물 존재의 근본이치를 설명한 것이다. 한 걸

41) "生者 死之根 死者 生之根 恩生于害 害生于恩" (음부경)
42) 최영진 『역학사상의 철학적 탐구』(주역의 음양대대적 구조와 중정사상을 중심으로) 성균관대 박사논문, 1989, p.128

음 나아가 정자는 "질(質)에 반드시 문(文)이 있음은 자연의 이치이고, 이치에 반드시 대대가 있음은 생생(生生)의 근본"이라고 규정하였다. 다시 말해 "위가 있으면 아래가 있고 이것이 있으면 저것이 있고 질(質)이 있으면 문(文)이 있어서 하나는 홀로 서지 못하고 둘이면 문(文)이 된다"[44]는 뜻이다. 유차즉유피(有此則有彼)처럼 '이것이 있으면 저것이 있어야' 하듯이 하나는 홀로 서지 못하고 둘이 만나야 균형성을 유지한다. 이러한 적정한 균형성을 공자는 "문과 질이 만나 빈빈하다"(文質彬彬)고 했던 것이다. 빈빈(彬彬)은 균형성의 中이 보여주는 빛나는 모습이다.

또 규괘(睽卦)의 상구에 "원수인 줄 알았는데 원수가 아니라 혼인할 짝"(匪寇婚媾)이라는 말이 나온다. 구(寇)는 도둑, 도둑떼, 원수를 상징하는 말이다. 원수를 쏘려고 활을 당겼다가 풀어놓고 보니 혼인할 짝이었다는 말은 그 순간 모든 의심이 풀려(群疑亡也) 증오가 사랑으로 바뀌었다는 것을 상징한다. 적대적 대대관계가 상화의 대대관계로 바뀐 것이다.

4. 간괘의 中正과 통일 현실

저자가 中正之道와 관련하여 간괘(艮卦)를 주목한 것은 두 가지 이유에서이다. 첫째는 간괘의 육이효는 그 괘상의 원리상 마땅히 중정을 얻을 효이나 효의 소상(小象)에서 중정의 평가를 받지 못하고 있는 반면에 육오효는 비록 중은 얻었으나 정을 얻지 못하였음에도 소상에서 중에 정의 가능성을 평가

---

43) "以天地男女萬物 明之 天高地下 其體睽也 然陽降陰升 相合而成化育之事則同也 男女異質 睽也 而相求之志則通也 生物萬殊나 睽也 然而得天地之和 稟陰陽之氣則相類也 物雖異而理本同"(규괘, 정전)

44) "質必有文 自然之理 理必有對待 生生之本也 有上則有下 有此則有彼 有質則有文 一不獨立 二則爲文 非知道者 孰能識之 天文 天之理也 人文 人之道也"(비, 정전)

하고 있기 때문이다.

또 하나의 이유는 간괘가 역리상 한국을 상징하고 있기 때문이다. 이 두 가지 이유에서 64괘중에 간괘를 자세히 살펴보고자 한다.

1) 간괘의 中正之道

간괘의 육이효는 중정의 효임에도 소상(小象)에서 중정의 평가를 받지 못하고 있다. 그러면 간의 육이효를 살펴보고자 한다.

> 육이는 장딴지에 그침이니, 구원하지 못하고 따르는지라. 그 마음이 유쾌하지 않다.
> 상에 이르기를, '부증기수'는 (윗 사람이) 물러나 (육이의) 말을 듣지 않기 때문이다.
> 六二, 艮其腓 不拯其隨 其心不快象曰 不拯其隨 未退聽也

이 육이가 비록 중정을 얻었으나 중과 정이 되지 못하는 이유를 정자는 "육이가 구삼에 매여 있어 자유롭지 못하기 때문이다"(二之行止 係乎所主 非得自由)라고 했고, 주자는 "육이가 몸이 유약하기 때문이다"(二雖中正而體柔弱)라고 했다. 이는 육이와 구삼의 상비관계가 구삼의 일방성(一方性) 때문에 육이가 전혀 도움을 받지 못한 상태이다.

그런데 간의 육이효와 같은 예가 또 있다. 바로 이(頤)괘이다.

> 육이는 거꾸로 기름이라. 법도에 어긋나니 언덕에 기르려 해서 가면 흉하다.
> 상에 말하기를, 육이가 가서 흉함은 행하는데 동류를 잃었기 때문이다.
> 六二, 顚頤 拂經 于丘頤 征凶 象曰 六二 征凶 行失類也 (頤卦)

그러면 육이는 본래 중정한 효인데 다른 괘와 달리 흉함이 있는 것은 어째서인가? 이에 대해 정자는 "때가 그런 것이다. 음유(陰柔)하니 이미 스스로 기르지 못하고, 초구와 상구 두 효가 다 육이와 더불지 않기 때문에 가서 구하면 이치를 거스르므로 흉한 것"[45]이라고 답했다. 문제는 음의 유약함에 있는 것이다. 유음(柔陰)에게 중요한 것은 자양(自養)과 자수(自守)의 능력을 갖는 것이다. 중정도 자수, 자양의 능력에서 가치를 발하기 때문이다.

이처럼 중은 이효와 오효라는 고정된 자리로써 결정된다는 것이 아님을 알 수 있다. 다시 말해 중은 괘 전체가 지니고 있는 시간성과 공간성 그리고 자수의 능력 속에서 살펴야 한다.

그러면 육오효는 어떠한가? 간괘 육오를 말하기 전에 우선 육오를 중도로써 긍정적으로 평가하고 있는 임괘와 복괘의 경우를 살펴볼 필요가 있다.

> 육오는 지혜로 임함이니, 임금의 마땅함이니 길하다.
> 상에 이르기를, 임금의 마땅함은 중도를 행함을 말한다.
> 六五, 知臨, 大君之宜, 吉. 象曰, 大君之宜, 行中之謂也(臨)

> 육오는 돈독하게 회복함이니 후회가 없다. 상에 이르기를,
> '돈복무회' 는 중도로써 자신의 덕을 이루기 때문이다.
> 六五, 敦復, 无悔. 象曰, 敦復无悔, 中以自考也(復)

임(臨)의 육오는 중덕이기 때문에 군신(君臣)의 도와 덕이 합하고, 복괘의 육오는 중도로써 자성(自成)하는 것이니, 능히 그 뜻을 돈독히 할 수 있다.(能敦篤其志) 그러므로 복괘는 자성돈복(自成敦復)이다. 스스로 이룸으로써 중

45) "曰時然也 陰柔 旣不足以自養 初上二爻 皆非其與 故 往求則悖理而得凶也"(頤, 程子 傳)

덕을 이루고, 돈독하게 회복할 수 있다.

그런데 간괘의 육오효도 중은 얻었으나 정은 얻지 못하였으나, 소상에서 中에 正을 동시에 언급하고 있는 점에 주목할 필요가 있다.

> 육오는 그 볼에 그침이라. 말에 차례가 있음이니 후회가 없다.
> 상에 이르길, '간기보'는 중으로써 바르게 함이다.
> 六五, 艮其輔, 言有序, 悔亡. 象曰, "艮其輔", 以中正也.

이때의 正은 '以中으로 正也'로 토를 붙인다. 주자는 이 正자를 연문으로 본 것처럼, 내용상 중정의 正은 아니다. 다만, 중으로써 득정을 하지 못했으므로 정이 되어야 한다는 당위성과 또 정이 될 수 있다는 가능성을 내포하고 있다. 다만 正은 中을 돕는[贊中][46] 일을 한다.

여기서 괘 또는 효의 판단은 전체성을 살피는 것이 중요하다는 것을 알 수 있다. 이처럼 전체성을 파악해야 하는 이유가 中은 이효와 오효에게 무조건 주어지는 것이 아니기 때문이다. 다시 말해 중은 괘 전체가 지니고 있는 시간성과 공간성의 변화 속에서 살펴야 한다. 즉 시중(時中)으로서의 중행을 살펴야 한다는 뜻이다.

시중이란 천도를 따르는 것이고, 中行이란 인도를 실천하는 것이다. 몽괘에 "以亨行時中이형행시중"이라 하였고, 중용에 "君子時中군자시중"이라 한 것도 군자가 시간 속에서 중의 질서를 지켜나가는 것을 뜻한다. 이렇게 구체적인 시간 속에서 中을 지키되, '지속적으로 항상된 中'을 지켜나가게 하는 것이 바로 正의 역할이다. 이에 대해 정다산은 중의 항상성(恒常性)을 다음과 같이 말했다.

---

46) 『주역』 漢文大系 16권(주역경익통해 권14), 신문풍출판공사

> 中의 덕됨은 이치가 진실로 그러한데, 반드시 항상됨을 귀하게 여기는 것은 어째서인가? 사람이 덕을 잡음에 비록 지극히 바르고 크게 공정하더라도 만일 사람이 날마다 달마다 해마다 달라진다면 결국 덕을 이룬 군자가 될 수 없다.[47]

그러니까 중 그 자체보다도 그 중의 덕됨을 귀하게 여긴다는 뜻이다. 그래서 고집항수(固執恒守)를 할 수 있어야 중의 덕됨을 믿을 수 있다는 것이다. 이렇게 중용은 중과 정의 항상성을 소중히 여긴다는 것을 알 수 있다. 동시에 주역은 '상황성의 중시' 를 공통기반으로 한다.[48] 상황성의 변수란 주역의 괘나 효가 시(時), 처(處), 위(位)라는 3가지 변수에 의해 결정된다는 의미이다. 따라서 正에 의해 中은 완성되는데, 정자는 이를 그침(止)으로써 말하고 있다. 즉 "볼때기에 그쳐서 중도를 잃지 않게 하면 바름을 얻게 된다"(止之於輔使不失中 乃得正也)는 뜻이다. 이것이 육이의 '以中으로 正也' 의 본 뜻이라 할 수 있다. 그러면 中으로써 正을 얻게 하는 그 '그친다' 는 것은 무엇인가?

진(震)과 간(艮)의 주효(主爻)	간(艮)의 외괘(外卦)의 단계적 변화
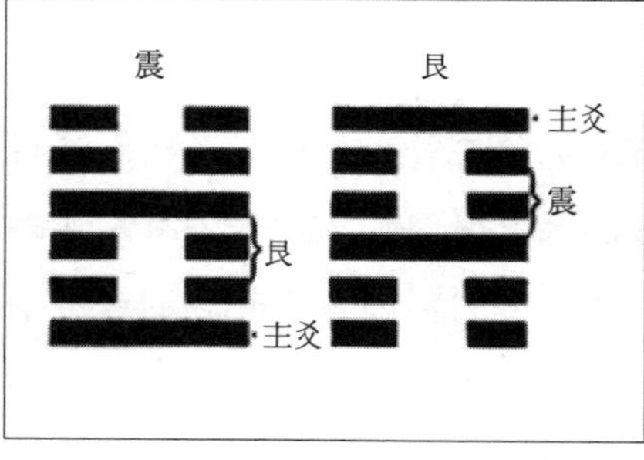	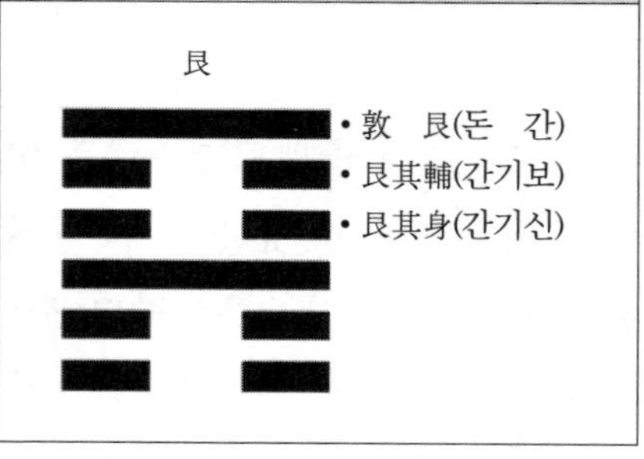

47) "中之爲德 理固然矣 其必以有常爲貴者 抑何以哉 人之秉德 雖至正大中 若其人朝變夕改 月異歲殊 則卒無以爲成德之君子"(정다산 中庸自箴)

48) 최영진 『역학사상의 철학적 탐구』(주역의 음양대대적 구조와 중정사상을 중심으로) 성균관대 박사논문, 1989, p.94

2) 간괘의 시중과 그침

8순괘의 진(震)을 도전(倒轉)하면 간(艮)이 되고, 간(艮)을 도전하면 진(震)이 된다. 진(震)은 동야(動也), 간(艮)은 지야(止也)이니, 진괘가 움직임이라면, 간괘는 그침이다. 사물의 움직임과 그침은 서로 깊이 연결되어 있다. 서로 의존적이다. 그래서 艮의 止는 단순히 '머물러 있음'이 아니다. 단전(彖傳)에 지(止)란 시지즉지(時止則止)하고 시행즉행(時行則行)한다. 때가 그칠 때는 그치고, 행할 때는 행하여 그 때를 잃지 않는다(不失其時). 이것이 바로 지행(止行) 사이에 있는 시중(時中)의 의미이다.

> 부동(不動)을 지(止)라 하며, 부지(不止)를 동(動)이라 하나니 이는 서로 대대함을 잡아 말한 것이요, 동(動)을 인하여 지(止)가 있으며, 지(止)를 인하여 동(動)이 있나니 이는 서로 연속함을 잡아 말한 것이요, 그 동(動)을 지(止)하면 정(靜)이 되고, 그 정(靜)을 지(止)하면 동(動)이 되며 그 지(止)를 동(動)하면 동(動)이 되고 그 동(動)을 동(動)하면 지(止)가 되나니 이는 실성(實性)이 없음을 잡아 말한 것이다.[49]

이는 동지(動止)에 이체(二體)가 없음을 알아야 비로소 지(止)의 본뜻을 말할 수 있다는 뜻이다. 동(動)에만 지(止)가 작용하는 것이 아니라, 동(動)과 정(靜) 사이에 지(止)는 고루 작용하여 또 다른 변화를 이룬다. 이런 변화의 관점에서 주역의 중(中)은 시(時), 처(處), 위(位)의 세 가지 변수에 의해 정립되는데,[50] 그 가운데서도 시간적 요인을 중시하지 않을 수 없다. 변화는 시간 선상에서 이루어지기 때문이다. "解之時大矣哉해지시대의재" "大過之時大

49) "不動曰止 不止曰動 此約相對待言也 因動有止 因止有動 此約相連屬言也 止其動則爲靜 止其靜則爲動 動其止則爲動 動其動則爲止 此約無實性言也"(주역선해 간괘 단사 주)

50) 최영진 『역학사상의 철학적 탐구』(주역의 음양대대적 구조와 중정사상을 중심으로) 성균관대 박사논문, 1989, p.116

矣哉대과지시대의재" 등과 같이 시의 의미를 강조한 곳이 주역에 12회나 나온다. 또 "六爻相雜육효상잡 唯其時物也유기시물야"(계하5장)라 한 것처럼 효가 시간성이 내재한 시물(時物)이라 할 때, 中이란 이런 시간 변화의 도상에서 볼 때, 무고착성(無固着性)을 띄지 않을 수 없기 때문에 時中이라 하는 것이다. 대개 시(時)를 말할 때는 대시(待時), 시행(時行), 시용(時用), 시의(時義), 시사(時舍), 시극(時極)이라 했고, 中을 말한 곳에서는 中正이나 正中 이외에 대중(大中), 중도(中道), 중행(中行), 강중(剛中), 유중(柔中)이라 했다. 실제로 몽괘(蒙卦) 단전에 '시중' 이란 말이 한 번 나오는데, 정자는 이 시중을 "형통한 도는 때에 맞춰 중을 행한다"(所謂亨道 時中也)로 풀이했다. 여기서 형도(亨道)는 개발지리(開發之理)를 말한다. 몽매에서 광명으로 나아가는 것이 개발(開發)의 근본 뜻이다. 그러니까 시중도 '몽매를 벗어나 광명할 수 있는 때에 맞추는 것' 을 말한다. 이것이 곤의 "이시발야以時發也"이다.

일찍이 서화담(徐花潭)은 군자가 행할 시중의 도리로서 그침이라는 행위규범에 대해 언급한 바 있다.

> 군자가 배움에서 귀한 바는 그 가히 '그침을 아는' 것이다.
> 배우고도 그침을 알지 못하면 배우지 않는 것과 무엇이 다르겠는가?
> 君子之所貴乎學 以其可以知止也 學而不知止 與無學何異
>
> 「화담집, 송심교수서」

서화담은 학문의 목적에 대해 艮의 止에 근거하여 '지지(知止)' 에 있다고 한다. 지(止)가 목적이므로 그 지를 아는(知) 행위가 학문인 것이다. 쌍봉요씨도 "저울로 비유하면, 그칠 바를 안다[知止]는 것은 저울 위의 눈을 아는 것이요, 생각한다[慮]는 것은 장차 물건을 달려고 할 즈음에 다시 한 번 자세히 보는 것과 같다"[51]고 했다. 저울 눈은 中에서 그치기 때문이다. 艮은 그 물상이 산이다. 산은 그 자리에 정지돼 있다. 그러므로 그것을 보고 그쳐 있다고 한다. 괘상으로 보면 일양(一陽)은 이음(二陰) 위에 있으므로 더 이상 올라갈 수 없다. 더구나 안팎으로 거듭 그쳐 있다. 그친다는 것은 "만사만물이 제 자리를 갖고 있기 때문"[52]이라고 할 수 있다. 이와 같이 자기 본분을 알아 때를 잃지 않고(不失其時), 동정지간(動靜之間)에 맞게 처신하여야 그 도가 빛나고 밝은 것이다(其道光明). 그러므로 止의 궁극적인 목적은 광명에 있다고 할 수 있다. 그래서 간체(艮體)는 독실하고 빛나고 밝은 뜻이 있다.[53]

간괘(艮卦)는 사람이 그 광명에 이르는 단계를 몸으로써 설명하고 있다. 마치 함괘(咸卦)가 느낌의 단계를 엄지발가락(초육), 장딴지(육이), 넓적다리(구삼), 심복(구사)[54], 등줄기(구오), 볼과 뺨(상육)의 순으로 올라가듯이,[55] 간괘도 발꿈치(초육), 장딴지(육이), 허리(구삼), 몸통(상반신, 육사), 볼(육오)의 순으로 올라가는데,[56] 상구에 대해서는 신체의 부분을 언급하지 않았으나 저자는 뇌(腦[57])로 본다. 결국 맨 밑의 발꿈치(초육)에서부터 위의 뇌(상구)까지 올라가는 것이다.

---

51) "譬之秤知止是識得秤上星兩 慮是將來 秤物時又仔細看…"(대학장구 知止 小注)

52) "萬物庶事 莫不各有其所 得其所則安"(간괘 정자 傳)

53) "艮體篤實 有光明之義"(간괘 정자 傳)

54) 朱駿聲(清)은 憧憧往來之處를 心腹이라 했다. (64卦經解)

55) 初六, 咸其拇. 象曰, "咸其拇", 志在外也. 六二, 咸其腓, 凶, 居吉. 象曰, 雖凶居吉, 順不害也. 九三, 咸其股, 執其隨, 往吝. 象曰, "咸其股", 亦不處也, "志在隨人", 所執下也. 九四, 貞吉, 悔亡, 憧憧往來, 朋從爾思. 象曰, "貞吉悔亡", 未感害也, "憧憧往來", 未光大也. 九五, 咸其脢, 无悔. 象曰, "咸其脢", 志末也. 上六, 咸其輔頰舌. 象曰, "咸其輔頰舌", 滕口說也.

56) 初六, 艮其趾, 无咎, 利永貞.象曰, "艮其趾", 未失正也.六二, 艮其腓, 不拯其隨, 其心不快.象曰, "不拯其隨", 未退聽也. 九三, 艮其限, 列其夤, 厲薰心. 象曰, "艮其限", 危薰心也.六四, 艮其身, 无咎. 象曰, "艮其身", 止諸躬也. 六五, 艮其輔, 言有序, 悔亡. 象曰, "艮其輔", 以中正也. 上九, 敦艮, 吉. 象曰, "敦艮之吉", 以厚終也.

57) 朱駿聲(清)은 敦厚之處를 背라 했으나(64卦經解), 저자는 인간의 腦로 보고자 한다. 괘사(단사)의 '艮其背' 를 효사에 붙이는 것은 옳지 않다.

그런데 간괘는 간(☶)의 중첩이므로, 가장 문제가 되는 것이 구삼효와 상구효이다. 구삼효는 내괘의 그침을 주장하고, 상구효는 외괘의 그침을 주장하기 때문이다. 두 효를 비교해서 설명하기로 한다.

구삼은 그 허리에 그침이라. 그 등뼈를 다스림이니 위태하여 마음이 찌는 듯하도다.
상에 이리기를, 허리에 그침이라. 위태로움에 마음이 찌도다.
九三, 艮其限 列其夤 厲薰心象曰 艮其限 危薰心也

상구는 도타웁게 그침이니 길하다.
상에 이르기를, '돈간지길' 은 도탑게 함으로써 마침이다.
上九, 敦艮 吉象曰 敦艮之吉 以厚終也

먼저 구삼을 보면, 구삼은 中을 얻지 못했으나, 강(剛)으로 양(陽)자리에 있으며, 간체(艮體)의 위에 있으니 그침의 책임을 맡은 자이다. 책임은 막중하나 중덕이 없으니, 그 힘들어 함이 마치 등뼈가 끊어지는 듯한 위태로움에 마음이 찌는 것 같다는 말이다. 구삼은 인체의 허리에 해당하는 자리이다. 산이 중첩해 있는 경계에 있으니 나아가고 물러남에 다 험한 것이다. 또 구삼은 위로 사효, 오효의 두 음효와 아래로 초효 이효의 두 음효를 나누는 중간에 있으니 한(限)의 상이다. 중을 잃은 상태에서 상구와 응하지도 못하고, 위 아래에 있는 음효 사이에 빠져 있어 험한 것이다.[58] 기한(其限)이란 지나치게 강(剛)해 부중(不中)하고, 상하(上下)의 사이에 끼어 있어 그치려 하여도 망동(妄動)하기 때문에 그칠 수 없다는 뜻이다.[59]

---

58) 김석진 『대산주역강해』(하경)대유학당, 2007, p.194
59) 今井字三郎 『易經』(中), (東京: 明治書院, 平成 5년), p.1034

반면에 상구는 건괘의 상구에 항룡유회(亢龍有悔)라 했듯이 대부분의 상효가 좋지 않지만, 여기서는 그치는 것을 핵심으로 삼았기 때문에 맨 위에 있어 그칠 데가 없으니 돈독하게 잘 그친 자리에 있으므로 길한 것이다. 돈독하다는 것은 山같이 후중하게 끝을 맺었다는 뜻이다. 호병문은 임괘의 돈림(敦臨), 복괘의 돈복(敦復)은 곤토(坤土)의 상에서 취한 것이라 하고, 간산(艮山)은 곤토(坤土)가 위로 높게 올라간 것이라 그 상이 두터운 것이라고 했고,[60] 왕신자는 "덕은 두터움보다 낫고, 그침은 편안함보다 낫다. 이것이 그침의 선종(善終)"[61]이라고 했다. 그러니까 잘 마치는 그침이란 편안함에 안주하는 것이 아니라, 편암함보다 더 나은 그침 그 자체라는 뜻이다. 편안함 그 자체가 그침보다 좋을 수 없기 때문이다.

그런데 산이 돈독하고 후중함을 일러 실(實)이라 하면, 그 산이 본래부터 그런 것이 아니라, 본래 사람의 성덕(性德)은 후하지만 수덕(修德)에 의해 성(性)을 회복하여 실(實)한 것과 같다.[62] 상구가 돈간(敦艮)이 될 수 있는 것은 육오의 언유서(言有序)로부터 기인한다고 했다. '언유서' 란 말에 차례가 있다는 뜻이다. 즉 입을 다물어서 말을 함부로 하지 않고[63], 순서 있게 할 말만 하고 中을 지키면 바르게 된다. 여기에도 수덕이 요청되는 것이다. 그래서 육오가 원래 正이 아니지만, 中에 있어 중도를 지키면 正은 자연히 따라오고 아무런 후회가 없게 되어 中과 正의 관계가 바르게 정립됨으로써 돈간후종(敦艮厚終)이 되는 것이다. 따라서 간(艮)은 소남으로 건의 전체대용을 들어서 그 상(上)에 돈함이니 이는 하늘의 건장(天行健)함을 본받는 성(誠)과 통하는 것이다. 간이 만물의 종시를 이룬다는 것은 성(誠)이 만물의 終始(『중용』)라

60) "敦臨 敦復 皆取坤土象 艮山乃坤土而隆其上者也 其厚也彌固 故其象爲敦" (주역절중, 간괘 胡炳文 注)

61) "德愈厚而止愈安 是止之善終也" (주역절중, 간괘 王申子 注)

62) "性德本厚 而修德 能稱性復之" (주역선해, 간괘 육오 주)

63) "言不妄發" (주역절중, 간괘 余本 注)

한 말과 같은 뜻이다.

이렇게 초육의 간기지, 육이의 간기비, 구삼의 간기한, 육사의 간기신, 육오의 간기보를 거쳐 상구의 돈간(敦艮)이 되어 뇌에서 육지(六止)가 되는 것이다. 뇌는 돈간(敦艮)이 내외괘를 통합하듯이 인간의 영육을 통합하는 기능을 가지고 있다. 이것은 대학의 지지(知止), 유정(有定), 능정(能靜), 능안(能安), 능려(能慮), 능득(能得)이 되는 것과 같은 의미이고, 그 육지(六止)의 통합적 결과가 또한 간기배(艮其背)이다.[64]

> 그 등에 그치면 그 몸을 보지 못하며, 그 뜰에 행하여도 그 사람을 보지 못하여 허물이 없다.
>
> 艮有背 不獲其身 行其庭 不見其人 无咎「간, 단사」

간(艮)과 등 배(背)는 그 뜻이 같은 말이다. 간을 북방 艮이라 하는 것은 북방을 등지고 남쪽 지방으로 이동해 온 한민족의 발자취를 반영한 말이다. 그래서 북방을 '뒤' 라 한다.[65] 艮의 고문자도 사람의 등쪽에 눈[目]이 있는 것을 상징한다. 북녘 北은 등을 지고 있는 두 사람의 모습이다. 북은 '등지다' 라는 뜻에서 북쪽을 상징하게 되었고, 간은 '등쪽을 돌아본다' 는 뜻에서 북방을 상징하게 된 것이다. 여기서 간괘의 등[背]은 얼굴의 이목구비를 등진 곳이므로 외물에 접하지 않는다는 뜻이다. 즉 "보이지 않는 곳에 그쳐 있으면 욕심이 그 마음을 어지럽히지 않으니 그침이 편안하게 된다"[66]는 뜻이다. 따라서 무욕(無慾), 무심(無心), 무아지경(無我之境)이 되어 육지(六止)가 지

64) 김석진 『대산주역강의』(2) 한길사, 1999, p.402

65) 흔히 북망산으로 가는 것을 '뒤졌다' 고 하는 것도 뒤로 돌아갔다는 뜻이다.(김용길 『한자로 풀어보는 한국고대신화』 정신세계사, 2004, p.26

66) "止於所不見則 無慾以亂其心而止乃安" (程子 傳)

어지선(止於至善)으로 완전히 하나 되어, 다시 큰 하나에 그친다(一止)고 할 수 있다. 이것은 간체(艮體)가 하늘에 근본하고 있기 때문에(本乎天者) 간지(艮止)의 도가 하늘의 성(誠)과 같아 광명을 얻는다는 말이다.

그런데 光明이란 말은 주역에서 "병폐가 없으면 빛나고 밝을 것이다"(不疚光明 ; 履象), "천도가 아래로 내려가 사귀어서 광명하다(天道下濟而光明 ; 謙象) 등에 나타나는데, "剛健篤實輝光강건독실휘광"(大畜단)과는 직접적인 연관이 있다. 대축의 건체(乾體)는 강건하고, 간체(艮體)는 독실이다. 그러므로 능히 커져서 충실해져 빛남이 있게 된다(能大 充實而有輝光). 이렇게 하늘에 근본한 간체(艮體)는 양명(陽明)하여 휘광(輝光)하기 때문에 간도광명(艮道光明)이라 한다.

3) 간괘와 남북의 통일접근

주역은 지구의 8방을 8괘(아래 문왕팔괘도)로써 설명하고 있는데, 그 중에 동양의 동북(東北)쪽을 '간방(艮方)' 이라 말한다. 간(艮)괘의 설명에 따르면, "만물이 마치고(終萬物종만물), 만물이 시작하는 곳(始萬物시만물)" 이라고 했다. 그러니까 지리적으로 동북 간방에 있는 나라에서 과거 역사의 시작을

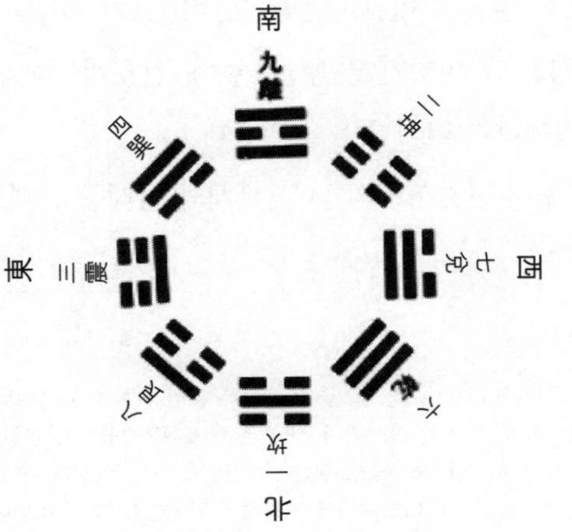

알렸다면, 앞으로 미래 역사의 마침도 동북 간방에서 이루어질 것이라는 뜻으로 해석할 수 있다. 역사를 마친다는 말은 역사의 결실을 거둔다는 뜻이다.

동양권에 해당되는 나라를 대표적으로 든다면 한국, 중국, 일본의 세 나라이다. 이들 나라를 문왕 8괘의 방위도로 세분할 수 있다. 우선 중국을 동쪽 진(震)괘로 놓고 보면, 한국은 동북의 간(艮)괘에 해당하고, 일본은 동남의 손(巽)괘에 배당할 수 있다. 서구도 마찬가지이다. 북방의 러시아는 감(坎)괘, 서방의 미국은 태(兌)괘에 각각 안배해 볼 수 있다.

또 사람과의 관계로 8괘를 설명하면, 진괘는 장남이고, 손괘는 장녀이고, 간괘는 소남(少男)이다. 땅의 크기로 보면, 한국은 작은 소국(小國)이다. 역리에서 소남이 삼형제 중에 주관자로 등장하였다.

그리고 한국을 산이 많은 나라라고 하는 것은 간괘에서도 알 수 있다. 산을 거듭한 것이 중산간(重山艮)이니 내괘는 아래 산으로서의 간(艮)이요, 외괘는 위 산으로서의 간(艮)이다. 남쪽이나 북쪽이나 산이 많다. 간괘는 한국의 운명과 깊은 관계를 갖고 있다. 특히 한국의 국기가 태극기인 것은 태극이 가지고 있는 만물의 종시성(終始性)을 간괘가 잘 간직하고 있기 때문이다. 간(艮)의 글자가 해[日]의 뿌리[氏]이듯이, 우리 민족을 상징하는 동이(東夷)[67]는 동(東)이 해뜨는 일출지처(日出之處)요, 이(夷)가 저(柢)로 뿌리이니,[68] 간(艮)과 동이(東夷)는 그 의미가 일맥상통한다. 간도광명이란 결국 하늘에 근본한 간방에서 일어나는 빛의 밝음을 말한다.

이제 분단으로부터 현재까지의 남북 관계와 미래를 간괘로써 풀이해 보려고 한다.

---

67) 夷(이)자는 大弓(대궁)이니, 弓(궁)은 활 궁이다. 활은 불이 활활 타는 모양이다. 화살촉으로 불을 일으켰기 때문에 활 弓(궁)이 불을 상징한다. 대궁은 큰 불 즉 태양을 상징한다.(조옥구 『한자의 기막힌 발견』 한자와 한글, 2010, p.166 참조) 夷(이)는 갑골문에서 尸(시)로 쓰였다.

68) "東方曰夷 夷者柢 言仁而好生萬物柢地而出 …有君子不死之國" (후한서 동이전)

○ 구삼효, 艮其限간기한 列其夤열기인

'간기한' 은 허리에 그쳤다는 말이니, 이는 남북이 38선을 경계로 분단되었다는 뜻이고, '열기인' 은 팔뚝을 벌리고 싸운다는 뜻이니 6 · 25 사변을 의미한다고 볼 수 있다.[69]

○ 육사효, 艮其身간기신 止諸躬지저궁

'간기신' 은 그 몸에 그치는 것이다. 또 음이 음 자리에 있어 正하기는 하지만, 모든 일에 적극적이지 않는다. 특히 그 몸의 자세가 약간 꾸부정[躬]한 자세이므로 남북간에 대화를 한다고 했지만, 서로가 눈치나 보며 탐색하고 시간이나 보낸다는 뜻이다. 70년대 이후 남북대화의 모습과 같다.

○ 육오효, 艮其輔간기보 言有序언유서 以中正也이중정야

'간기보' 는 입에 그침이며, 언유서는 말에 차례가 있다는 뜻이다. 이것은 2000년 6 · 15 남북공동선언에 비유할 수 있다.[70] 공동선언문이 언유서(言有序)이다. 6 · 15 이후 7년 동안 남북관계는 급진전을 이루었다. 그러나 2008년 이후 남북관계는 고장 난 자동차를 길거리에 방치한 것과 같은 꼴이 되었다. 지금이라도 남북대화를 진정으로 회복하는 길은 양측이 모두 中과 正으로 나서는 데 있다. 자기가 먼저 中을 지키면 正은 저절로 따라오지만, 자기는 中을 지키지 않고 상대방의 正만을 바라는 것은 백년하청과 같다.

그러면 정체된 남북관계를 개선할 해결의 돌파구는 없는가? 간괘 육오효를 변화시켜 보는 것이다. 그러면 풍산 점괘(漸卦)가 나온다. 점괘를 보자.

---

69) 김석진 『대산주역강의』(2) 한길사, 1999, p.399
70) 김석진 『대산 천부경』 동방의 빛, 2009, p.233

○ 구오효, 鴻漸于陵홍점우릉 婦三歲不孕부삼세불잉 終莫之勝吉종막지승길

'홍점우릉' 은 기러기가 언덕에 나아간다는 뜻이다. 남북이 방해자의 눈을 피해서 제3의 지역에서 만나 대화를 하라는 뜻이다. '부삼세불잉' 은 지어미가 3년 동안 임신을 못했다는 것이니 3은 3년, 또는 30년에 해당한다. 30년으로 보면, 1945년 분단 이후 27년 만인 1972년에야 7 · 4 남북공동성명이 있었으므로 여기에 해당하는 것으로 해석할 수 있고, 또 7 · 4성명에서부터 2000년 6 · 15선언까지가 29년이다. 최근의 3년으로 보면 남북대화 재개 후 지난 2011, 2012, 2013년 3년 동안 남북교류가 꽉 막힌 것에 비유할 수 있다. 이 3년 또는 30년 동안에 우리는 너무도 많은 것을 잃었다. 그러나 희망은 있다. '종막지승길' 은 마지막에 가서 남북교류를 방해하는 방해자(易理로는 두 사람을 의미함)들이 남북간의 만남을 이기지 못하니 결국 남북관계는 방해를 극복하고 정상화되어 길하다는 뜻이다.

그러면 간괘에서 말하는 현 남북관계의 최종 종착지는 어디인가?

○ 상구효, 敦艮吉돈간길 以厚終也이후종야

도타웁게 그쳐 길하다는 것은 두텁게 함으로써 마친다는 뜻이다.

여기서 그친다는 것은 완성의 의미로서의 지어지선(止於至善)이라 할 수 있다. 남북이 추구해야 할 공동의 선인 지선(至善)은 무엇인가? 그것은 현재로서는 '평화적 통일' 이외에 다른 것이 있을 수 없다. 남북은 통일이라는 공통의 목표를 찾아 지선 앞에 그쳐야 한다. 지선에 그친다는 것은 지선을 이루기 위해 서로가 이목구비가 만들어 놓은 이해관계에 집착하지 말고, 오직 등[背]을 보고, 등에서 보는 마음으로 역지사지로 무욕(無慾), 무아(無我)로 임하는 것이다.

남북의 분단은 인체로 보면 육신의 분열과도 같다. 무아에서 자기의 진면

목을 발견할 수 있는 것이 인간이다. 인간의 본래 면목은 통일된 자아상태를 의미한다. 통일된 자아상태에서 인간의 뇌(腦)는 최적의 기능을 수행한다.[71] 이럴 때를 인간 뇌심(腦心)의 정상적인 발로라 표현할 수 있다.

이것을 다른 말로 "흙에 편안히 하고 어짐에 돈독히 하는 까닭에 능히 사랑할 수 있다"(安土敦乎仁 故 能愛 : 계상4)라고 했다. 안토(安土)는 자기 처소를 편안히 하는 것이니, 남은 남대로, 북은 북대로, 내치(內治)를 편안히 한 후에 서로 인애(仁愛)하라는 말이다. 내치를 불안하게 해놓고, 그 이목을 다른 곳으로 돌리기 위해 분란을 일으키는 것은 천도에 어긋나는 행태이다. 다시 말하면 南은 남의 민심을 편안히 해놓고, 北은 북의 민심을 편안히 해놓아야 서로가 인애심(仁愛心)을 발휘할 수 있는 것이다. 인(仁)은 내면적인 내치를 말하고, 애(愛)는 상대와의 교류를 의미한다.

그러므로 남과 북은 상대방의 내치를 불안하게 하여서는 안 된다. 상대방의 내치가 안정되어야 자기의 내치도 안정된다는 '내치의 상대성' 을 뼈저리게 깨달아 내치의 안정화를 위해 서로 협력하며 교류하여야 한다. 이것이 민족내부에서 이루어지는 통일의 제1원칙이라 할 수 있다.

이러한 역학적 인애심의 발휘를 다른 말로 표현하면 '적대성을 소멸시키는 상생(相生)' 이라고 부를 수 있고, 여기서 비로소 상생통일은 가능한 것이다. 상생통일이란 다른 말이 필요 없다. 통일 이후에 할 일을 통일 이전부터 차근히 실천해 가며 통일을 앞당기는 것을 의미한다. 민족내부라는 특수관계에 있는 남북의 상생통일이란 통일 이후와 이전의 구별이 있을 수 없다. 통

71) 艮괘는 咸卦처럼 인체를 비유로 삼아 단계적 변화를 설명하고 있다. 주역절중의 지적처럼, 咸은 사효를 중심으로 삼았기 때문에 오효는 등[背]이 되고, 상효는 입이 된다. 반면에 艮은 삼효를 중심으로 삼았기 때문에 사효가 등이 되고, 오효가 입이 된다. 초육의 간기지, 육이의 간기비, 구삼의 간기한, 육사의 간기신, 육오의 간기보를 거쳐 상구의 敦艮이 되어 腦에서 六止가 되는 것이 艮卦이다. 뇌는 敦艮이 내외괘를 통합하듯이 인간의 靈肉을 통합하는 기능을 가지고 있다. 다시 말해 우리는 작은 것에 희희비비하며 그칠 것이 아니라, 진정 至善의 큰 하나에 그쳐야(一止) 한다.

일 이후에 할 일과 통일 이전에 할 일을 구별해 놓고서는 남북교류가 활성화 될 수 없는 것이다.

상생통일이란 '오늘 통일이다' 고 생각하고 오늘부터 서로가 함께 통일을 준비해 가는 것이다. 굳이 표현해 본다면, 정책적인 '先교류 後통일' 이 아니라, 심정적인 '선통일 후교류' 이기 때문에 교류가 극대화될 수 있다. 만약에 상대가 무너진 다음에 통일을 하겠다는 것은 민족내부라는 특수관계를 고려하지 않았다는 면에서 역사로부터 反민족적이라는 비난을 면할 수 없을 것이다.[72]

왜냐하면 역사 자체가 살아있는 신(神)이기 때문이다. 박은식은 "나라는 형(形)이고, 역사는 신(神)이다"(『한국통사』)라고 말했다. 여기서 신은 살아있는 정신이고, 그 정신은 묘합적(妙合的) 작용으로 인격의 통일성을 유지해 간다. 따라서 우리가 추구해야 할 상생통일은 결국 인애심으로 적대성을 소멸시키며, 묘합성으로 분열된 민족을 하나의 통일로 이끌어 민족적 자아의 정체성을 발현해가는 과정인 것이다.

이런 의미에서 우리가 이루어야 할 상생통일은 회피할 수 없는 또 하나의 도전(挑戰)이며 과제이다. 토인비는 "도전과 응전의 상호작용은 수확체감(收穫遞減)의 법칙[73]에 지배되는 것을 알 수 있으며, 행동에 주는 자극이 최고점에 이르는 곳은 도전 강도가 中間인 영역이라 결론지을 수 있다"[74]고 말

72) 형제가 싸우다가 동생이 죽자, 형이 기다렸다는 듯이 동생 집에 가서 유산을 챙긴다면 어찌 될까? 그것은 유산이 아니라, 동생재산을 빼앗았다는 비난을 면하지 못할 것이다. 그것은 하늘이 원하는 인애심이 아니다. 만약 동생집에 가서 유산을 챙기려 한다면, 더 큰 제3자가 나타나서 형을 제키고 동생 재산을 가로챌 것이다. 그래서 하늘은 이 제3자를 통해 형제간의 인애심이 얼마나 소중한가를 일깨워 줄 것이다.

73) 수익체감의 법칙, 한계생산성 체감의 법칙(principle of diminishing marginal productivity)이라고도 함. 재화의 생산에서 다른 생산요소들의 투입은 모두 일정하게 하고 어느 1가지 요소의 투입만을 증가시킨다고 가정했을 때, 어떤 시점에 도달하고 나면 그 이후로는 추가로 얻는 산출량이 차츰 감소하게 된다는 경제법칙(백과사전).

했다. 다시 말해 도전 강도가 너무 강하면 인간의 역사 행동이 최고점에 이를 수 없다는 뜻이다.

이처럼 인간의 행동을 최고점으로 끌어 올리는 도전의 적정한 중간영역을 토인비는 최적조건(最適條件)이라 명명했다. 최적조건은 토인비가 좋아한 말로 다름 아닌 '중용' 이다. 중용의 정신을 생명이 갖고 있는 자기보존의 지혜에 대해 토인비는 "어느 한 부분에서 부족이나 과잉이 생기면 다른 부분에서 과잉을 축적하거나 부족분을 짊어짐으로써 과부족(過不足)을 메꾸어 간다"[75]고 했다.

5. 결론-평화통일의 돈간(敦艮)

간괘(艮卦)의 핵심은 상구효에 있다. 건괘의 상구에 항룡유회(亢龍有悔 지나치게 높은 용은 후회가 있음)라 했지만 맨 위에 있어 그칠 데가 없으니 돈독하게 잘 그친 자리에 있으므로 吉한 것이다. 돈독하다는 것은 山같이 후중하게 끝을 잘 맺고, 잘 그쳤다는 뜻이다. 그러니까 잘 마치는 그침이란 편안함에 안주하는 것이 아니라, 편암함보다 더 나은 '그침' 그 자체이므로 후종(厚終, 두터운 마침)이 된다.

그래서 간은 만물의 종시를 이룬다고 한다. 그런데 평화통일을 상징하는 상구의 돈간(敦艮, 돈독한 그침)은 육오의 言有序(언유서, 말에 차례가 있음)로부터 기인한다. 말에 차례가 있다는 것은 '말을 망발하지 않는다' 는 뜻이다.

지금 남북의 가장 큰 문제는 통일에 대해 누구도 빼앗아 갈 수 없는 확호불

74) 써머벨/ 박광순 역 『아놀드 토인비의 역사연구』1, 범우, 1992, p.212
75) 토인비/ 원창화 역 『역사의 연구』2, 홍신문화사, 1992, p.433

발(確乎不拔)한 일관성이 없고, 조령모개식으로 조리없이 이랬다저랬다 말을 함부로 하는 데 있다. 다시 말해 말에 차례가 없기 때문에 남북이 똑같이 후회가 따른다. 그러나 말에 차례가 있다는 것은 서로의 대화에 믿음을 주거나 받고 있다는 뜻이다. 말은 신의의 표현이며, 합의의 존중이다.

믿음을 잃으면 차례를 잃어 망발을 하게 된다. 만약 차례가 없어 후회가 따르게 되면 六五에서 六四로 떨어져 서로 눈치만 보게 되며, 차례가 있어 서로 신의를 얻으면 上九로 올라가 돈간(敦艮)을 이루게 된다는 것이 간괘의 中과 正의 의미이다. 이처럼 中과 正은 인간과 사회구성의 기본인 대화의 신의로부터 출발하고, 합의에 의해 실천한다.

지금 남북 대화가 3년을 그쳐 있다. 3년은 30년을 상징할 수도 있으나, 기본적으로 3년은 극한수로 단절의 한계선을 넘었다는 뜻이다. 대화는 모든 교류의 근본이다. 대화 없는 교류는 불가능하다. 또 교류 없는 통일은 더욱 불가능하다. 토인비는 정지상태에 있는 어떤 것으로부터 움직임을 불러일으키게 하는 것을 '창조성' 이라 했다. 이런 정지상태에서 어떤 비약에 필요한 동인(動因)은 언제든지 어떤 개인이 일으킨다고 말한다.[76)]

현재의 남북관계에 있어서 움직임을 다시 일으킬 수 있는 창조성은 대화에 있다. 대화가 창조성의 원천이다. 대화는 무력을 배제한 평화의 출발점이다. 이것이 대화주의의 원칙이다. 창조적 개인들이란 이 시대에서는 남북교류에 바탕한 대화주의자들을 의미한다. 상대를 신뢰하는 대화주의자들끼리 모여 역사를 변화시키는 것이다.

주역(周易)은 동정지행(動靜止行)을 끊임없이 강윰한다. 동(動)을 지(止)할 줄도 알아야 하지만, 정(靜)을 지(止)할 줄도 알아야 한다. 그침을 그치면 다시 동하는 법이고, 다시 동해야 생명성을 유지할 수 있다. 동은 대화의 시작

76) 토인비/ 홍사중 역 『역사의 연구』 동서문화사, 1978, p.272

을 의미하며, 그 동의 최종적 귀착점은 中에 있다. 동(動)은 中의 균형을 찾는 저울추와 같다.

오늘날 남과 북 사이의 경제적 불균형이 남북 교류를 촉진하는 긍정적 요인이 될 수도 있으나, 결과는 정반대이다. 이 불균형의 심화가 또 다른 장벽이 되고 있다. 중용이란 과부족이 없는 균형적 상태라면, 주역의 中正之道는 이 "과부족을 메워 가는 조화의 과정"이라고 할 수 있다. 아울러 중과 정의 관계는 서전(書傳)에 있는 "中에 서서 사방의 正을 취한다"는 말과 같이 中과 正은 대대적 관계를 유지하며 전체의 균형을 조절하는 기능을 말한다.

여기서 유의할 것은 대대적(對待的)이라는 말과 전체라는 말이다. 대대적이란 상대적이면서 의존적이라는 뜻이다. 그러므로 남과 북은 구조적으로 대대적인 관계 속에 운명적으로 놓여 있다. 이 운명적인 관계를 부정하면 대대의 구조는 깨지고 만다. 왜냐하면 대대적 구조는 전체의 틀 속에서 균형을 유지하며 존속하기 때문이다. 천지의 中正之道가 갖는 전체의 조절기능이란, 예컨대 한쪽은 풍년이 들고 다른 한쪽이 흉년이 들면 남는 쪽을 덜거나 부족한 쪽을 메꾸어 자연히 중정을 유지하는 일을 수행하게 된다.

만약 사람이 이런 천지의 중정지도를 본받지 않고 전체의 조절기능을 스스로 포기하면서 한쪽으로만 치우쳐 과부족을 메꾸지 않으면, 전체(하늘)가 개입하게 되는 것이다. 이것을 두고 "역이 천지와 더불어 기준을 같이 한다"(易與天地準 : 계상4)고 말하는 것이다. 왜냐하면 역은 생생존존(生生存存)을 최고의 덕으로 여기기 때문이다.

이러한 관점에서 현시대 우리가 처한 최고의 화두는 대화에 바탕한 '평화적 통일'이다. 어느 누구도 이 '평화적 통일'로부터 자유로울 수 없다. 통일을 위해 생각하고, 통일을 위해 밥을 먹지만 그것이 평화가 아니라면 폐기되어야 한다. 反통일적 사고나 행동은 인륜의 생생존존을 거스르는 의미에서 반(反) 역학적이다. 그러면 통일의 길은 어디에 있는가? 수많은 사람들이 이에 묻고 답하였다.

그러나 가장 확실한 대답은 통일은 천도의 조화(調和)법칙에 따라야 한다는 것이다. 천도의 반대는 요행술(僥倖術)이다. 지금 통일의 최대 방해자는 요행을 바라는 사람들이다.

요행은 대화의 노력 없이 한꺼번에 열매를 따겠다는 심보이며 과대망상이다. 이런 요행술이 집단적인 조직화를 통해 사회에 발언을 하기 시작하면 그 사회는 가치가 왜곡되고, 희망을 잃는다.

지금 우리 사회는 상대가 잘못되기를 바랐다가 운 좋게 불로소득을 얻어 보려는 요행심이 팽배해 있다. 마지못해 통일이라 탁명(託名)이나 해놓고 앉아서 딴전부리다가 운 좋게 한 몫 하려는 꼴이다. 그러니 상생의 물결은 일어날 수 없고, 양심의 바닷물은 고일 수 없다. 더 이상 하늘만 쳐다볼 수 없다. 차라리 하늘을 가슴에 품고, 분단민족으로서 지켜야 할 민족적 양심에 따르며, 이산가족의 아픔으로 돌아가고, 통일선각자들의 희생정신으로 돌아가는 길 밖에 다른 방도가 없다.

처음에 남북이 분단될 때는 강대국의 거짓 안보와 힘의 논리에 의해 강제 분할이 되었으나, 앞으로의 통일논의는 강대국이 가지고 있는 힘의 논리를 극복할 수 있는 고차원의 자주적 방책이어야 한다.

고차원의 천도법칙을 설한 주역은 우리에게 인간으로서 천도에 순응할 줄 아는 중정지도(中正之道)를 매섭게 요구한다. 그런데 주역에서 말하는 중정지도(中正之道)를 국가적으로 발휘하고 실천하기 위해서는 우선 남북은 각기 내치(內治)로써 자수(自守)와 자양(自養)의 능력을 배양하는 동시에 상대에 대한 협력을 얻어내고 국제적인 협조를 강화해야 한다. 무엇보다도 자수와 자양의 능력이 없으면 신뢰의 분위기가 조성되지 않고 눈치나 살피다가 인애심(仁愛心)마저 무용지물이 되고 만다.

통일은 상대의 존재를 인정하는, 상대와 화해하는 합일 운동이다. 상대적이므로 대결이나 대립이 아닌 음양 대대적 의존관계로써 중정지도를 조화롭게 만들어가야 한다.

대대적 中正之道는 상반적(相反的)이나 동시에 상의적(相依的)이기 때문에 적대성(敵對性)을 거부한다. 음양 대대에 입각한 中正之道에서 인애심에 바탕한 상생의 실천이 가능하며, 그런 상생의지가 적대성을 소멸시키고 인애심을 무한대로 증가시키는 방향으로 사고의 틀을 개변시킨다. 분단의 벽을 허물 수 있는 것은 핵무기가 아니다.

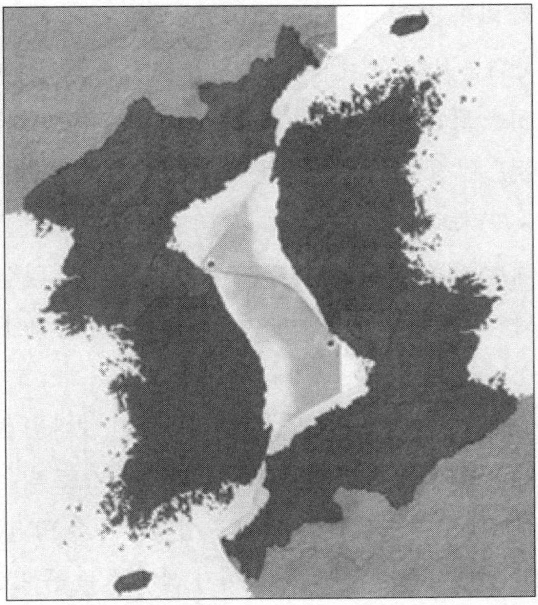
▲ 상생통일도(相生統一圖)

"상대의 행복만큼 나는 불행하다"는 적대감 조장이 아니라, "상대의 행복만큼 나도 더불어 행복하다"는 상생의지가 70년 분쟁으로 누적된 남북의 누적된 장애물을 녹여낼 수 있다. 오직 남과 북에서 상생의 작은 물결이 파동치고, 그것이 민족적 양심을 깨우는 거대한 바다물결을 이룰 때 통일의 문턱에 들어설 수 있다.

그러기 위해서는 상대에 대해 처음에 품었던 의심을 풀도록 노력하여야 한다(始疑而終必合시의이종필합). 그것은 대화의 힘에 의해 가능하다. 대화는 의심을 풀고 인애심을 배양하는 유일한 쌍방소통의 지름길이다.

원수를 쏘려고 활을 당기려다가 풀어놓고 보니 혼인할 짝(匪寇婚媾비구혼구)이었다는 규괘(睽卦)의 말은 마지막에 모든 의심이 풀려 증오가 사랑으로 바뀌고, 적대성이 상합성(相合性)으로 바뀌는 극적인 조화의 계기가 마련된다는 뜻이다. 예컨대 1998년 휴전선을 뚫고 지나간 통일소떼는 그런 가능성을 모두 열어놓은 일대사건이었고, 그로부터 6 · 15선언의 결실을 가져온 것은 부정할 수 없는 역사적 사례였다. 그것이 또 한 번 일어나야 한다.

그러므로 지금 우리에게는 백척간두에 있는 한민족을 속히 구원하기 위해, 상대에 대해 품었던 의심을 풀고 민족의 양심이 모여 소통할 수 있는 대화의 '작은 공간'[77]들이 여기저기에서 형성되어야 한다. 작은 공간이 모여 큰 광장을 이룬다.

따라서 남과 북, 북과 남은 강대국이 덧씌운 허상의 탈을 벗으며, 허상에 이끌려 아(我)와 비아(非我)의 착시현상으로 빚은 증오의 칼날을 거두고, 자수(自守) 자양(自養)의 내치와 상대에 대한 협력을 지속하면서 유구한 민족의 얼을 찾아 한 뿌리로 돌아가 상대를 큰 품으로 포용하고, 동시에 대립적 이념을 초월할 수 있는 포월(包越)의 中正을 회복하여야 할 것이다.

이것이 분단된 한국의 현실을 극복하기 위해 주역 간괘(艮卦)가 추구하려는 인애심(仁愛心)이며, 중정지도(中正之道)라고 본다.

(원출전 : 민족사상연구소 『민족사상연구』, 20집, 2011)

참고문헌

『주역』

『논어』

『중용』

『대학』

---

77) 현실적으로 이산가족상봉, 종교간 대화교류, 체육교류, 학생교류, 민간단체의 문화 협력사업 등이 자발적이며, 소규모적으로, 그리고 지속적으로 이루어져야 한다. 이런 교류의 축적 없이 단발적인 협상으로 모든 것이 풀릴 수 있다는 생각은 또 하나의 과대망상이다.

『춘추좌전』
『서전』
『황극경세』
『주역절중』
『주역선해』
『후한서 동이전』
『율곡집』
『중용자잠』
토인비 『역사의 연구』 원창화 역, 홍신문화사, 1992
김석진 『대산주역강해』 대유학당, 2007
최영진 『역학사상의 철학적 탐구』 성균관대 박사논문, 1989
김재홍 『역학의 중정지도에 관한 연구』 충남대 박사논문, 2008
이정호 『정역연구』 국제대학, 1976
모종삼 『중국철학의 특질』 송항룡 옮김, 동화출판사, 1983
진래 『송명성리학』 안재호 옮김, 예문서원, 2000

4 홍암 나철과 심산 김창숙의 민족적 종교관

1. 홍암 나철(1863~1916)의 생애와 사상

1) 민족종교인 대종교(大倧教)의 출현

대종교는 국조숭배(國祖崇拜)와 단군신앙(檀君信仰)을 근간으로 하는 종교이다. 단군신앙을 중심으로 하는 종단은 현재 대종교(大倧教), 한얼교, 선불교(仙佛教), 삼신교(三神教), 삼성궁(三聖宮) 등의 여러 종단이 있지만, 가장 오랜 역사와 민족운동사에서 큰 업적을 이룬 것은 대종교이다.

대종교는 1909년 나철(羅喆)이 중광(重光)한 종교이다. 본래 '단군교(檀君教)' 라는 명칭으로 창교(創教)하였으나 1910년 '대종교(大倧教)' 로 개칭하였다. 대종교에서는 나철이 처음에 단군교를 선포한 것은 새로운 종교를 창교한 것이 아니라 우리 민족 고유의 단군신앙을 중흥시킨 것이라 하여 '중광(重光)' 이라고 한다.

대종교는 일제의 침략이 노골화되자 근거지를 만주지역으로 옮겨 민족정신의 배양과 항일독립운동에 매진하였다. 3 · 1독립선언서에 결정적 영향을 끼친 1918년의 무오독립선언서(戊午獨立宣言書) 반포, 항일무장단체인 중광단(重光團)과 북로군정서(北路軍政署)의 활동, 항일무장운동사에 길이 빛나는 1920년의 청산리대첩, 민족정신을 배양하고 조선독립을 목적으로 한다고 하여 21명이 검거되어 그 중 10명이 옥중에서 순국한 임오교변(壬午教變) 등은 대종교 항일운동사의 대표적 활동들이라 할 수 있다.

대종교의 경전은 고대로부터 계시경전으로 전해 오는 『천부경(天符經)』, 『삼일신고(三一神誥)』, 『참전계경』, 『팔리훈(八理訓)』, 『신사기(神事記)』와 나철이 저술한 『신리대전(神理大典)』, 서일(徐一, 백포)이 저술한 『회삼경(會三經)』, 그리고 윤세복(尹世復, 단애)이 저술한 『삼법회통(三法會通)』 등이 있다.

2) 홍암의 항일투쟁

홍암(弘巖) 나철(羅喆)은 1863년 12월 2일 지금의 전라남도 보성군에서 태어났으며, 본명은 인영(寅永)이다. 그의 집안은 선조들이 오래 전에 벼슬을 한 일도 있었지만, 적은 농토를 경작하는 빈농이었다.

그는 어려서 왕석보 문하에서 한학을 공부하였고, 29세에 장원급제하여 승정원(承政院) 가주서와 승문원(承文院) 권지부정자를 거쳐 33세 때 징세서장(徵稅署長)이 되었다. 그러나 일제의 침략이 본격화되자 관직을 사임하고 지사(志士)들을 모아 자신회 등 비밀단체를 조직하여 구국운동을 전개하였다.*

홍암은 을사조약이 체결되기 직전인 1905년 6월 오기호(吳基鎬), 이기(李沂), 홍필주(洪弼周) 등과 함께 일본으로 건너가 미국으로 가려고 하였으나 일본의 방해로 뜻을 이루지 못하고 동경에 머물렀다. 이때 그는 일본의 총리대신, 추밀원장, 귀족원, 중의원 앞으로 서신을 띄워 동양의 대세를 논하고 "동양평화를 위하여 조선과 일본과 청나라는 상호 친선동맹을 맺고 한국에 대해서는 선린의 교의로써 부조(扶助)하라"는 의견서를 보냈으나 이에 대한 응답이 없자 일본 궁성 앞에서 3일간 단식투쟁을 하였다. 그는 이토 히로부미(伊藤博文)가 조선과 새로운 협약을 체결한다는 소식을 듣고, 나라 안에 있는 매국노들을 제거해야 국정을 바로 잡을 수 있다고 생각하여 단도(短刀) 2자루를 사서 행장에 감추고 귀국하였다.

홍암은 1906년 일본의 반성을 다시 한 번 촉구하기 위해 일본으로 건너가 당시 이토 히로부미와 대립관계에 있던 오카모도(岡本柳三助), 도야마(頭山滿) 등을 만나 협조를 구하였으나 별 다른 효과를 얻지 못하고 귀국하였다. 그는 귀국 길에 폭탄이 장치된 선물상자를 구입하여 이완용(李完用), 이지용

* 다른 문헌에 유신회를 조직했다는 기록은 오류임을 밝힘

(李址鎔), 박제순(朴齊純), 이근택(李根澤), 권중현(權重顯) 등 을사오적(乙巳五賊)을 처단하려 하였으나 실패하였다.

홍암은 1907년 1월부터 암살계획을 구체적으로 추진하기 위하여 자신회(自新會)라는 단체를 조직하였다. 이 단체의 구성원은 200여 명에 이르렀는데, 이들은 3월 25일을 거사일로 정하고 을사오적을 주살하려고 하였으나 실패하였다. 이에 그는 동지들과 함께 을사오적신인 이완용, 박제순과 이지용 등을 암살하기 위하여 폭탄을 넣은 상자와 편지를 이들의 집에 배달하였다. 이때 발표한 을사오적 처단 격려문은 다음과 같다.

> 이 오적을 베어서 내부의 병통을 제거한다면 우리들과 우리들의 자손은 길이 독립된 나라에서 살 수 있습니다. 그 성공하느냐가 오늘에 있고, 그 실패하느냐가 오늘에 있습니다. 사느냐가 여러분에 있고, 죽느냐가 여러분에 있습니다. 인영(홍암)이 부족한 몸으로 이 의거를 주창하면서 오늘 줄줄이 흐르는 눈물을 거두고 방울방울 떨어지는 피를 씻으며 심담(心膽)을 기울이고 엎디어, 이 의거를 우리 혈성(血性) 있고, 지용(智勇) 있는 여러분의 가슴 앞에 제출합니다. (1907. 3. 24. 나인영)

그러나 이 거사 또한 실패하고 체포된 동지들이 고문을 심하게 받자 그는 자수하여 10년형을 선고받고 전라남도 무안군 지도로 유배되었으나 그해 12월 7일 고종의 특사로 석방되었다. 그는 1908년 또 다시 외교적 방법에 의한 구국운동을 하고자 일본으로 건너갔지만, 별 다른 소득을 얻지 못하고 귀국하였다.

3) 종교지도자로서의 홍암

1906년 1월 24일(음력 1905. 12. 30) 밤 11시경 일본에서 돌아와 부산을 거쳐 서울 서대문역에 도착한 홍암에게 낯선 사람이 다가왔다. 지금의 세종로를 향해 길을 걷던 도중에 백두산에서 온 백전(伯佺)이라는 90세 백발노인으로부터 대종교를 신봉하라는 말과 함께 『삼일신고(三一神誥)』와 『신사기(神事紀)』라는 두 권의 책을 받았다.

이어 1908년 대일외교 차 홍암이 일본 도쿄에 체류하고 있을 때 구국운동이 종교로 전환되는 극적인 체험을 다시 갖게 된다. 두일백(杜一白)이라는 노인이 일본의 한 여관으로 찾아와 나철에게 단군교의 포교를 사명으로 하라는 가르침과 함께 『단군교포명서(檀君教佈明書)』 한 권과 고본 『신가집(神歌集)』 및 『입교절차』 등의 책을 주었다.

이 단군교포명서는 대종교의 중광(重光 : 교문을 다시 열음)에 결정적인 계기가 된 글이다. 1908년 12월 5일 아침, 한 노인이 숙소로 홍암을 찾아왔다.

> 나의 이름은 두일백(杜一白)이요, 호는 미도(彌島), 나이는 69세인데, 백전도사(伯佺道士) 등 32인과 함께 백봉신사(白峯神師)를 사사하였고, 1904년 10월 3일에 백두산에서 회합하여 일심계(一心戒)를 같이 받고 이 포명서를 발행한 것이니, 귀공의 금후의 사명은 이 포명서를 널리 펴는 일이오.

홍암은 당면한 과제가 대일민간외교의 성취에 관한 문제였으므로 노인의 사명을 거절하는 뜻으로 숙소를 청광관(清光館)에서 개평관(蓋平館)으로 옮겼다. 그러나 며칠 후인 12월 9일 밤에 두일백 노인이 다시 찾아와서 "이미 대한제국의 국운은 다하였는데 어찌 이 바쁜 시기에 쓸데없는 일로 다니시오? 곧 귀국하여 단군대황조의 교화를 펴시오" 하고 간곡한 부탁을 남기고 떠나버렸다.

홍암은 어떤 방법이든 간에 일제의 한국침략을 방지하고 동양의 평화를 이룩하려는 경세의 꿈을 갖고 있었다. 홍암과 그의 동지들은 한국이 일제의 침략으로 주권이 강탈되어 반식민지화 된 근본적인 원인이 첫째 사대주의사상(事大主義思想)에 있다고 단정, 민족의식을 고취시켜야만 된다고 확신하였으며, 둘째로 한국의 독립은 몇 사람의 정객(政客)이나 지사(志士) · 열사(烈士)에 의한 대일민간외교(對日民間外交) 또는 매국노 암살 등으로 해결할 수 없고 오로지 거족적으로 대일투쟁을 전개할 수 있는 사상적 구심체, 즉 주체적인 자주독립사상이 있어야겠다고 판단하였다. 그러기 위해서는 한민족의 국조 단군대황조(檀君大皇祖)를 모시는 종교가 절대 필요하다고 점차 믿게 되었다. 이러한 민족 종교의 창시(이를 重光이라 함)는 제국주의 침략을 그들의 지상과제로 삼고 있는 일제에 대한 구국투쟁의 한 방략으로서 단군신앙을 구심점으로 하여 대일투쟁(對日鬪爭)에 참여할 저변 인구를 확대하는 동시에, 설사 국가가 망한다손 치더라도 민족의 정신은 영원하다는 판단하에 지속적인 대일투쟁의 무기로서 중요한 역할을 할 것으로 기대되었다. 즉 이를 통하여 대일투쟁의 새로운 전기가 이루어진 것으로 믿어진다. 훗날 홍암은 대일투쟁방략의 전환에 대하여, "마음의 변화를 일으켜 정치를 단념하고 종교를 일으킬 것을 생각했다" 라고 술회했다.

홍암은 서기 1908년 말에 일본으로부터 귀국하여 한배검께 보국안민(輔國安民) · 제인구세(濟人救世)의 대원(大願)을 기원하고, 나아가 신교(神敎)의 중광과 종도(倧道)의 재천(再闡)으로 민족의 운명과 동양평화를 증진시키려는 뜻에서 1909년 1월 15일에 나철 · 오기호(吳基鎬) · 이기(李沂) 등 수십 명이 모여 서울 재동(齋洞) 취운정(翠雲亭) 아래 6간(間) 초옥(草屋) 북벽(北壁)에 '단군대황조신위(檀君大皇祖神位)' 를 모시고 「단군교포명서」를 공포하여 단군교를 한국의 종교로서 '중광(重光)' 하였다. 이 '중광' 이라는 의미는 어둠에 잠겼던 단군교를 다시 밝혔다는 뜻으로, 국조(國祖) 단군께서 창립한 한민족의 고유종교인 단군교를 계승한 것인데, 고려 원종(元宗)때의 몽고침

입 이후 약 700년간 단절된 것을 한말(韓末)에 홍암이 민족의 앞날을 위해 다시 복원, 계승했다는 뜻으로 중광이라 했다고 전한다.

중광 당시에는 교명이 단군교였으나, 1910년 8월 5일에 대종교로 바뀌었다. 이는 '대종(大倧)'의 '대(大)'자는 유일이요 크다는 '한'(天)의 뜻이며, '종(倧)'자는 '인(人)의 종(宗)', 즉 상고신인(上古神人)으로 우리의 한배검이신 단군성조를 뜻한다. 그런데 '대종'에는 '단군' 이전으로 소급하여, 조화(造化)·교화(敎化)·치화(治化)의 삼신일체로써 진리의 보편성을 강조하려는 의도가 들어 있다.

1909년 중광할 당시 인적 구성을 보면 구관료(舊官僚), 양반(兩班), 그리고 의병(義兵), 열사(烈士), 의사(義士), 을사오적(乙巳五賊) 암살기도시의 결사대원 등이 대다수였다. 그 후 대종교총본사가 만주로 이전하여 국외에서 독립운동을 수행할 때에는 대종교계의 항일독립운동단체의 구성원과 독립군의 지도층이나 병사는 여러 계층에서 참여하였다.

「단군교포명서」는 1904년 음력 10월 3일 두일백 등 13인이 백두산에 있는 대숭전(大崇殿)에서 대신사(大神師) 백봉과 함께 포명한 것이다. 그 내용은 "금일은 유아(惟我) 대황조단군성신(大皇祖檀君聖神)의 4237회 개극입도지경절야(開極立道之慶節也)라…"라는 글로 시작하여, 단군 탄강의 역사, 단군교의 신앙유습, 단군교를 신봉하여야 할 이유 등을 설명하고, 우리 민족은 같은 민족으로서 같은 운명을 지니고 있음을 밝히고 있다. 끝으로 우리 겨레가 하늘의 자손임을 강조하고, 단군교를 오로지 정성으로 믿고 받들어서 구교의 중광은 물론, 천만 형제자매가 복록을 누리게 되기를 호소하였다.

홍암이 동료들과 함께 거행하였던 제천의례와 단군교의 중광은 중요한 의의를 지닌다. 첫째는 거의 소멸되다시피 되었던 우리 민족 전래의 단군신앙을 제도종교로 '중광'시켰다는 점이다. 이것은 민간신앙의 수준에 머물러 있던 단군신앙을 체계화하고 조직화함으로써 하나의 신앙공동체로 발전시켰다는 것을 의미한다. 둘째는 한민족이 천손(天孫)임을 일깨워 민족적 정체성을 확립하고자 하였다는 점이다. 홍암은 조선이 중국의 속국이 아니라 당당한 민족국가임을 선포함으로써 외세 열강의 침략에 의해 손상된 민족적 자존심을 회복하고자 하였으며, 그러한 민족적 자존심을 제천의례를 통해 나타내고자 하였던 것이다. 셋째는 조선왕조의 사회적 구심점이 되어왔던 유교주의 내지는 중화적(中華的) 세계관으로부터의 탈피이다. 그가 '단군대황조신위' 를 모시고 단군에게 '대황조' 라는 칭호를 붙여 천제를 지냈다는 것은 '천자' (天子)만이 제천의례를 거행할 수 있다는 유교적인 종교관 내지는 중화적 세계관을 정면으로 부정한 것이라고 할 수 있다.

홍암은 일부 사람들이 '단군교' 라는 이름을 빙자하여 친일행위를 하자 1910년 7월 30일 교명을 '대종교(大倧教)' 로 개칭하였다. '대종교' 의 '종(倧)' 이란 상고신인(上古神人), 혹은 한배님의 뜻을 지닌 것으로 '환인[桓因]', '환웅[桓雄]', '단군한배검[桓儉]' 이 혼연일체 되어 있는 존재를 일컫는다.

교명을 바꾼 직후 그는 활동지역을 만주로 넓히고 1914년 5월 13일에는 총본사를 만주 화룡현 청파호로 이전하였다. 아울러 서울에 남도본사, 청파호에 동도본사를 설치하는 한편, 백두산을 중심으로 동서남북 4도 교구와 외도교구를 선정함으로써 교구제도를 확대 · 개편하였다.

민족의식을 바탕으로 중광된 대종교의 교세가 급속히 확장되자 일제는 1915년 '종교통제안' 을 공포하고 대종교를 불법화하였다. 이에 따라 교단활동이 어렵게 되자 홍암은 1916년 8월 상교(尙教) 김두봉(金枓奉)을 비롯한 시봉자(侍奉者) 6명과 함께 단군신앙의 성지인 황해도 구월산 삼성사(三聖祠)에서 수행을 시작하였다. 그는 8월 15일 자시(子時) 정각에 시봉자들과 함께 제천의식을 거행한 다음, 시봉자들에게 단식 수도를 하겠으니 방문을 열지 말라고 하고 3일 동안의 수도에 들어갔다. 16일 새벽에 인기척이 없어 제자들이 문을 열고 들어가 보니 그는 자신의 죽음이 갖는 의미를 밝히는 '순명삼조(殉命三條)' 라는 유서를 남기고 조식(調息)의 폐기법(閉氣法)을 사용하여 운명하였다.

홍암의 사상은 그가 남긴 '순명삼조' 에 집약적으로 담겨져 있는데, 그 내용은 다음과 같다.

"첫째는 나는 죄가 무겁고 덕이 없어서 능히 한배님의 큰 도를 빛내지 못하며 능히 한겨레의 망케 됨을 건지지 못하고 도리어 오늘의 없우임을 받는지라. 이에 한 오리의 목숨을 끊음은 대종교를 위하여 죽는 것이다. 둘째는 내가 대종교를 받든 지 여덟 해에 빌고 원하는 대로 한얼의 사랑과 도움을 여러 번 입어서 장차 뭇 사람을 구원할 듯하더니 마침내 정성이 적어서 갸륵하신 은혜를 만에 하나도 갚지 못할지라. 이에 한 오리의 목숨을 끊음은 한배님을 위하여 죽는 것이다. 셋째는 내가 이제 온 천하의 많은 동포가 가달길에서 떨어지는 이들의 죄를 대신으로 받을지라. 이에 한 오리의 목숨을 끊음은 천하를 위하여 죽는 것이다"라고 하였다. 이러한 그의 '순명삼조' 에는 전통적으로 한민족의 신앙대상이었던 '한배검' 에 대한 강한 신앙과 민족의식이 바탕을 이루고 있다.

홍암의 구월산 삼성사에서의 제천의례와 그의 순국은 대종교운동의 큰 전환점이 되었다. 이 제천의례를 거행하기 이전까지만 하더라도 비교적 온건한 방법을 채택하고 있었던 대종교의 항일운동은 그의 순국을 계기로 하여 적극적인 무장투쟁방법으로 전환되었다. 대종교에서는 1918년 '무오독립선언서' 를 발표하는 한편, 비밀결사단체인 중광단(重光團)을 조직하여 무장독립운동을 적극적으로 전개하기 시작하였다. 중광단은 그 후 북로군정서(北路軍政署)로 발전되어 1920년에는 항일독립투쟁사에서 가장 큰 성과로 기록되고 있는 청산리대첩을 승리로 이끄는 데 주도적인 역할을 하였다. 당시 청산리대첩에는 여러 항일무장단체들이 참여하고 있었지만, 그 대다수는 대종교의 신도들이었으며, 주도세력 또한 대종교의 간부들이었다.

대종교가 일제에 의해 수많은 신도들이 희생당하는 상황에서도 만주지역을 중심으로 활발한 항일무장투쟁을 전개할 수 있었던 것은 구월산 삼성사에서의 제천의례와 홍암의 순명사건이 지대한 영향을 끼쳤기 때문이다. 홍암의 유해는 그의 유언에 따라 청파호에 안장되었으며, 대종교에서는 그가 운명한 날을 가경절(嘉慶節)이라 하여 4대경절(四大慶節)의 하나로 기념하고 있다. 홍암에게는 1962년 대한민국 건국훈장 국민장이 추서되었다.

2. 심산 김창숙(1879~1962)의 생애와 사상

1) 조선의 유교와 성균관

1392년에 건국한 조선은 억불숭유(抑佛崇儒) 정책에 따라 유교를 국교로 삼았다. 유교를 국교로 지탱해 가는 데는 인재의 양성이 절실했다. 성균관은 조선시대의 최고 교육기관인 대학(大學)의 명칭이다. 학궁(學宮) 또는 반궁(泮宮)이라고도 하였다. 『주례周禮』에 의하면 '성균' 은 오제(五帝)의 학(學) 가운데 남쪽에 있었던 것으로 음악(音樂)으로 교육적 성과를 내기 위해 대사악(大司樂)이 그 성균지법(成均之法)을 맡았다고 한다. 여기에서 성균은 음악의 조율(調律)을 맞춘다는 말로서 즉 어그러짐을 바로 잡아 이루고, 과불급(過不及)을 고르게 한다는 뜻이다.

유학 교육기관인 성균관은 두 가지 기능을 갖는다. 하나는 교육기관으로서의 기능이고, 다른 하나는 유교의 성현을 모신 문묘에 대한 제사 기능이다. 이 두 기능은 유교를 국교로 삼고 있는 조선왕조로서는 절대적인 것이다. 공립기능으로는 서울의 성균관과 지방의 향교가 있고, 사립기능으로는 서원(초기에는 서당)이 있다. 성균관은 배움터인 명륜당(明倫堂) 및 동・서재와 제사 공간인 대성전(大成殿) 및 부속 건물들 등 크게 두 공간으로 나누어 볼 수 있다. 이중 제사 공간인 대성전은 문묘(文廟)라는 이름으로 불린다.

성균관은 건학원년을 서기 1398년으로 잡고 있다. 그 이유는 성균관이라는 교명과 현 학교 위치를 고려해서이다. 즉 조선조 개국후 태조 이성계는 한양에 도읍을 정하고 중앙의 국립최고학부의 개설을 서둘러 동북방 숭교방(현 명륜캠퍼스 위치)에 성균관을 설립했던 것이다. 그 뒤 고종 32년(1895) 성균관 관제(管制)를 칙령 제136호로 반포하여 성균관은 문묘를 받드는 기관으로 하고, 교육은 경학과(經學科)에서 전담하게 하였다. 반상(班常)의 구별 없이 인재를 육성하겠다는 교육의 기회 균등을 밝혔으며 시대적 요구와 추세로 인하여 '문명(文明)한 진보(進步)에 주의(注意)함을 요지(要旨)로 함' 을 발표하였다.

1910년 한일합병으로 인하여 성균관과 향교의 재산을 분리하고 교육을 일체 중지하여 국립대학과 민족 교육의 맥을 끊었고, 명칭도 경학원(經學院)으로 완전히 바꾸어 버렸다. 그 대신 일제는 식민지 교육을 위하여 경성제국대학(京城帝國大學)을 1924년 설립하였다. 당시 전국의 유림(儒林)이 주권을 지키려는 운동으로 의병과 파리장서사건(巴里長書事件) 등을 일으키고, 통문(通文)을 돌려 성균관의 교육 기관으로서의 기능 회복을 선도하자 그 회유책의 일환으로 1930년 명륜학원(明倫學院)을 설립하게 되었다. 1939년에 명륜전문학원으로, 1942년 명륜전문학교로 명칭이 바뀌었지만, 진실한 유학 교육과 문화 창달에 미치지 못하고 일본의 변질된 황도유학(皇道儒學)을 강요하게 되었다. 교과 과정에 있어서도 국민도덕 · 일어 · 일본사 · 교련 등을 넣어서 그들에 영합하는 교육으로 변모하였다. 그것마저 1943년 폐교 조치가 되고 청년연성소(青年錬成所)로 바뀌게 되었다.

일제에 의해 말살되었던 유일한 국립대학으로서 민족 교육을 이룩해 내었던 전통을 되살리는 운동이 8 · 15광복과 더불어 일어났다. 1945년 명륜전문학교로 문을 열었다가 미군정시대에 명칭을 성균관으로 변경하였고, 1946년 9월 25일 성균관대학이 정식으로 설립되었다.(서울대학은 1946년 8월 설립) 이어 1953년에 성균관대학교로 종합대학이 되었다. 초대 총장에는 전통 유림으로서 일제에 대항하였던 심산(心山) 김창숙(金昌淑)이 취임하였다. 1963년 사립학교법에 의해 학교법인과 재단법인이 분리되었다.

현재 7대종교의 하나인 성균관은 성균관대학교와 분리되어 운영되고 있으며, 전국 234개의 향교와 더불어 유교사상과 전통문화 계승 · 발전의 산실로서 그 맥을 잇고 있다.

2) 항일과 반독재 투쟁의 일생

심산(心山) 김창숙(金昌淑)은 1879년 경북 성주에서 태어났다. 그의 본관은 의성(義城)이며, 아버지는 김호림(金頀林)이며, 그의 자는 문좌(文佐)이고, 호는 심산이다. 그래서 우리는 흔히 그를 심산(心山)이라 부른다. 한때 이름을 김우(金愚)라고 바꾸었다.

당시 유학자로서 이름이 높던 이종기(李種杞), 곽종석(郭種錫), 이승희(李承熙) 등으로부터 학문을 배웠다. 일제강점기 임시정부의 주요인물로 조국의 독립을 위해 헌신하였으며, 8 · 15 광복 후에는 이승만 정권의 독재에 반대하는 투쟁을 하였다.

1905년(광무 9) 을사조약이 체결되자 심산은 이승희와 함께 상경하여 이완용을 비롯한 을사오적의 처형을 요구하는 '청참오적소(請斬五賊疏)'를 올렸다.

> 아아! 오적(五賊)을 베지 않으면 그와 같은 적신(賊臣)이 연달아 일어날 것이며, 오조약(五條約)을 물리치지 않으면 이등(伊藤)도적이 장차 이를 빙자한 협박이 이어질 것입니다. 존망(存亡)의 때와 흥폐(興廢)의

근원이 이 두 가지에 달려 있습니다. 엎드려 원하옵건대 폐하께서는 분발하고 경계하고 두려운 마음으로 서둘러 행하시옵소서.

그리고 1908년 대한협회가 설립되자 심산은 고향인 성주에 지부를 조직하고 계급타파를 부르짖으며 총무에 취임하였다. 특히 1909년에는 단연회(斷煙會)의 기금으로 사립 성명학교(星明學校)를 설립하여 신교육을 시도하였으며, 한편으로는 친일단체인 일진회(一進會)가 한일합병론을 주장하자 동지를 규합하여 이를 규탄하는 글을 중추원에 보냈다.

하지만 1910년 일제에 의해 대한제국이 강제로 합방을 당하자, 심산은 통분을 이기지 못하고 음주로 세월을 보내다가, 어머니의 교훈에 따라 유학에 정진하였다. 심산의 유학적 소양과 한학의 조예는 주로 이 시기에 기반이 닦여졌다.

1919년 3 · 1운동이 일어남에, 심산은 전국의 유림을 규합하여 137명의 연명으로 한국 독립을 호소하는 유림단의 진정서를 작성하였다. 이것을 중국 상해(上海)로 망명한 뒤에 김규식을 통해서 프랑스 파리에서 개최된 만국평화회의에 우편으로 제출하였다. 이것이 이른바 '제1차 유림단사건' 이다.

심산은 1919년에 대한민국임시정부에 참여하여 임시정부 의정원 경상도 의원으로 선출되었고, 이후 교통위원으로 선임되어 활동하였다. 이때 당시 대한민국임시정부 내의 파쟁을 조정하는 데 힘을 기울였다. 또한 중국의 손문(孫文)을 비롯하여 이문치(李文治) · 임복성(林福成) 등 중국 국민당의 여러 인사들과 접촉하면서 '한국독립후원회', '중한호조회' 의 결성에 중요한 역할을 하였다. 특히 심산은 망명한 한국청년들의 교육에 힘을 기울였으며, 50여 명의 학생에게 숙식을 제공하면서 외국어 교육을 받도록 주선하였다.

한편 심산은 독립운동을 고양시키기 위해 1920년 박은식(朴殷植)과 함께 『사민일보(四民日報)』를 발간하여 그중 일부를 국내로 우송하였다. 그리고 신채호(申采浩)를 도와 북경(北京)에서 잡지 『천고(天鼓)』를 발행하였다.

1921년 이승만이 미국에 조선의 위임통치를 청원하자, 심산은 이를 규탄하는 성토문을 신채호 등과 연명으로 발표하였다.

> 이 박사가 스스로 조선민족 대표라 일컬으면서 미국의 노예 되기를 원했음은 그 광복 운동 사상에 치욕 됨이 크다. 이것은 방치할 일이 아니므로 문책하지 않을 수 없다."(『벽옹 73년 회상기』)

1924년 심산은 이회영(李會榮) 등과 함께 중국 국민당과 교섭하여 만주와 몽고 접경지의 황무지를 개간하여 한인들이 집단 거주하는 독립운동기지를 건설하려는 계획을 세웠다. 그리하여 이듬해 8월 국내에 잠입하여 모금활동을 폈으나 기대한 성과는 올리지 못하고 중국으로 돌아갔다. 이때의 모금활동으로 600여 명의 유림계 인사가 일본 경찰에 체포되었다. 이것이 이른바 '제2차 유림단사건' 이다. 1925년에는 심산은 임시정부 의정원의 부의장으로 선출되었다.

이어서 심산은 1926년 이동녕(李東寧), 김구(金九) 등과 청년결사대를 국내에 파견하여 친일파와 일제의 통치기관을 박멸하기로 결정하고, 나석주(羅錫疇)로 하여금 동양척식주식회사를 폭파하게 하였다. 그렇지만 심산은 1927년 상해 공공조계(公共租界)의 영국인 병원에서 일본 영사관 형사들에게 붙잡혔다. 고질병 치질이 심해져 수술을 받았던 것이다. 이때 장남 환기가 조선에서 체포되어 심한 고문 끝에 죽었다는 소식이 전해졌다. 대구로 압송되어 심한 고문을 받았다. 심산은 종이와 붓을 달라고 한 뒤 시 한 수를 써주었다.

> 조국의 광복을 도모한 지 10년에

가정도 생명도 불고(不顧)하였노라.
뇌락한 일생은 백일하에 분명하거늘
고문을 야단스레 할 필요가 무엇이뇨.

일본인 형사는 한시를 이해하지 못해 조선인 형사를 불러 해독하게 한 뒤 심산에게 감탄하고 고문의 강도도 낮춰주었다고 한다. 끌려온 지 1년이 지나서야 처음으로 가족과 면회가 허락되었다. 이때 변호사들이 변호를 자청하고 나섰는데 심산은 일본법을 인정치 않으므로 변호사를 쓸 수 없다고 거절했다. 무기징역이 구형되었고 14년형을 받았다. 하지만 항소도 하지 않았다. 이때 옥중투쟁과 일본 경찰의 고문에 의해 두 다리가 마비되었다. 1934년 9월 형집행정지를 받아 출옥하였다.

출옥한 뒤에도 그는 창씨개명에 반대하는 등 항일의 자세를 조금도 굽히지 않아 불굴의 겨레 얼을 드높였다. 1945년 건국동맹의 남한 책임자로 추대되어 왜관경찰서에 다시금 구금되었으나 8 · 15 광복으로 석방되었다.

심산은 1945년 광복 이후 일반 정당이나 사회단체의 활동에 깊이 관여하지는 않았지만 인민공화국 반대와 임시정부 지지, 신탁통치 반대 등 우익 정객으로서 활동하였다. 조선공산당이 신탁으로 돌변하자, "우리 3천만 민중이 탁치반대를 동성절규하는 금일에 있어 오직 공산당에 속한 군등(君等) 일부만이 이러한 매국적 행동을 감위(敢爲)함이야말로 참된 민족반역자라 아니할 수 없다" 고 통렬히 규탄한다.

그리고 미소공동위원회 참가와 남한만의 단독정부 수립문제에 대해서는 한민당 및 이승만 계열과 정치적 입장을 달리하였다. 심산은 해방직후 한국 내 정당의 난립과 신탁통치의 찬반, 미소공동위원회 참가여부의 문제 등으로 일반 정치인들과 의견이 맞지 않아 정치에 깊이 관여하지 않고 육영사업에 힘썼다.

더욱이 심산은 비상국민회의 8인 특별위원을 거쳐 1946년 2월 민주의원 의원으로 선출되었으나, 그는 정부수립을 위한 모체가 아니고 미군정의 자문기관일 뿐이라 하여 거의 출석하지 않았다. 1946년 민주의원 사회를 맡은 이승만에 대해 통분해 했다.

> 슬프다. 저 이승만이라는 자는 미국에 아첨하여 정권을 장악하고 독재정치를 하려는 수법의 징조를 여기서 보겠구나. 국가의 앞날이 참으로 걱정이니 통탄할 일이다.

한편 심산은 1948년 김구(金九), 김규식(金奎植) 등과 함께 남한 단독정부 수립에 반대하였다. 그러나 이해 8월 단독정부가 수립된 뒤로는 이승만 정권의 독재와 부패에 반대하는 투쟁을 벌였으며, 1951년 이승만에게 하야경고문을 보냈다가 투옥되었다. 1952년 부산의 정치파동 때에는 이시영(李始榮), 조병옥(趙炳玉) 등과 '반독재호헌구국선언문' 을 발표해 폭행을 당하기도 하였지만, 끝끝내 이승만 정권과 투쟁하였다.

3) 유교 지도자로서의 올곧은 의리의 실천자

일제 강점기 동안 대부분의 유림들은 일제에 타협을 거부하고 전통을 고수하고자 몸부림쳤다. 일제는 유교 교육기능을 수행했던 향교나 서원의 교육을 공식 교육으로 인정하지 않았고, 성균관은 경학원으로 격하되었다. 친일파는 일본의 황도(皇道) 유교를 지향하였고, 이에 저항하던 전통의 유림들은 고립되거나 무력화의 길을 걷게 되었다.

박은식, 장지연 등은 애국계몽사상가로 유명하지만, 공통적으로 유교개혁을 주장했던 분이다. 박은식의 유교구신론(儒教求新論)이 그런 예이다. 단재 신채호는 유교가 안고 있는 개혁해야 할 폐단으로서 ㉠ 속된 유교인들이 부귀를 추구하고 명예를 낚는 데 젖은 탐욕, ㉡ 선현의 정신적 실질은 버리고 형식적 허식만 모방하는 허구성, ㉢ 소절(小節)에 구애되어 대동(大同)을 못 보는 편협성, ㉣ 사대주의와 보수적 완고성 등을 지적한 바 있다(신용하, 신채호 사회사상연구 인용). 신채호와 독립노선을 같이했던 심산은 당연히 개혁의 노선을 걷지 않을 수 없었다.

1946년 봄, 심산은 해방정국의 틈을 타 난립한 유림단체의 통합에 힘써 유도회총본부(儒道會總本部)를 결성하여 위원장에 취임하였다. 또한 그는 일제 때 경학원(經學院)으로 개칭되어 친일파 유림이 득세했던 성균관을 정비하는 등 유림의 재조직에 힘을 기울였다.

심산은 이를 바탕으로 유교이념에 입각한 교육을 실시하고자 성균관대학 기성회(회장 심산)를 결성하였고, 육성회 회장에는 백범 김구가 취임하였다. 이석구(李錫九)로부터 재단법인 학린회(學隣會)의 토지재산을 기부 받고 명륜전문학교를 병합하였다. 그 해 9월 성균관대학의 설립을 인가받았으며, 학교설립 후 심산은 성균관대학교 초대 학장 겸 초대 성균관장에 취임하였다. 교육기능과 문묘기능이 복원되었다.

심산은 본연의 성균관으로 돌아가는 것은 물론이고, 문묘에도 일대개혁을 단행하였다. 조선시대부터 배향되었던 많은 중국 선현들 가운데 우리나라와 별로 의미가 없는 중국 현인 94위의 위패를 과감히 퇴출시켰다. 불에 태워 땅에 묻었다 하여 매안(埋安)사건이라 하는데, 보수주의자들의 반대도 격렬하였다. 이들 반대파들은 별도의 유도회를 조직하여 성균관 분규의 도화선이 되었다. (현재 공자를 비롯하여 중국 성현 20위, 한국 현인 18위 등 39위를 봉안하고 있음)

심산의 유학은 그의 생활 신념과 함께 그 신념의 실천학으로서의 유학정신으로 이해된다. 그에게는 오직 불의와 맞서 대항하는 투쟁정신과 행동적 생활만이 있었을 뿐이다. 이 정신이 시대상황 속에서 그에게는 독립정신과 반독재투쟁으로 일관하는 지사 정신으로 나타났으며, 이것이 그로 하여금 끝까지 집권자의 탄압 속에 현실적 고난의 생애를 보내게 하였다.

심산은 한 생을 오직 투쟁 속에서 살다 간 인물이다. 오직 불의와 맞서 싸우는 투쟁만이 그에게 주어진 사명이었고, 삶의 전부였을 만큼 행동으로 보여주었다. 심산에게는 불의에 대결하는 것만이 인간의 주어진 자기 사명이었고, 참 삶의 가치라는 데 그 힘의 원천이 있었다. 겨레와 조국을 위한 그의 투쟁 정신의 가치는 여기에 있다. 심산은 도(道)의 천명을 실천으로 나타내주지 못함을 유자(儒者)의 책임이라고 하였다. 그의 독립운동과 현실투쟁의 행동주의는 의리의 바탕 위에서 나왔고, 그 의리정신은 바로 유학정신이었다.

심산이 병원 침상에 누워 있던 어느 날, '아주 특별한 손님' 한 분이 병문안을 왔다. 그 얼마 전에 쿠데타에 성공한 박정희가 민심을 얻기 위하여 직접 병문안을 온 것이다. 5 · 16의 최고 권력자가 찾아왔으니 아무리 몸이 아프더라도 일어나는 흉내라도 내야 할 텐데, 심산은 그렇게 하지 않았다. 박정희가 병실 문을 열고 들어오자, 심산은 벽을 향해 몸을 홱 돌리며 박정희를 외면했다. 그가 박정희를 냉대한 이유는 아주 간단하다. 일본군 장교 출신과 마주앉아 이야기를 나눌 수 없었기 때문이다. 옳지 않은 것 앞에서는 한 치의 타협도 할 수 없다는 꼿꼿한 선비 정신의 표현이었던 것이다. 그에게는 박정희 권총보다도 민족과 양심이 더 두려웠던 것이다.

2000년 성균관대학교의 심산사상연구회에서 김수환 추기경에게 심산상(心山賞)을 수여하기로 결정한 일이 있었다. 이 상은 심산의 업적을 기려서 제정한 상인데, 수상자 선정 과정에서 적지 않은 내부의 진통이 있었다. 우여곡절 끝에 수상자를 김수환 추기경으로 결정하고 의사를 타진한 결과 흔쾌히 수락하였다.

그런데 심산상을 수상한 사람은 심산의 기일(忌日)에 묘소를 참배하는 것이 관례로 되어 있었다. 묘소를 참배하려면 유교식으로 절을 해야 하는데 그걸 강요할 수는 없었다. 그러나 그는 거리낌없이 절을 했고 모두들 놀랐다. 후일 기독교계에서 이것이 문제가 되자 그는 "이 어른이 살아계셨다면 마땅히 찾아뵙고 절을 했어야 하는데 돌아가셨으니 묘소에서 절을 하는 것이 당연하지 않은가"라 말했다고 한다(송재소 교수의 글).

김 추기경은 훗날 평화신문에 연재된 회고록에서 "훌륭하게 살다 가신 분에게 존경의 예를 표하는 것은 당연하다. 그분의 종교가 유교건 불교건, 참배를 유교식으로 하건 불교식으로 하건 중요한 문제가 아니다"라고 이때의 일을 거듭 밝혔다.

심산은 난세를 유교적 대의로 살았으며, 잠시도 흐트러지지 않는 일관된 독립정신과 불의에 맞서는 불굴의 투쟁 정신으로 생애를 불태웠던 선비요, 지사였다. 그리고 그의 삶은 불의에 행동으로 맞서 대항하는 불멸의 겨레 얼로 나타난 지사정신이었다. 1962년에 서거함에 사회장으로 장례가 치러졌고, 정부로부터 건국훈장 대한민국장이 수여되었다.

고은 시인은 그의 『만인보』(1983년 작)에서 다음과 같이 심산의 생애를 추모하며 노래(일부)했다.

> 긴 세월
> 16년 감옥살이
> 고문으로 다리병신 되어
> 제 걸음 걷지 못하는 세월
> 조선 유교
> 이만한 사람 있기 위하여
> 5백 년 수작 헛되지 않았다

심산의 저서에 『심산만초』, 『벽옹만초』 등이 있으며, 『벽옹칠십삼년회상기』 초고를 1973년 국사편찬위원회에서 편찬하여 『심산유고(心山遺稿)』로 간행하였다.

3. 애국과 민족을 진리의 몸으로 삼은 불멸의 실천자－홍암과 심산

1) 홍암의 홍익이념

지난 2003년 4월 8일에 천안시 목천면 평화공원에서는 홍암 나철의 동상 개막식이 거행되었다. 그를 사람들은 '독립의 아버지'라 불렀다.

홍암은 1905년 러일전쟁 승전이후 일제의 침략이 본격화하자 국운을 바로 세우기 위해 동분서주하였지만 성과를 거두지 못하자 1907년 3월에 을사5적의 주살을 도모했지만 이마저 여의치 않았다. 그래서 한국이 일제의 침략으로 주권이 강탈되어 반식민지화 된 근본 원인은 첫째 사대주의 사상에 있다고 단정, 민족의식을 고취하여야만 된다고 확신하였다. 또 그는 한국의 독립은 몇 사람의 힘으로 해결할 수 없고 오로지 거족적으로 대일투쟁을 전개할 수 있는 사상적 구심체, 즉 자주독립사상이 있어야겠다고 판단하였다. 그리하여 한민족의 정신적 지주를 망가뜨린 공맹(孔孟)과 정주학(程朱學)을 강하게 비판하고, 홍익인간에 바탕하여 국조인 단군대황조를 모시는 민족종교가 절대 필요하다는 신념을 갖게 되었다. 나아가 홍암은 유불도와 예수교와 회교에서 숭배하는 대상은 결국 '한배님' (중광가10)이라고 했다.

이러한 바탕에서 출발한 민족종교는 대일투쟁에 참여할 저변 인구를 확대하는 동시에, 설사 국가가 망한다손 치더라도 민족의 정신은 영원히 살아 지속적 대일 투쟁의 무기로써 중요한 역할을 할 것으로 판단한 것이다. 그리하여 홍암은 1909년 1월 15일에 국조 숭배사상을 고취하며 홍익인간 이화세계

이념을 종단의 구현 목표로 삼아 대종교로 중광하였고, 고유한 민족의 전통 철학인 홍익인간 재세이화의 정신을 바탕으로 한민족의 총력을 집결하여 국권회복을 도모하였다.

1916년 홍암 순명 이후에도 김좌진의 청산리대첩, 홍범도의 봉오동대첩 등의 승리와 김구 선생의 임시정부의 광복군 활동 등에 대종교가 주도적인 역할을 다하였다. 그러나 홍암은 해방을 보지 못하고 자결로써 일제에 마지막 항거를 하였다.

2) 심산의 주체성

심산 김창숙은 3 · 1운동이 일어났을 때 민족대표로 참여하지 못했다. 유림이 이 거사에 참여치 못함을 안타까워한 심산은 파리평화회의에 유림의 이름으로 글을 보내 독립을 천명하고자 했다. 우여곡절 끝에 총 137명의 명단을 받아들고 3월 23일 중국 봉천으로 떠났다. 그곳에서 다시 상해로 가 단재 신채호 등을 만나게 되면서 그의 생애는 완전히 바뀌게 된다.

벽옹(躄翁)이라는 또 다른 호는 일제의 고문과 옥중투쟁으로 '앉은뱅이'[躄]가 된 자신을 일컫는 말이었다. 그는 80평생 민족과 국가의 불행한 운명 속에서, 반(反)침략 항일투쟁, 반분단 통일정부수립운동, 반독재 민주투쟁 등 투쟁과 희생으로 일생을 마쳤다.

심산은 대종교가 유교를 사대종교라고 비판함에도 불구하고, 유림 출신으로 대의와 명분에 입각한 철저한 비타협의 선비정신으로 불굴(不屈)의 실천과 행동주의로 일관하였다.

이승만의 친미적 사대발언과 공산당의 친소적 신탁안에 대해 격렬하게 저항하였고, 초대 성균관장으로서 문묘를 일대개혁*하여 한국 유교가 안고 있

*문묘 매안(埋安 : 위패를 땅에 묻음)사건, 위패 매안사건이라고 한다. 중국의 현인 위패 94현(賢)의 위패를 한국의 문묘에 모시는 것은 사대주의라 하여 1949년에 일괄 땅에 묻은 것이다.

는 고질적 사대주의를 과감하게 청산하였다. 우리 근현대사에 드물게 진보적 유학(儒學)정신과 주체적 민족주의를 일치시킨 실천적 지성의 사표가 되었다.

그는 젊은 시절부터 불의를 뿌리치고 구국활동에 투신하여 스스로 고난의 행로를 택하였다. 을사오적 성토 상소문으로 시작된 그의 활동은 4 · 19 이후 민족자주통일중앙협의회 대표를 마지막으로 그 막을 내린다. 두 아들마저 독립운동에 바친 그는 서울에 집 한 칸 없이 여관과 병원을 전전하다가 1962년 파란의 생애를 마친다. 4년간 심산을 모신 바 있는 민족종교협의회 한양원 회장은 평소에 심산은 "안중근, 윤봉길 의사를 흠모하며, 그 분 같은 의사(義士)가 되지 못하고 살아남은 것을 후회했다" 고 밝히고, 심산 선생을 한 마디로 말해 "의리가 분명한 분" 이라고 회상했다.

최근 발견된 심산의 1953년 성균관대 졸업 훈사에 보면, "오늘 우리 민족에게 하늘이 부여한 의무와 사명은 오직 살아도 국가와 민족을 위하여 살며, 죽어도 국가와 민족을 위하여 죽는다는 한결같은 길이 있을 뿐이다" 고 역설하고 있다. 여기서도 그의 국가관과 민족관을 여실히 알 수 있다.

3) 민족의 정체성 회복

홍암과 심산은 태어난 고향과 나이는 달라도 1905년 을사오적을 처단하자는 데에 공교롭게도 한 목소리를 냈다. 그 때는 호남 출신 유학자와 영남 출신 유학자의 한 사람이었다. 1905년 이후 두 사람의 길은 달라졌다. 홍암은 민족종교 지도자로서 곧바로 역사의 현장에 진입하였고, 심산은 유학자로서 3 · 1운동까지 기다려야 했다.

홍암은 해방을 보지 못하고 순명하였고, 심산은 해방 후 남한만의 반쪽 정부에 끝끝내 저항하였다. 해방 이후부터 5 · 16까지 심산은 마지막 선비의 길을 걸었다. 그에게 주어진 운명 같았다.

그런데 불행히도 대한민국 건국 이후 이승만 정권은 항일독립투사들을 인정하는 데 인색하였다. 많은 독립인사들이 실권(失權)을 하고 그 빈 자리에 구(舊)친일세력이 다시 권력의 중심부를 장악하였고, 일부 기독교세력도 이 기회를 놓치지 않았다. 친일이라는 대중적 부담을 덜기 위해 새로운 친미 분위기 조장에 일조하며 권력에 깊숙이 들어갔다.

점점 사회는 정의감이 사라지고, 민족정신이 흐려져 갔다. 어제의 애국자가 오늘은 반정부인사로 낙인찍히고, 어제의 매국로가 오늘은 집권자로 행세했다. 항일독립운동의 주체들은 서서히 역사의 뒷전으로 밀려나기 시작했다. 어디 이승만 뿐이랴. 이승만 정권을 지탱해 온 두 세력인 친일, 친미주의자들은 모두가 자기 정파(自派)와 자기 교파(自敎)의 이익에 매몰되어 역사의 진실을 감추고 파괴하는 데 앞장섰다. 소리(小利)에 눈을 가려 민족적 대의(大義)를 묵살하는 데 주저함이 없었다. 그들은 자기의 과거 죄상을 감추기 위해 애국자들의 입을 막았고, 권력을 마지막까지 놓지 않기 위해 혈안이 되었다.

대일항쟁기(일제강점기)의 애국자들은 오로지 강인한 민족혼으로 무장한 채 가족과 자신의 목숨을 초개와 같이 여기며 추위와 기아를 낙으로 삼아 일본군의 무력에 아무 두려움 없이 육탄으로 항거한 분들이다. 특별히 홍암과 심산 두 분은 애국과 민족의 독립을 위해 자신의 한 몸을 던졌을 뿐만 아니라, 진실로 자기의 종교까지도 함께 던진 '불멸의 양심' 이라 아니 할 수 없다. '잎새에 이는 바람에도' 늘 민족의 현실을 괴로워한 그런 양심이 아니었겠는가.

여기 두 편의 시를 소개한다. 홍암은 검은 이리와 붉은 원숭이로 열강을 비판하였고, 심산은 붉은 바람, 태평양 밀물로 열강의 외래 풍조(風潮)를 경계하고 있다. 4대 열강의 날카로운 틈바구니 속에서 민족이 생존할 수 있는 유일한 길은 자기주체성을 확보하는 것임을 분명하게 밝혀주고 있다. 자기주체성 즉 정체성(正體性)이 무엇인가에 대해, 홍암은 백양(白陽 ; 밝은 태양)이라 했고, 심산은 '밝은 하늘'이라 했다. 그러나 오늘날 다종교적 상황이 이런 정체성을 되찾는 데 순기능을 하는지, 역기능을 하는지 우리는 중대한 시험대 앞에 직면하고 있다.

인도의 시성 타고르는 식민지시기인 1929년에 "일찍이 아시아의 황금 시기에 빛나던 등불의 하나였던 코리아. 그 등불 다시 한 번 켜지는 날에 너는 동방의 밝은 빛 되리라"라고 예언하였다. 또 『25시』의 작가 루마니아 출신 게오르규 신부는 1980년대 말 한국을 방문했을 때 "한국이 낳은 홍익인간 이념이 21세기 태평양시대의 세계를 주도할 것"이라고 했고, "내가 빛이 온다고 말한 그 동방은 여러분들의 작은 나라, 한국에 잘 적용되는 말입니다"라고 했다. 김수환 추기경은 "오늘날 우리가 직면한 난국을 극복하기 위해서는 국민 모두가 화합하여 사리사욕을 버리고 나라와 사회를 위하여 홍익인간으로 다시 태어나야 한다"(1985. 12. 18)고 말한 바 있다.

○ 홍암 나철의 「세 개의 태양」

예언시(1915년 작)

鳥鷄七七 日落東天(조계칠칠 일락동천)
닭이 우는(을유) 음력 7월 7일(8월 15일)에 일본이 동쪽 하늘에 떨어지고
黑狼紅猿 分邦南北(흑랑홍원 분방남북)
검은 이리(북쪽에 온 소련)와 붉은 원숭이(남쪽에 온 미국)가 들어와 남북으로 갈라놓네
狼道猿敎 滅土破國(낭도원교 멸토파국)
이리의 도덕(소련의 이념)과 원숭이의 가르침(미국의 종교)이 국토를

망치고

赤青兩陽 焚蕩世界(적청양양 분탕세계)

붉은 태양(공산이념)과 푸른 태양(자본이념)이 대립하여 온 세계를 불태우나

天山白陽 旭日昇天(천산백양 욱일승천)

하늘 산(백두산)의 밝은 태양(통일이념) 하늘 높이 떠올라

食飮赤青 弘益理化(식음적청 홍익이화)

붉은 것과 푸른 것을 다 들이마셔 홍익으로 새 세상을 다스리리라

*세 개의 태양이란 붉은 태양[赤陽] 푸른 태양[青陽] 그리고 밝은 태양[白陽]을 말한다.

○ 심산 김창숙의 「통일은 어느 때에」

(1957년 작, 성주 청천서원 병상에서)

조국 광복에 바친 몸
엎어지고 자빠지기
어언 사십 년
뜻한 일 이미
어긋나 실패하고
몹쓸 병만 부질없이
오래 가네.
눕히고 일으킴
사람 손 필요한데
숨찬 증세 이상하게
오히려 끌고

가마에 실려서
고향에 돌아오니
언덕과 돈대에는
잿빛 연기 가렸도다

…(중략)…

천하는 지금
어느 세상인가
사람과 짐승이 서로들 얽혔네.
붉은 바람, 미친 듯
땅을 휘말고
태평양 밀물, 넘쳐서
하늘까지 닿았네.

아아, 조국의 슬픈 운명이여
모두가 돌아갔네
한 사람 손아귀에
아아, 겨레의 슬픈 운명이여
전부가 돌아갔네
반역자의 주먹에

평화는 어느 때나
실현되려는가
통일은 어느 때에

이루어지려는가

밝은 하늘 정녕

다시 안 오면

차라리 죽음이여

빨리 오려므나.

(원출전 : KCRP 『이웃종교 이해 강좌자료집－아! 그런 분이셨구나－』, 2010년)

참고문헌

大倧教倧經倧史編修委員會편 『大倧教重光六十年史』, 大倧教總本司, 1971

심산사상연구회 편 『김창숙』, 한길사, 1981

박성수 외 『겨레얼을 빛낸 100인』 겨레얼살리기국민운동본부, 2008

대종교, 성균관, 심산사상연구회 인터넷 자료

신용하 『신채호의 사회사상연구』 한길사, 1984

금장태 『한국현대의 유교문화』, 서울대출판부, 2002

5 동학 상균론과 통일에의 접근

— '다시동학' 을 통한 겨레의 균형발전과 통일목표

동학 상균론과 통일에의 접근

1. 동학혁명 120주년에 왜 '다시동학'이 필요한가?

저자는 조소앙의 삼균주의의 삼균(三均)이라는 말을 대할 때마다 동학에서 말하는 상균(相均)을 생각해 왔다.[1] 주지하는 바와 같이 1920년대 후반에 창안된 조소앙의 삼균주의는 김구[2] 등이 주축이 되어 창당했던 한국독립당의 정치이념으로 채택 수용되었다.

> 본 당은 혁명적 수단으로써 구적 일본의 온갖 침략세력을 박멸하고 국토와 주권을 완전히 광복하여 정치 경제 교육의 균등을 기초로 하는 신민주국가를 건설하고 이로써 안으로는 국민 각개의 균등생활을 확보하여 민족과 민족, 국가와 국가 간의 평등을 실현하고 나아가서 세계일가의 진로로 나아간다.[3]

그래서 삼균주의는 독립운동의 한 이념으로 자리잡게 되었고, 그것은 1941년에 제정, 공포된 「대한민국건국강령」의 기본골격이 됨으로써 한국독립운동이 지향할 민족국가 건설의 이념으로 귀결되었다. 그러나 해방 후 좌우대치 정국하에서 그만 설 자리를 잃고 말았다. 혹자는 삼균주의를 손문의 삼민주의(三民主義)와 비교해 보기도 하지만,[4] 그 시기 안창호의 대공주의

---

1) 저자는 해방 후 三均主義의 단절에 대해 늘 애석하게 생각해 왔고 그 대안을 찾고자 했다. 그래서 저자의 박사학위논문(2005. 2)에서 동학의 '陰陽相均'에 특히 주목한 바 있고, 이제 그런 문제의식의 연장선상에서 이 글을 집필한 것이다. 이 글은 남북 정상의 6.15 공동선언을 보고, 2005년 말에 통일문제를 생각하며 집필한 것이며, 그 후 『동학학보』(Vol.11 2006)에 「동학상균론과 균형이론」을 발표한 바 있고, 2010년에 『주역과 동학의 만남』(모시는 사람들)에 발표하였으며, 이번에는 새로운 관점에서 서술하려고 했다.

2) 여기서 김구의 사상에 관한 논의는 논외로 한다.

3) 『독립운동사 4(임시정부사)』 독립운동사편찬위원회, 1972, p.764./ 강만길 『조소앙』 한길사, 1982, p.320 ; 이는 1935. 9 재건된 한독당의 당헌 제1조이다.

(大公主義)나 신숙(申肅)의 삼본주의(三本主義)보다는 한층 발전된 이론 체계를 갖추고 있었고, 나아가 새나라 건국의 강령이었기 때문에 그 좌절은 너무도 안타까운 것이었다.

삼균주의의 좌절에 대하여는 다각적인 분석이 가능할 것이다. 우선 저자가 보기에 그것이 비록 민족적 자생이념이었다고 하지만 민중으로부터 유리된 이념이 겪게 되는 비극적 한계를 지적하지 않을 수 없다. 아울러 자생이념에 근거하지 않은 그 어떤 국가의 건설도 그것은 자주국가가 되지 못한다는 교훈을 오늘의 우리에게 일깨우고 있다.

새 이념의 성공적 확산은 그 시대 민중이 그것에 대해 '자기 것' 이라는 인식 내지는 '자기 동일성' 을 발견하고 지키게 될 때 가능할 수 있다. 우리 민족은 여러 종교를 통치적 이념으로 경험하였다는 특징을 갖는다. 불교도 해보았고, 유교도 해 보았다. 고려시대에는 불교가 유일이념이었고, 조선시대에는 유교가 지배이념이 되었다. 그러나 그것을 버리기도 했다. 이러한 이념적 혼돈기에 동학이 성립되었다.

1860년 수운 최제우(이하 '수운')는 "유도(儒道) 불도(佛道) 누천년에 운이 역시 다했던가" (교훈가4장)라고 선언하였다. 이 말은 자기로부터 유리된 자기 것이 아닌 것은 지키려 해도 지킬 수 없고, 그 운이 다해 사라진다는 뜻이라고 해석해 볼 수 있다. 이런 의미에서 수운은 오직 민중에게 참다운 주체성, 즉 '자기 것' 을 주고자 했다. 그것이 동학이 제기한 새로운 天道다. 이후 일어난 동학혁명(동학농민전쟁)은 자기가 받은 천도질서(天道秩序)[5]를 스스로 지키려는 몸부림이었다고 해도 과언이 아니다. 이처럼 자기 것, 즉 자기 것 다운 천도질서의 중요성을 민중은 역사적 경험을 통해 알게 되었다. 물론

4) 박일근 「손중산사상이 한국민에 끼친 영향－손중산과 조소앙 정치사상비교」『삼균주의 연구논문』 삼균학회, 제26집, 2005. 2, pp.63~79 ; 손문의 三民主義는 어원상 民族, 民權, 民生을 의미한다.

5) 사람은 평등하다, 사람이 하늘이다, 사람 섬김을 하날님 공경하듯이 하라 등.

혁명의 결과가 성공한 것은 아니다.

그런데 지금 삼균주의가 좌절을 겪은 것과, 동학이 좌절한 것이 무엇이 다른가에 대해 생각할 필요가 있다. 삼균주의는 민중이 애석하게도 자기체험을 할 시간적 여유를 갖지 못하였지만, 동학은 민중들 스스로 자기체험을 한두 번 크게 하였고, 그것이 의식 또는 무의식[6] 속에 고스란히 남아 있다는 면에서 차이를 갖고 있다고 말할 수 있다.

> 동학은 조선후기 민중의 삶과 세계 속에서 탄생하였다. 그렇기 때문에 동학에는 19세기 중반 이후 조선사회가 직면하였던 대내적 대외적 모순과 위기를 극복하고 새로운 이상세계를 건설하겠다는 의지가 담겨 있었다. 따라서 수많은 민중들은 인간다운 삶과 세계를 제시하는 동학을 추구하였던 것이다.[7]

> 동학농민군은 연합전선을 형성했으나 황해도, 강원도 지역의 사례에서 보이는 것처럼 분산성을 면지 못했다. 사실 농민군이 전국적인 지휘체계, 또는 통일된 조직을 갖기란 당시의 정황으로 보아 불가능했다. 패배한 농민군은 산속으로 들어가고, 섬으로 도망가 목숨을 부지하면서 무기를 땅에 묻고 골방에 감추었다가 의병항쟁에 참여했다.[8]

저자가 오늘 평등사회와 외세배격을 이루고자 일어난 혁명이요, 전쟁이었

---

6) C.G. 융/ 설영환 『C.G. 융 무의식분석』 선영사, 1986, pp.94~95 ; 융은 무의식을 개인적 무의식과 집합적 무의식으로 나누었다. 또 인간 하나하나의 마음 속에는 개인의 기억 말고도 거대한 原像(원상)이 있다고 한다. 인류에 넓게 퍼져 있는 것이며, 最古(최고)의 보편적 표상이다. 그러면 한국인의 원상은 무엇인가?

7) 장영민 「동학농민운동의 민족주의 성격」 『한국민족운동사연구』(신용하교수정년기념논총3), 나남, 2003, p.61

8) 이이화 『민중의 함성 동학농민전쟁』(한국사이야기18) 한길사, 2003, p.310

던 그 동학을 다시 찾는 이유가 여기에 있다. 동학은 19세기 한국민중들이 광범위하게 체험한 집단경험이 되었고, 21세기에 그것은 간접체험을 통한 간접의식이나 미체험의 집단적 무의식으로 전승되고 왔다.[9] 마치 2002년 월드컵 거리응원이 하루아침에 나타난 것이 아니라, 이런 한국적 집단무의식의 집체적 발현으로 이해할 수 있는 것과 같다.

그리하여 저자가 삼균주의의 한계성에도 불구하고, 삼균주의를 본고에서 논의의 출발점으로 삼는 것은 삼균주의의 사유방식을 동학사상에 접목하여 삼균주의의 극복과 함께 민족통일을 앞두고 새로운 자생(自生)이념을 모색해 보려는 데에 있다. 이런 자생이념의 추구는 과거에도 있었고, 앞으로도 있을 것이다. 백범은 "우리 국성(國性), 민도(民度)에 맞는 주의 제도를 연구 실시"[10]할 것을 주장한 바 있다. 예컨대, 삼균주의의 요체는 "인여인(人與人), 족여족(族與族), 국역국(國與國)의 균등실현"이라 할 수 있다. 이 글에서는 동학의 생성론을 가리키는 "음양상균陰陽相均 만물화출萬物化出"(논학문1장)이라는 구절에 근거하여 "상균론(相均論)"을 정립해 보고, 아울러 상균론의 현실적 적용 기능으로 나라의 균형발전, 통일 및 세계문제 등에 대해 논의를 전개하고자 한다. 이 상균론에 관하여는 이미 상론한 바 있으므로 여기서는 그 요점만을 밝히고,[11] 동학혁명 120주년에 즈음하여 우리는 '다시동학'을 찾지 않을 수 없다. '다시동학'이란 말의 근원은 "12제국 괴질운수 다시개벽 아닐런가"(「몽중노소문답가」5)의 '다시'에 둔 말이다. 이곳의 '다시'란 세상을 다스리고 있는 기성의 12제국주의 세력이 이제 괴질에 빠져 멸망할 때가 되었고, 여기에 새로운 세상을 열기 위해 새로운 세계질서가 '다시'

9) 융의 '집단무의식'은 인류에게 나타나는 보편적 원형을 의미하지만, 여기서는 한국적 집단무의식이라는 한정적 의미로 사용하고자 한다. 동학의 집단무의식이 우리의 전통으로 자리 잡아야 할 때가 왔다.

10) 김구 『백범일지』 서문당, 1989, p.306

11) 졸고 「東學相均論」 『동학연구』 제19집, 한국동학학회, 2005. 9

등장한다는 것을 암시하고 있다. 따라서 '다시동학' 이란 이러한 대변혁적 시대에 부응할 수 있는 동학 자신의 변혁적 등장과 그 힘을 상징한 말로 이해하는 동시에 현실에 직면한 문제의 해결방안을 찾자는 데 의미를 두고 있다.

2. 삼균주의와 동학의 상대성

1) 삼균주의와 균등이념

삼균주의의 기본 이념은 균등이다. 조소앙은 "수미균평위首尾均平位하여 홍방보태평興邦保泰平함이 홍익인간弘益人間하고 이화세계理化世界하는 최고공리最高公理"[12]라는 말에 근거하여 자신이 말한 균등의 이상적 기초를 제시하였다. 이 가운데 홍익인간 이화세계는 물론 고조선사가 전하는 바와 같이 조선 건국의 이념적 기초였기 때문에 더 이상의 설명을 필요로 하지 않지만, 앞의 수미균평위首尾均平位 홍방보태평興邦保泰平이라는 말은 고려때 문헌인 「신지비사」에 나오는 구절로, 위에서부터 아래에 이르기까지 국민 모두가 고루게 잘 살면 나라를 다시 일으켜 국권을 되찾을 수 있다는 뜻을 담고 있다.

삼균주의의 이론적 구조는 '삼균(三均)' 에 있다. 먼저 사람과 사람 사이의 균등, 민족과 민족 사이의 균등, 나라와 나라 사이의 균등을 주장하고, 이어 사람과 사람 사이가 균등하기 위해서는 정치적으로 균권(均權), 경제적으로 균부(均富), 교육도 균학(均學, 또는 均知)하도록 하여야 한다고 말한다. 다시 말해 인간사회에서 일어나는 모든 분쟁은 불평등에서 기인한다. 그래서 인류의 평화와 행복을 위한 중심사상은 균등[13]이라는 것이다. 이처럼 삼균주

12) 「한국독립당 당의해석」(앞의 강만길, p.192)
13) 「한국독립당 당의해석」(앞의 강만길, p.194)

의의 균등이론은 민족내부와 인류사회의 불평등적 요소를 제거함으로써 균등한 생활이 실현된다고 주장한다.

따라서 삼균주의를 요약하면, "모든 분쟁은 불평등에 있고, 모든 행복은 균등에 있다"는 말이 된다. 이를 도식화하면 불평등 → 불평 → 분쟁의 순서로 진행된다는 말이다.[14] 한완상은 불평등구조가 강제력에 의해 지탱되고 있는 사회에서는 "불평등이 곧 사회정의의 부재를 뜻한다"[15]고 보았다. 균등한 사회는 정의로운 사회이고, 불평등한 사회는 불의한 사회가 된다. 특히 소득의 불평등을 해소하는 또 하나의 길은 교육에 있다. 삼균주의에서 교육을 강조한 것은 중요한 의미를 지닌다.

피케티의 『21세기 자본론』에서 경제적 불평등에 내재한 자본주의의 동학을 분석하고, "지식과 기술의 확산은 국가 내, 국가 간 불평등을 줄일 뿐만 아니라, 전반적인 생산성을 제고시킬 수 있는 중심적인 메커니즘"이라고 주장했다.[16]

여기서 저자가 주목할 것은 균등의 관계구조인 "인여인人與人, 족여족族與族, 국여국國與國"이라는 구절이다. 즉 사람과 사람, 민족과 민족, 국가와 국가의 상대적 관계에서 균등을 실현하고자 한 것이 삼균주의인 것이다. 이런 상대적 관계구조를 우주 철학적으로 잘 설명하기로는 동학이 단연 돋보인다.

2) 동학에서의 천지 상대성

동학을 창도한 수운은 자신의 대도를 천도(天道)와 지리(地理)로 나누어

14) 정학섭 「일제하 해외민족운동의 좌우합작과 삼균주의」 『한국의 근대국가형성과 민족문제』 문학과지성사, 1986, p.179
15) 한완상 「민중과 불평등」 『민중사회학』 종로서적, 1984, p.123
16) 토마 피케티 『21세기 자본』 장경덕 외 옮김, 글항아리 2014, p.33

설명한다. 하늘과 땅은 상대적인 관계를 이루며 일정한 질서를 유지한다. 그 둘의 상응적 질서가 또 하나의 도를 형성한다. 그 새로운 도가 바로 이 글에서 말하고자 하는 천도이다. 따라서 동학의 천도는 독립된 천도와 지리의 상대적 관계맺음에서 나온 것이다. 관계맺음 이전의 독립적인 천도와 지리를 시간과 공간의 문제로 대입하여 이해하려고 한다.

> 무릇 천도란 것은 형상이 없는 것 같으나 자취가 있고,
> 지리란 것은 넓고 큰 것 같으나 방위가 있다. 그러므로 하늘에는
> 구성(九星)이 있어서 구주(九州 ; 땅)에 응하고, 땅에는 팔방(八方)이
> 있어서 팔괘(八卦 ; 하늘)에 응한다. 「논학문1」
> 夫天道者 如無形而有迹 地理者 如廣大而有方者也
> 故 天有九星 以應九州 地有八方 以應八卦

무릇 모든 만물은 시공을 떠나 존재할 수 없다. 다시 말하여 시공의 범주 안에서 변화하며, 존재하는 것이다. 그런데 이 시공에 있어서 시간은 능동적인 반면에 공간은 정적이라는 특성을 갖는다. 그래서 시간이 공간에 대해 우선한다. 이것을 천도와 지리와의 관계로 보면, 천도는 시간이 가지고 있는 성격과 같고, 지리는 공간이 가지고 있는 성격과 같다고 말할 수 있다. 일찍이 공자가 말한 바와 같이 사시의 운행질서에서 우리는 지리를 볼 수 있는 것이 아니라, 천도를 볼 수 있다는 말이다.[17)]

그러나 천도와 지리는 서로 뗄 수 없는 관계를 이룬다. 그것이 바로 하늘에 구성(九星)이 있어서 구주(九州 ; 땅)에 응하고, 땅에는 팔방(八方)이 있어서 팔괘(八卦 ; 하늘)에 응한다는 말이다. 다시 말해 천중유지(天中有地), 지중

---

17) "四時行焉 百物生焉 天何言哉" (논어 양화)

유천(地中有天)인 것이다. 그러므로 동학은 천도와 지리의 상응적 관계맺음에서 진정한 의미의 천도를 발견한다. 사시의 운행질서로서의 천도에서 시공질서의 천도로 재인식하는 과정을 거치게 되는 것이다.

3. 음양상균과 창조성

1) 음양상균과 만물생성

일찍이 정명도(程明道)는 하늘의 목적은 곧 낳음[生]에 있다고 언명하였다.[18] 그런데, 수운은 이 生을 "陰陽相均음양상균"으로 설명하고 있다.

> …… 차고 비는 것이 서로 갈아드는 수는 있으되,
> 동하고 정하는 것이 변역하는 이치는 없다.
> 음과 양이 서로 고루어 비록 백천만물이 그 속에서 화해 나오지마는
> 오직 사람만이 가장 신령한 존재이다.「논학문1」
> 有盈虛迭代之數 無動靜變易之理
> 陰陽相均 雖百千萬物 化出於其中 獨惟人最靈者也

이처럼 동학에서 만물화출의 근원자는 음양이다. 음양은 상대적 개념이다. 음양이 상대적이라는 말은 대립이 아니라, 서로 의지적이므로 상의적(相依的), 상생적(相生的) 관계를 이룬다. 이것이 동학의 음양생성론이다. 동학은 성리학의 태극을 말하지 않는다. 음양으로부터 만물의 근원을 설명한다는 특징을 갖는다.

---

18) "生生之謂易 是天之所以爲道也 天只是以生爲道"(『二程集』, 유서2, p.29)

수운은 음양을 본유로 보고, 태극을 음양의 기(氣)에서 배제하고, 대신에 영(靈)의 작용에 붙여 놓는다. 그 빈자리에 수운은 지기(至氣)를 세워 놓았다. 지기는 음양 분화이전의 상태이다. 수운의 음양에는 두 가지 이치가 들어있다. 이 두 이치에 의해 동학의 생성론이 성립된다. 하나는 有盈虛迭代之數 유영허질대지수이고, 다른 하나는 無動靜變易之理무동정변역지리이다. 전자는 달이 차고 기우는 것이나, 사계절이 순환하는 것과 같은 '반복순환의 운수' 가 있다는 것이요, 후자는 '동정의 원리' 가 있다는 것이다.

음양은 이 반복순환의 운수와 동정의 원리에 의해 상균을 이룬다는 말이다. 수운은 이를 다른 말로 "一盛一敗일성일패, 一動一靜일동일정"(포덕문3장)이라 불렀다. 반복순환의 운수는 곧 일성일패의 수를 의미하며, 동정의 원리는 곧 일동일정을 의미한다. 여기서 동정의 원리는 태극에서 음양으로 발전한다는 주렴계의 「태극도설」과 다른 내용이다. 동학에서 말하는 동정의 원리는 음양이 상균하는 원리를 의미한다. 음양이 상균하기 위해 일동일정을 하는 것이다.

그래서 왕선산은 "동정은 곧 음양의 동정"[19]이라고 하였다. 이는 음양이외에 따로 태극을 둘 필요가 없다는 뜻이며, 음양의 두 가지 기능의 유행을 도로 생각한 것이다.[20] 그렇다고 하여 음은 정이고, 양은 동이라는 고정관념을 가질 필요는 없다. 주야가 늘 운동 속에 있듯이, 일동일정은 끊임없이 반복되는 운동성을 상징한다. 다만 음은 음성(靜性)이 아니라 음상(靜像)을 하고, 양은 동성(動性)이 아니라 동상(動像)을 할 뿐이다.[21]

동정이 일동일정을 하며, 서로 뿌리가 되어 호근(互根)을 이루듯이 음양도 호근(互根)을 이룬다. 이 호근원리에 의해 음양은 균형을 유지하게 된다. 그

19) "動靜者 卽 此陰陽之動靜也 動則陰變於陽 靜則陽凝於陰"(장자정몽주, 권1 태화, 세계서국 p.8)
20) 노사광 『中國哲學史』 3하, 三民, p.654
21) 김범부 「동방사상강좌」 『동방사상논총』 보련각, 1975, p.44

래서 "동정은 끝이 없고(動靜無端), 동시에 음양은 시작이 없다(陰陽無始)"[22] 라고 할 수 있다.

2) 상대성원리와 창조성

음양은 일기(一氣)이나 그 형상은 두 가지 상대적 모습을 띤다. 혼원한 가운데, 하늘과 땅 사이에서 운행하는 중에 어느 쪽에 근본 하느냐, 즉 어느 쪽에 중심을 두느냐에 따라 천기와 지기로 나뉜다. 마치 사람이 같은 사람이지만, 그 모습에 따라 남자와 여자로 구별되는 것과 같다. 비록 본질에서는 동성동기(同性同氣)이나 현상에서는 이형이상(異形異像)을 갖는 것이다.

이처럼 음양은 잠시 자기 본질을 떠나, 현상적으로 分化된다. 오히려 천지는 이렇게 분화된 음양으로 인해 무궁한 상탕(相盪), 상마(相摩)작용을 일으키며, 혼원중에 대립과 교감을 통한 상극(相克), 상생(相生) 작용으로 나아가 상대적 관계맺음을 하는 것이다. 다시 음양의 상대성은 시간적 상대성과 공간적 상대성을 갖는다. 주야(晝夜), 영허(盈虛)는 일월이 갖는 시간적 상대성이며, 고저(高低), 청탁(淸濁)은 천지가 갖는 공간적 상대성이다.

화이트헤드가 말한 유기체철학을 한 마디로 표현하면, 상호 내재성과 보편적 상대성[23]이라 할 수 있다. 그래서 그의 유기체철학은 바로 상대성원리인 것이다.

여기서 중요한 것은 상대성원리는 "생성의 가능성"을 전제하고 있는 말이다. 이는 동학의 음양상균이 만물을 화출하는 것과 같은 이치이다. 저자는 이런 "생성의 가능성" 또는 "만물의 화출능력" 등을 생성과정의 상대성이 갖고 있는 '창조성' 이라고 부르고자 한다. 존재의 상대성은 창조성을 본질로

22) "動靜無端 陰陽無始 非知道者 孰能識之"(『近思錄』 제1권, 정이천)

23) 화이트헤드/ 오영환 옮김,「해제」『과정과 실재 Process and Reality』, 민음사, 1997, p.672 ; 이하 원본표기는 P.R.로 한다.

한다는 뜻이다. 창조성은 상대성으로부터 나온다. 상대성이 창조성을 갖지 못한다면, 그것은 상대성이 아니고 대립이며 대결이다. 흔히 절대성에서 창조성을 갖는다고 오해하기 쉽다.

그러나 상대적 관계에서만이 비로소 창조성을 영원히 담보할 수 있다. 이런 의미에서 동학의 창조성은 음양의 '공동 창조성' (Co-Creativity)이라 할 수 있다. 이 공동 창조성에 특별한 의미를 부여하고 있는 로저 에임즈는 "창조성은 항상 '공동 창조성' 이다. 창조성은 언제나 상호교섭하고 과정적이며, 협동적 노력을 의미하는 것"[24]이라고 했다. 이것은 동학의 생성관과 일치하는 것이다.

그런데 화이트헤드는 창조성(Creativity)을 "보편자들의 보편자로서 새로움novelty의 원리가 된다"[25]고 했고, 또 다자(多者)를 일자(一者)로 변형시키고 통일하는 것이 "최상의 임무"[26]라고 했지만, 저자는 음양상균의 '창조성'을 "새로움을 낳는 상대성의 본질적 가능성"의 개념으로 사용하고자 한다. 창조성을 말하면 절대자나 무를 연상할 우려가 없지 않다. 하지만 저자는 그런 우려에도 불구하고 동학이 갖고 있는 유적(有的) 생성관의 무궁성을 강조하기 위해 '창조성' 또는 '공동 창조성' 이라는 말을 쓴다.

서복관은 유가사상이 갖고 있는 원리적 의미의 천도에 대해 노자의 도는 "우주만물을 창조생성[創生]하는 기본 추진력" 이라고 규정한 바 있다.[27] 추진력이란 노자의 도 자체가 정태적 존재가 아니라, 창조생성하는 능력을 스스로 갖고 있다는 것을 의미한다. 이러 차원에서 보면, 이 창조성은 곧 창생의 추진력이라 할 수 있다.

---

24) 로저 에임즈「현대적 종교성으로 본 유학과 禮」『민족종교와 종교간 대화』(겨레얼9집) 한국민족종교협의회, 2004, p.69

25) P.R, p.21(오영환 p.78)

26) P.R. p.348

27) 서복관/유일환『중국인성론사』(선진편) 을유문화사, 1995, pp.46~47

동학에서 말하는 음양의 만물화출이란 음양이 상균에 이른 때를 말한다. 음양의 창조성은 이 상균으로부터 나온다. 음양은 이기(二氣)의 기화작용이다. 기는 음양2기인데, 동학은 특별히 지기를 말하고 있다. 이 지기를 주렴계의 태극도설로 설명하면, "무극의 진(眞)과 음양오행의 정(精)이 묘합(妙合)하여 응한 상태" 로써 곧 혼원일기(渾元一氣)를 의미한다. 그러나 이 지기가 혼원일기로만 있으면 창조성을 발휘하지 못한다. 그러므로 태극도설에서는 건도(乾道)와 곤도(坤道)로 나뉜다고 보는 것이다. 그리하여 지기가 건(健)과 순(順)의 음양이기로 고루게 분합작용하여 이기교감(二氣交感), 화생만물(化生萬物)을 이루게 된다. 즉 음양의 균분(均分)과 균합(均合)이 중요한 생성의 단계별 작용이지만, 음양상균이란 주로 이기(二氣)의 균합(均合)에 중점을 둔 말이다.

4. 상균론의 철학적 접근

1) 신령과 기화의 결합체

주역은 우주의 상반된 두 성질, 즉 천지, 음양은 서로 대립하면서도 교감함으로써 만물을 생성한다고 말한다.[28] 그래서 주역에서는 상대가 없는 절대음(絶對陰)이나 절대양(絶對陽)은 존재하지 않는다. 또한 독음(獨陰) 독양(獨陽)처럼 멀리 떨어져 홀로 존재하지 않는다. 따라서 모든 음양관계는 상대가 있다. 상대가 있다는 것은 마주하는 관계가 있다는 뜻이다. 여기서 상대를 기다리는 만물의 마음까지도 알 수 있다.[29]

---

28) 천지가 사귀어 만물이 통한다(天地交而萬物通也 ; 泰象) ; 천지가 느껴 만물이 화생한다(天地感而萬物化生 ; 咸象)

29) "觀其所感而 天地萬物之情 可見矣"(咸象傳)

한편 노자는 "三生萬物삼생만물"(42장)을 주장하였고, 장자는 음양의 "交通成和교통성화"(「전자방」)를 주장하였다. 음양의 상호작용을 설명하는 것으로는 유교, 도교가 공통점을 갖는다.[30] 다만, 노자는 음양2기 개념에서 제3의 기인 화기(和氣)를 제시하고 있는 것이 특색이다.

> 도는 하나를 낳고, 하나는 둘을 낳고, 둘은 셋을 낳고,
> 셋이 만물을 낳는다. 만물은 음을 업고 있으면서,
> 양을 안고 있는데, 기를 격동시켜 화기를 이룬다(沖氣以爲和).[31]

방립천은 이 인용문에 대한 문제의 '沖氣以爲和충기이위화' 에서 충(沖)은 비어 있다는 뜻으로써 충(沖, 冲)을 중(中)으로 보아 '중기(中氣)로 조화롭게 된다' 고 해석하고, 三을 음기(陰氣), 양기(陽氣), 중기(中氣)로 말하였다. 이른바 중기로 조화롭게 된다는 말은 중기가 음기와 양기를 화합하고 있음을 설명한다. 그런 의미에서 중기(中氣)는 곧 화기(和氣)이다. 음양 2기는 중간의 연결고리인 중기가 있어야 비로소 통일될 수 있으며, 구체적인 사물을 생성할 수 있다고 보았다.[32] 만물의 생성요소에는 음양의 두 기운에 그것을 통일할 수 있는 제3의 기운(힘)이 있어야 비로소 소통, 화합의 작용이 일어나 만물이 완성된다는 말이다. 다시 말하면 一은 기(氣)이고, 二는 음양(陰陽)이고, 三은 삼기(三氣)인 것이다. 한대의 황로도(黃老道)의 경전으로 일컫는 『태평경』도 이를 뒷받침해 주고 있다. 즉 "원기(元氣)에 세 명칭이 있는데, 태양(太陽) 태음(太陰) 중화(中和)이다. 형체에 세 가지 이름이 있는데, 천

30) 하기락 『조선철학의 체계적 전개』 신명, 1993, p.221

31) "道生一 一生二 二生三 三生萬物 萬物負陰而抱陽 沖氣以爲和"(노자 제42장) ; 여기서 예민한 곳은 沖氣以爲和이다. 이에 대한 해석으로 저자는 대만 여배림 교수의 해석을 참고하고자 한다. 「…만물은 음을 등지고 양을 껴안아 기를 격동시켜 和氣를 이룬다」. 冲을 격렬히 요동친다로 보았다.

32) 방입천 『문제로 보는 중국철학』 예문서원, 1997, pp.32~33

(天) 지(地) 인(人)이다"[33]고 했다. 이는 하늘이 양기이고, 땅이 음기이며, 사람이 중화기(中和氣)가 된다는 말이기도 하다.

이율곡도 『순언』 1장에서 이 42장에 토를 달아 "道生一도생일ᄒᆞ고 一生二일생이ᄒᆞ고 二生三이생삼ᄒᆞ고 三生萬物삼생만물ᄒᆞ니… 萬物만물이 負陰而抱陽부음이보양ᄒᆞ고 沖氣以爲和충기이위화ㅣ니라"(1장)라 밝혔는데, 특히 율곡은 삼생만물三生萬物에 대해 음양(陰陽)을 체로 보고, 충기(沖氣)를 용으로 보아, 이 음양지화(陰陽之和)인 三에서 만물이 생생生生한다고 설명하였다.[34] 그런데 배종호는 三을기형질(氣形質)로 보았다.[35] 이는 기(氣)와는 다른 것과의 어떤 결합으로 이해한 것이다.

수운은 陰陽相均음양상균…萬物化出於其中만물화출어기중이라 하여, '음양 가운데서 만물이 생성된다' 고 한 다음에 사람의 문제를 거론하고 있는 것이다. 바로 "獨惟人最靈者也독유인최령자야"이다. 여기서 중요한 것은 바로 '령(靈)' 이다. 만물생성을 말할 때는 령을 언급하지 않았다가 사람을 말할 때 이 령을 언급하고 있다는 데 주목할 필요가 있다. 사람을 최령자(最靈者)라 한 것은, 사람 이외의 만물은 저령(低靈)하다는 뜻이 아니라 인간 령의 존귀성을 말한 것이다. 동학은 "內有神靈내유신령, 外有氣化외유기화"(논학문13장)라는 말처럼 령과 기를 구분하고 있는데, 이에 근거하여 완전한 생명을 내외(內外) 령기(靈氣)의 합일체라고 볼 때, 기에 령이 결합하는 것은 언제 어떻게 이루어지는가에 대하여 수운은 생략한 채 언급하지 않았던 것이다. 이 생략된 부분을 다른 곳에서 찾는다면, "하날님의 은혜라 할지라도 오히려 보이지 않는 일이며, 조화의 자취라 할지라도 또한 형상하기 어려운

33) "元氣有三名 太陽太陰中和 形體有三名 天地人…"(太平經合校, 삼화기여제왕법, 대만 정문출판사)

34) 송항룡 외 「조선조 老莊 주석서 연구 1」 『동양철학연구』 제26집, 2001. 9, p.170. 참조. 溫公(사마광) 曰 萬物莫不以陰陽爲體 以沖和爲用.

35) 배종호 「노자의 도」 『인문과학』 10호, 연세대, 1963. 12, p.209

말이라. 어찌하여 그러한가. 예로부터 지금까지 그 가운데 기필하지 못한 것이 있기 때문이다”(논학문3장)[36]라는 구절에 있다고 본다.

다시 말해 “其中未必也기중미필야”라는 말은 무엇인가를 암시하는 듯하다. 사시 운행의 조화나 만물생성에 있어서 우리가 기필하지 못할 것은 바로 령의 문제, 즉 기와 령의 결합문제라 보는 것이다. 이 기와 령의 결합에 의해 만물이 비로소 생명성을 획득하게 된다. 이 기와 령의 결합, 즉 접령(接靈)을 동학에서는 다른 말로 모신다[侍]고 하는 것이다. 최해월의 다음 말에 유의하고자 한다.

> 여러분은 모실 시(侍)자의 뜻을 어떻게 해석하는가. 사람이 포태의 때에 이때를 곧 모실 시자의 뜻으로 해석하는 것이 옳으냐, 세상에 태어난 이후에 처음으로 모실 시자의 뜻이 생기는 것일까, 또 대신사 포덕강령의 날에 모실 시자의 뜻이 생겼을까, 여러분은 이 뜻을 연구하여 보라.
>
> 諸君은 侍字의 義를 如何히 解釋하는가. 人이 胞胎의 時에 此時를 卽侍字의 義로 解함이 可하랴, 落之以後에 처음으로 侍字의 義가 生할까, 又 大神師 布德降靈의 日에 侍字의 義가 生하였을까, 諸君은 此義를 硏究하여 보라.[37]

최해월은 동학경전 중에서 가장 난해한 시(侍)자 해석에 중요한 화두를 제자들에게 던졌다. 그 화두는 스승인 수운으로부터 받은 것으로 보인다. 모심의 순간은 언제부터 시작되는가? 어머니 배속에 포태할 때인가, 아니면 갓 태어날 때인가 하는 질문이다. 이에 대해 최해월은 다른 곳에서 이렇게 자답

36) “…於古及今 其中未必也”(동경대전, 논학문3장)
37) 『천도교경전』(해월신사법설, 기타) 1977, pp.420~421

(自答)하였다.

> 경에 말씀하시기를 "모신다는 것은 안에 신령이 있고 밖에 기화가 있어 온 세상 사람이 각각 알아서 옮기지 않는 것이라" 하셨으니, 안에 신령이 있다는 것은 처음 세상에 태어날 때 갓난아기의 마음이요, 밖에 기화가 있다는 것은 포태할 때에 이치와 기운이 바탕에 응하여 체를 이룬 것이니라. 그러므로 "밖으로 접령하는 기운이 있고 안으로 강화의 가르침이 있다"는 것과 '지기금지 원위대강' 이라 한 것이 이것이니라.
> 經曰「侍字 內有神靈 外有氣化 一世之人 各知不移者也」內有神靈者 落地初赤子之心也 外有氣化者 胞胎時 理氣應質而成體也故」「外有接靈之氣內有降話之敎」「至氣今至願爲大降」是也[38]

이를 유추하여 요약하면, 신령은 처음 세상에 태어날 때의 갓난아기의 첫 마음에 내재하며, 기화는 포태시 질(質 : 바탕)에 응할 때부터 시작된다는 뜻이다. 부모가 포태하는 배후에는 천지가 있다. 기화는 부모로부터 시작되고, 신령은 하늘로부터 시작되는 것으로도 이해할 수 있다. 이를 순서대로 열거해 보면, 생명의 완성은 질(質)－기(氣)－령(靈)의 3요소의 결합에 의한다는 것을 알 수 있다. 리기질(理氣質)의 '리(理)' 가 '령' 으로 대체된 것이다. 특별히 지적할 것은 갓난아기의 첫 울음과 함께 마음에 내재하는 그 령에 관한 문제이다.

그 '령' 은 어디로부터 왔는가? 그것을 동학에서는 천령(天靈)이라 하고, 그것을 모시는 것을 '천주를 모셨다' 고 한다. 천령은 곧 천주지령(天主之靈)이 된다. 그래서 "一世之人일세지인 各知不移者각지불이자" 란 사람마다 하

38) 『천도교경전』(해월신사법설), 1977, p.293

날님으로부터 받은 천령을 함부로 이리저리 옮길 수 없다는 것을 알아야 한다는 뜻이다. 그래서 이것을 사람마다 '마음에 꼭 정해 모셔 놓아야 한다'는 말이다. 천주를 "네 몸에 모셨다"(교훈가11장)는 말에서 '몸'이란 완성된 몸이라는 뜻이다. 몸은 령의 그릇이다. 어머니 태중에서 10달 동안 몸이 완성되어 세상에 나온 후에야 천령을 모실 수 있는 조건이 마련된다는 뜻이 된다.

그러므로 사람은 태어나면서부터 받은 천령이 내 몸에서 떠나지 않도록 잘 모셔야 한다. 령은 몸에서 떠날 수도 없고, 옮길 수도 없다. 령과 몸(氣)은 하나이다. 천령과 접령하는 이때의 몸은 지극한 기화작용을 하므로 지기라 한다. 천령과 지기가 내외일체가 된다. 천령과 지기가 사람마다 내재하여 신령과 기화가 된다. 신령과 기화도 내외일체를 이룬다. 이 하나됨을 깨닫는 것이 각지(各知)이다.

따라서 각지(各知)란 결국 개개인이 받은 각각의 하날님 령[各靈]을 철저히 지각하고 모시는 일이다. 이 각령(各靈)이 떠나면 그 사람이 죽는다. 각지란 몸으로 각령(覺靈)한다는 말과 같다. 각령이 자아의 령이라면, 천령은 부모와 같은 하날님 령이라 할 수 있다. 천령은 단순히 신령한 령만을 말하는 것은 아니다. 사람마다 부모와 같이 영원히 모셔야 할 령이다. 만사지(萬事知)는 여기서 근거한다.

그런 다음에 사람은 조화정(造化定)을 체험하게 된다. 먹고 잠자고 자라고 생각하는 것이 다 저절로 이루어지는 무위이화(無爲而化)이다. 내가 억지로 꾸민 것은 하나도 없다. 무위이화가 빈틈없이 진행될 때, 이것을 '合其德定其心 합기덕 정기심'이라 한다. 김범부는 그 덕은 천덕이며, 그 마음은 아심(我心)으로 즉 아심이 천덕에 합하여 조화가 정하여지는데, 천덕이 나의 덕이며 나의 마음이 천심(天心)이 되고, 천덕(天德)과 아심(我心)이 하나 되어 조화정이 된다는 뜻이다.[39]

또 합기덕(合其德)이란 신령과 기화가 자아에서 균형을 이루며, 그 덕을 합하여 내외일체가 된 것을 의미한다. 다시 말하면 몸에 신령이 안착을 한 것이다. 몸이 영에게 덕을 베풀고, 영이 몸에게 덕을 베풀어, 천주의 덕으로 하나 되면 마침내 사람으로서 기심(其心)을 바르게 정하게 된다. 사람이 세상에 태어나 정심(定心)에 이르기까지는 최소한 15년의 세월을 필요로 한다. 만약 그 세월동안에 틈이 생기면 병이 된다. 병이란 신령과 기화가 균형을 잃은 것이다. 따라서 천령과 지기의 만남에 위한 생명의 탄생, 그리고 신령[靈]과 기화[氣]의 균형있는 작용에 의한 삶의 존재, 령기(靈氣)에 의한 자아의 형성, 이것을 동학의 생명관이라 이해해도 무방할 것이다.[40]

2) 상생적 균화(均和)와 통일성

만물 생성에 있어서 천지의 교감은 가장 중요한 기능을 수행한다. 이 교감이 없이는 생성은 불가능한 것이다. 송인창은 감(感)과 통(通)을 구별하여, 감은 땅 적인 세계와의 관계 맺는 일이고, 통은 하늘적인 세계와의 관계맺음으로 보았다.[41] 주역은 "하늘에 근본한 자는 위에 친하고, 땅에 근본한 자는 아래에 친한다"[42]고 했다.

이는 음양은 본래 일기(一氣)이나, 그 근본을 어디에 두었느냐에 따라 다르다는 암시를 주고 있다. 이 일기가 하늘에 근본하면 천기(天氣) 즉 양기(陽氣)가 되고, 땅에 근본하면 지기(地氣) 즉 음기(陰氣)가 된다는 의미로 해석할 수 있겠다. 이때의 하늘과 땅을 서양식으로 천당과 지옥 같은 것으로 간주해서는 안 된다. 주회암도 음양은 유행적(流行的) 측면에서는 하나로 볼 수

---

39) 김범부 「최제우론」 월간 『세계』 1960.5월호, 국제문화연구소, p.234./ 『현대와 종교』 제7집, 현대종교문제연구소, p.15

40) 저자가 보건대, 다만 質-氣-靈의 3요소가 靈-氣가 합일을 이루면 質-靈氣의 2요소로 바뀌게 된다는 점이다. 이처럼 령-기의 오묘한 작용으로 인해 靈을 태극 또는 궁궁이라 하는 것이다.

41) 송인창 「주역에서 감통의 문제」 『주역의 근본원리』 철학과 현실사, 2004, p.107

42) "本乎天者親上 本乎地者親下" (乾,문언95)

도 있고, 대치적(對峙的) 측면에서는 둘로도 볼 수 있다고 지적한 바 있다. 일동일정의 소장(消長)으로 보면 일기이고, 양의(兩儀)의 정립으로 보면 둘인 것이다.[43]

공영달은 『주역정의』에서 이것으로 동물과 식물을 나누는 근거로 삼았지만, 그 근본에 들어가면, 음양은 본래 수운이 지적한 것처럼 "혼원지일기渾元之一氣"(논학문12장)이며, 령과의 결합을 기다리고 있다는 의미에서 지기인 것이다. 결국 음양의 일기는 혼원하지만, 하늘과 땅 사이에서 운행하는 중에 어느 쪽에 치우치느냐에 따라 음양 관계로 분화되고, 혼원중에 대립과 교감을 통해 대대적 관계맺음을 하는 것이다. 이런 관계맺음이 가능한 것은 음양이 본래 생명성을 내재하고 있기 때문이다. 음양을 일호일흡(一呼一吸)의 굴신(屈伸)이라 하는 것이나, 남녀의 생식기로 비유함도 다 생명성에 바탕한 것이다.

동학은 이런 음양의 생명성과 상대성을 "陰陽相均음양상균, 萬物化出만물화출"(논학문1장)이라 표현하고 있다. 저자는 오랜 우주적 작용을 통해 최종적 단계에서 이룩된 음양의 상균(相均)관계를 '기의 상생적(相生的) 균화(均和)'라는 말로 새겨보는 것이다. 균화라는 말은 두 기운이 균등하거나 균형만을 유지한 채 홀로 독립돼 있는 것이 아니라, 서로 소통하고 응하며, 화(和)하여 생성의 단계에까지 이르는 것을 의미한다. 균세(均勢)의 결과물이다. 이는 노자의 충화(沖和)나 장자의 성화(成和)에 대비된다. 로저 에임즈는 균형[中]을 역동적 조화[和]의 산물로 보았다.[44]

저자는 조화의 어원을 수운의 "心和심화 氣和기화 以待春和이대춘화"(제

43) "陰陽作一箇看亦得 做兩箇看亦得 若論流行底…若對峙底…分陰分陽 兩儀立焉 是也"(성리대전 권1 태극도)

44) 로저 에임즈 「현대적 종교성으로 본 유학과 禮」 『민족종교와 종교간 대화』(겨레얼9집) 한국민족종교협의회, 2004, p.76

서)에서 찾는다. 이 화(和)는 응(應)을 수반하는 것이다. 즉 "天有九星천유구성 以應九州이응구주"(논학문1장)의 상응이 그 뜻이다. 상대의 응(應)이 없이는 균화가 일어나지 않기 때문이다.

주역은 음양의 관계맺음을 "一陰一陽之謂道일음일양지위도"(계사5)라 했다. 이는 음양이 본래 이기(二氣)가 아니고 일기(一氣)로써 각기 두 거지 양지(兩之)작용을 하며 도를 이룬다는 뜻이다. 이광지는 일음일양은 대립과 질운(迭運)의 두 가지 의미를 겸하고 있다고 보았다.[45] 이는 '대립적 구조' 와 '변화의 운행' 을 기본 축으로 하고 있다는 말이다. 여기서 우리가 직시할 것은 바로 변화와 발전을 위한 운행의 측면이다. 왜냐하면 도에도 때가 있기 때문이다. 음양이 中을 얻어야 비로소 도라 일컬을 수 있다. 득중(得中)했다는 말은 음양의 어느 한쪽에 치우침이 없는 균형성을 의미한다. 이 균형성의 획득은 자율 조정적이며, 비통제적(非統制的)이다.[46]

상생적 균화는 역학적 일음일양(一陰一陽)을 중음중양(中陰中陽)의 관계로 바꾸어준다. 비유컨대, 일음일양(一陰一陽)이 자연적 존재이며, 미자각적(未自覺的) 존재관계라면, 중음중양(中陰中陽)은 상대방의 존재를 발견하고 자기의 존재를 자각적 관계로 파악한 새로운 존재관계를 말한다. 자연을 구성하는 궁극적 단위존재는 일음(一陰) 또는 일양(一陽)이다. 그러나 그 일음, 일양은 고정적인 존재가 아니다. 음은 양으로 변하고 있고, 양은 음으로 변하고 있다. 모든 존재는 변화의 과정 중에 사로잡혀 있다. 단지 그 변화를 직감하지 못할 뿐이다. 일음이 음(陰)이면서 양(陽)으로 넘어가는 그 직전의 음양 동시성을 중음(中陰)이라 규정한다. 또 일양이 양이면서 음으로 넘어가는 그 직전의 음양 동시성을 중음(中陽)이라 규정한다.[47]

---

45) "一陰一陽 兼對立與迭運二義"(주역절중)

46) 최영진 『유교사상의 본질과 현재성』(도 : 一陰一陽之謂道) 유교문화연구소, 2002, p.98

일음은 중음에 이르러 상대와의 동질성을 자각한다. 또 일양은 중양에 이르러 상대와의 동질성을 자각한다. 이렇게 상대를 자각한 각각의 음양을 중음중양이라 한다. 다만 원리적으로 보면, 일음은 중음에 이르러 음양의 상대성(즉 양)을 자각하고 일양으로 변하며, 또 일양은 중양에 이르러 음양의 상대성(즉 음)을 자각하고 일음으로 변한다. 일음이 중음으로 나아가거나 또 일양이 중양으로 나아가는 것은, 각기 자기동일성을 상실함이 없이 또 다른 자기 형성을 위해 다양한 역할을 수행한다. 반면에 일음이 중음을 넘어서며 또 일양이 중양을 넘어서면, 각기 자기동일성을 소멸해가며 상대적 존재에게 이미 대상화되는 단계이다. 일음이 중음에서 넘어가서(기우뚱한 것) '새로운 일양' 이 되거나,[48] 또 일양이 중양에서 넘어가서 '새로운 일음' 이 되는 것은, 일음일양이 상대에게서 새로움을 찾는 자기창조성 때문이다. 또 일음일양이 자기동일성을 확충하며 중음중양(中陰中陽)의 득중(得中)을 하는 것은 자기 안에서 새로움을 찾는 자기창조성 때문이다. 이처럼 자기창조성은 자기 안과 밖에서 연속적으로 이루어진다. 자기동일성의 확충운동을 동(動)이라 하고, 자기동일성의 소멸운동을 정(靜)이라 한다. 이것이 일동일정一動一靜, 동정유상動靜有常이다. 자기동일성은 확충되기도 하고, 소멸되기도 하지만, '자기창조성' 만은 변하지 않는다.[49] 이것이 도(道)이다.[50]

또한 우리가 존재의 운동과정을 추적해 보면, 자기동일성을 확충할 때가

47) 여성이 폐경이 되면 반음 반양의 몸을 갖게 된다. 남성이 양기를 다하면 역시 반양 반음이 몸을 갖게 된다.

48) 이는 화이트헤드가 말한 '현실적 존재' 와 같다. 이 세상의 모든 현실적 존재는 씨와 같다. 씨는 하나이지 둘이 아니다. 하나밖에 없는 씨이지만, 씨는 많은 열매를 맺는다. 열매가 곧 씨는 아니다. 많은 열매가 씨가 되기 위해서는 처음의 씨가 소멸해야 한다. 그러므로 현실적 존재는 자기동일성을 소멸함으로써 자기 창조성을 발휘할 수 있다. 현실적 존재는 자기 동일성을 소멸하는 것에서 '또 다른 자기' 를 化出할 수 있다. 다른 자기는 다시 자기동일성을 확충함으로써 현실적 존재가 된다.

49) 이렇게 동정을 오가는 자기창조성을 强名한다면 太極이라 한다. 이 본래부터 있는 자기창조성을 우리는 無極이라 한다.

50) 一陰一陽之 운동을 大道라 한다면, 中陰中陽之 운동을 大德이라 할 수 있다.

있는가 하면, 자기동일성을 소멸할 때가 있다. 이 확충할 때의 성격을 강(剛)이라 하고, 소멸할 때의 성격을 유(柔)라 한다. 강유는 항상 서로가 서로를 밀고 당긴다. 이것이 역(易)에서 말하는 강유상추(剛柔相推)이다. 강유상추를 통해 변화와 창조성이 발휘된다.

균화는 생명적 기의 어울림[相和, 中和]에 비유할 수 있다. 기의 어울림에는 수평적 균형과 기우뚱한 균형의 두 가지가 있을 수 있다.[51] 기우뚱한 균형은 수평적 균형을 향해 늘 어울림을 지향한다. 그런데 "어울림(Oullim)에는 반드시 새로움의 요소가 있어야 한다"[52]는 것이다. 우리말 '한' 은 크다(大), 하나(一), 가운데(中), 많다(多)라는 뜻을 갖는다.

저자는 상생적 균화를 '가운데에서의 큰 어울림' 의 뜻으로 '한어울림' 이라고 표기한다. 이 한어울림은 기의 어울림에서 아주 짧은 시간, 잠시잠깐에 전개되는 미세한 상황이다. 또 다른 말로 하면, 이때에 기가 통일성을 갖는 것이다. 통일성은 이 쪽 기우뚱에서 저 쪽 기우뚱으로 넘어가는, 그 중음중양에서 순간의 극치를 이룬다. 중음(中陰)에는 음에 양이 들어 있고, 중양(中陽)은 양에 음이 들어 있다. 음중양(陰中陽)이 중음이고, 양중음(陽中陰)이 중양이다. 다시 말해 중음중양이 통일성에 있다는 것은 음중양과 양중음이 창조성에 있다는 말과 같다.

이와 같이 동학의 '상균론' 이란 만물생성의 원리가 되는 '음양상균' 을 통해 일반사물이 상대적 원리를 바탕으로 '창조성' 과 '통일성' 을 발현하는 과정을 의미한다. 예컨대, 상균론을 현실에 적응할 때, 사람과 사람이 같이 만나기이며, 서로 돕기이며, 함께 골고루 살자는 이론의 기초가 된다. 단순한 수평적 균형이 아니라, 서로가 상대방의 근거가 되어주는 것이다. 그래서 서로 돕고 함께 살 때 한어울림을 이루어 창조성과 통일성을 같이 주고받는다.

51) 김지하 『님』 솔, 1995, p.181
52) 김용옥 「어울림 산조」 『도올 논어』 3, 통나무, 2001, p.320

창조성은 통일성에 기초하고, 통일성은 창조성에 기초한다. 우주의 운동 구조가 창조성과 통일성에 있기 때문이다.

이런 우주안의 너와 내가 함께 할 때, 우리를 발견하여 우주 속에 자기생명을 투입한다. 삶이란 자기동일성을 우주 속에 확충하는 일이다. 죽음이란 자기동일성을 소멸하는 일이다. 삶과 죽음은 자기창조성의 본래적 활동이므로 끝이 없이 순환한다.

2) 창조성과 삼재

음양동정이 상대적 기준을 정하면 처음에는 기우뚱한 채로 변화가 시작되다가, 상생적 균화를 이루고, 하늘 땅과 같이 무궁한 창조성을 발휘하여 사회와 세계를 변화시킨다. 변화는 증폭을 수반한다. 이 증폭하는 능력이 창조성이다. 그 변화의 증폭은 소변화, 중변화, 대변화의 단계를 거친다. 마지막 대변화에서 천지인이 우주적 동귀일체를 이루는 것을 '다시 개벽' 이라고 말할 수 있다. 하늘이 변화하고, 땅이 변화하고, 사람이 변화하되 그것이 동시적으로 하나의 일체점을 향해 통일적으로 전개된다. 주역도 "천하의 동함은 무릇 하나에 바르게 돌아간다"[53]고 했던 것이다.

이것이 창조성과 통일성의 원리이다. 그 중에 중요한 것은 바로 창조성이다. 음양은 만물화출이라는 그 창조성에 기인하여 존재하며 활동한다. 동학은 음양이 갖고 있는 창조성의 마지막 자리에 인간을 놓고 있다. 논학문 2장은 이렇게 이어진다.

> 오직 사람만이 가장 신령한 존재이다. 고로 三才의 이치가 정하여졌고, 五行의 수를 내었으니 오행이란 무엇인가. 하늘은 오행의 벼리가 되고,

---

53) "天下之動 貞夫一者也"(계사 하1장)

땅은 오행의 바탕이 되며, 사람은 오행의 기운이 되었으니,
천지인 三才의 수를 여기서 가히 볼 수 있다.「논학문1-2」
獨惟人最靈者也 故 定三才之理 出五行之數 五行者 何也
天爲五行之綱 地爲五行之質 人爲五行之氣 天地人三才之數 於斯可見矣

이렇게 수운은 최령자 사람이 정삼재(定三才)와 출오행(出五行)에서 주체적 관계를 갖게 된다는 것을 보여주고 있다.

정삼재란 천지인이라는 우주적 틀 안에서의 인간의 주체적 역할과 지위를 설명한 말이라면, 출오행은 수화목금토라는 자연의 틀 안에서 인간의 주체성을 언급한 말로 이해할 수 있다.

그러면 오행과 천지인의 관계는 무엇인가? 특별히 주목할 것은 "人爲五行之氣인위오행지기"이다. 다른 판본(천진교)에는 "人爲五行之紀인위오행지기"[54]라고도 했으나, 저자는 전자에 따르고자 한다. 최해월은 人爲五行之氣 인위오행지기라는 말 대신에 "人爲五行之秀氣인위오행지수기"[55]라는 말을 했다. 이 말 뜻은 하늘이 음양오행으로써 만민을 화생하고, 오곡을 장양(長養)한 즉, 오곡에 깃든 오행의 원기를 사람이 먹고 자라니, 사람이 오행의 수기(秀氣)라는 것이다.

다시 말해 천지의 오행은 결국 사람의 기를 가장 빼어난 기운[秀氣]으로 만들기 위한 것이니, 천지가 사람 하나를 으뜸 기운의 생명으로 키우기 위해 수고하고 있는 것이다. 이는 마치 어머니가 포태기간 동안 먹는 음식이 태아에게 영양분이 되는 것과 같다.

생명은 포태로써 탄생하고, 사람은 다시 이중포태로써 완성된다. 최해월

54) 『한글 동경대전』 자농, 1991, p.49
55) 앞의 천도교경전(해월신사법설) p.261

이 말한 "부모의 포태가 곧 천지의 포태"라는 말이 이 뜻이 아닐까.[56] 사람이 어머니 태반에서 출산하면, 천지가 그 사람을 다시 포태한다. 또 그 반대로 천지가 먼저 나를 포태해야, 부모가 나를 포태할 수 있다. 부모포태는 사람의 몸을 10개월 동안 완성시키는 것이 목적이다. 이 완성된 몸을 받아 천지가 다시 포태하는 것이다. 천지의 태반에서는 영육을 동시에 성숙시키는 것이 목적이다.

사람이 오행의 기가 된다는 의미는 사람이 오행의 수기로 태어나 천지인 삼재에 참여하는 것을 말한다. 수기(秀氣)란 영육 완성을 의미한다. 영육이 완성된 사람은 천지인 삼재의 중심이 된다. 사람이 삼재의 중심으로 이동하는 것이다. 김지하는 실로 선천 오만년 이래 일관해 온 기존 삼재관을 뒤엎는 일이라고 했지만,[57] 이것은 그 정도가 아니라, 아예 사람이 우주의 중심으로 진입하는 것이다. 우주 개벽이다. 지금 천지가 사람을 위해 개벽을 하고 있는 것이다. 그 이유는 무엇인가? 사람이 천지를 포태하기 위해서이다. 부모가 아기를 포태하지만, 훗날 그 아기가 그 부모를 양육하는 이치가 숨어있는 것과 같다. 그리고 사람이 어머니 태반에 있을 때는 무아로 있다가, 태어나면 자아를 갖게 된다.

그러나 다시 그 자아가 천지의 태반에 포태되었다는 것을 알면 무아로 돌아갈 수 있다. 수운은 천령을 다시 "天靈천령"(논학문8장)과 "地靈지령"(용담가1장)으로 구분해 말한 것을 보면, 천지의 태반은 이 안에 있다고 할 것이다.

---

56) 최해월이 "父母之胞胎 卽 天地之胞胎"라 했다.(천도교 경전, p.249)
57) 김지하 『생명과 자치』 솔, 1996, p.74

5. 상균론의 관점에서 본 남북관계

1) 사람의 문제와 남북

남북문제를 언급하기 전에 주체사상에 대해 알아볼 필요가 있다. 동학이 생각하고 있는 인간의 창조성과 주체성의 문제를 북한의 주체사상에서도 언급하고 있는 것은 좋은 일이나, 혼동도 없지 않다. 동학이 우주적 관계 속에서 인간의 창조성과 주체성의 문제를 부각하고 있다면, 주체사상은 세계 속에 있는 인간의 관계문제를 집중적으로 부각시키고 있는 점이 다르다.

종전에 마르크스의 유물론 철학체계에서 불변의 원리는 물질과 의식과의 관계에서 물질이 1차적이며, 의식은 2차적이라는 것이다. 그런데 동학은 인간의 존재에 관해 "內有神靈내유신령, 外有氣化외유기화"(논학문13장)라는 말에서 알 수 있듯이 령과 기의 관계로써 설명하고 있다. 여기서 기는 물질과 유사하며, 령은 의식과 유사하지만, 영과 기는 서로 분리할 수 없는 내외(內外)관계라는 것이 유물론과 다른 점이다.

이와 같이 우주에서 인간이 어떤 존재이며, 그의 지위가 어떤 것인지를 명확히 알지 못하는 사상은 세계 안에 갇힌 인간에 관하여만 언급할 수밖에 없는 한계를 가진다.[58] 따라서 우주에서 인간의 지위가 확고히 정립되기 전까지는 사람을 위한 올바른 철학이 나올 수 없다. 세계 밖을 모르면서 '세계의 주인'을 규정하는 것은 자칫 오류에 빠질 수 있다. 이런 의미에서 사람을 위한 올바른 철학은 사람이 우주를 자각한 다음에 정립된다고 할 수 있다.

현하 남북관계는 해방 이후 줄곧 적대적 관계를 이루어 왔으나, 2000년

58) 세계의 안에서는 주체사상이 말하는 것처럼 수령의 영도가 중요한 의미를 지니지만, 세계의 밖에서는 그것이 그다지 중요한 기능을 하지 않는다. 이런 의미에서 주체사상은 인간의 위치를 세계 안으로 한정한 반쪽사상이라고 말할 수 있다. 예컨대, 1989년 방북한 문익환 목사는 김일성주석 면담 시에 수령중심의 주체사상을 '인민중심의 주체사상'으로 바꾸어달라고 제안한 바 있다.(김지형 외, 『통일은 됐어』 지성사, 1994, pp.62~63)

6 · 15 선언 이후부터 한층 교류 협력관계로 급변하였다고 할 수 있다.

제2차 세계대전 이후 조성된 양극적 냉전체제는 남북에 각기 다른 정부를 들어서게 하였고, 적대적 긴장 속에서 체제경쟁관계를 이루어 왔다. 그러나 긴장완화와 냉전체제의 해체는 국제정치를 화해체제로 바꾸어 놓았다. 양극체제에서 화해체제로 바뀌면, 이데올로기의 이질성이 중요시 되지 않을 뿐만 아니라, 우방국과 적대국의 구별도 약화된다. 특히 1990년대에 들어와 새로운 국제정치체제는 '단극체제하의 다극체제' (Uni-multipolar system)로 변화하고 있다.[59)]

과거 양극체제를 지탱하던 힘은 미－소간의 핵(核)균형이었다. 이 핵균형에 의해 국제적 질서는 유지되어 왔다. 그러나 소련의 군사력 포기는 전세계의 세력판도를 미국중심의 단극(單極)체제로 바꾸어 놓았다. 만약 미소가 동등하고 동시적으로 군사적 대결을 포기하고 적대관계를 청산하였다면, 세계는 상균적 화해체제로 지각변동을 일으켰을 것이다. 한나라(一國) 중심으로 운영되는 세계질서는 선악을 판별할 수 없는 불행한 시대를 상징한다.

이런 국제정치의 역학적 변화에 따라 지금까지 제시된 남북의 통일방안도 여러 형태로 달려져 왔다. 그 제의내용들을 성격별로 분류해 보면 △영세중립화 통일론 △국가연합론 △연방제 통일론 △장기공존론 및 단계적 교류협력론 △흡수통일론 등이 있다.

통일에 앞서 남북한이 할 수 있는 최선의 정책은 상호 교류이다. 남북한이 까다로운 정치문제를 제외하고, 경제 · 사회 · 문화공동체를 이룩해 나가기 위해서는 먼저 교류협력을 활성화하는 것이 필요하다. 1991년 9월에 남북은 UN에 동시가입을 하였고, 그 해 12월 13일에는 남북의 두 총리가 "불가침 및 교류협력 합의서" (기본합의서)에 서명하였다. 이어 1992년 1월에는 "한반도

---

59) 박치성 외 『신국제질서와 한반도』 건국대출판부, 1998, p.65

비핵화공동선언" 이 나오고, 5월에는 남북경제공동위원회가 구성되었다. 그 뒤에 개시된 금강산관광은 남북간 우호시대의 백미를 이루었다.

그러나 북핵문제로 어려움을 겪고 있을 때에, 남북 교류협력에 일대전환을 이루게 한 것은 아무래도 김대중정부의 햇볕정책(Sunshine Policy)이 낳은 「6 · 15선언」이라 할 수 있다. 선언은 서두에서 "조국의 평화적 통일을 염원하는 온 겨레의 숭고한 뜻에 따라 대한민국 김대중 대통령과 조선민주주의인민공화국 김정일 국방위원장은 2000년 6월 13일부터 6월 15일까지 평양에서 역사적인 상봉을 하였으며 정상회담을 가졌다" 고 밝히고 있다. 이 말은 참으로 중요한 의미를 지닌다. 왜냐하면 종전까지 북한은 남한정부를 주권정부로 인정하지 않고, 미국의 꼭두각시나 정당사회단체중의 한 단체로 간주해 왔기 때문이다. 1991년 기본합의서에 이르러서야 남과 북은 나라와 나라 사이가 아닌, "잠정적 특수관계" 하에서 "서로 상대방의 체제를 인정하고 존중한다(제1조)" 라고 언급했다. 이것은 종전의 '적대관계' 를 청산하고 상대적 기준을 정해 '우호관계' 로 변화시키는 일대전기가 되었다고 평가할 수

〈그래프〉 북한에 대한 한국인의 의식유형: "북한은 우리에게 어떤 대상인가?" [60]

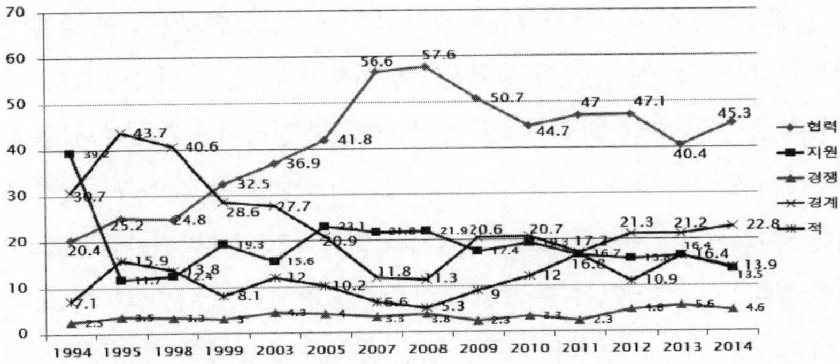

60) 김병로, 「남남갈등과 통일준비」 『통일공감대 형성과 국민 통합』 통일준비위원회, 2014, p.45

있다. 그리고 이 6 · 15선언으로 남과 북, 북과 남은 상대적 기준에서 큰 진전을 이루게 되었다. 그 선언문 중 제4항은 다음과 같다.

> 남과 북은 경제협력을 통하여 민족경제를 균형적으로 발전시키고 사회, 문화, 체육, 보건, 환경 등 제반 분야의 협력과 교류를 활성화하여 서로의 신뢰를 다져 나가기로 하였다.

이상에서 저자가 유념하고자 하는 항목은 역시 제4항 "남북 민족경제의 균형발전" 이라는 말이다. 이 '균형발전' 이라는 말이 우연인지 필연인지 알 수 없으나, 상균론 관점에서 볼 때 참으로 많은 것을 생각하게 한다.

먼저 6 · 15선언은 남북관계를 잠정적 특수관계하에서의 '우호관계' 를 상대적 '상균관계' 로 바꾸는 결정적 시발점이 되고 있다. 이 상균관계란 남북의 공존관계를 "적대적 공존, 중립적 공존, 협동적 공존"[61]의 3형태로 나눈 것 중에 '협동적 공존' 에 유사할 것이다.

그러나 지금의 남북관계가 원만한 협동적 공존에도 미치지 못하기 때문에 상균관계를 언급하기가 어렵다. 그 이유는 남북의 경제적 격차 때문이다. 최소한 남북이 경제적 빈부격차를 해소하지 않는 한, 또 현재와 같은 경제적 불균형이 지속되는 한, 진정한 상균관계를 이루기까지는 어려움이 놓여 있다. 협동적 공존관계는 문화교류를 경제교류까지 발전시키는 기초적 단계이다.

따라서 오늘의 남북관계를 질 높은 '상대적 상균관계' 로 심화시키기 위해서는 제4항처럼 남북은 서로 민족경제의 실질적인 균형발전을 위해 노력하여야 한다는 전제조건이 요구된다. 상균이란 총체적으로는 남북이 정치적, 군사적, 경제적으로 균형을 이루는 것을 의미하지만, 특히 경제문제 하나만

61) 이상우, 「공존공영의 바른 길」 『함께 사는 통일』 나남, 1993, p.384

을 놓고 볼 때, 그 불균형은 이루 말할 수 없다. 불균형을 극복하고 균형을 이루기 위해서는 용단을 내려야 한다. 협동적 공존 다음에 이어져야 할 새로운 단계로 진입하기 위해 경제적 균형발전은 필수적이다. 그런 다음에 남북은 정치적으로 '남북연합' 을 이루어야 할 것이다.

그러므로 우리는 생색내기나 선심용 퍼주기가 아닌, 상대편을 지속적으로 성장시키기 위해 진정한 평등호조(平等互助)를 하여야 한다. 이처럼 남북의 불균형을 극복하기 위해 상균의 문제를 어떻게 해결할 것인가를 놓고 남은 남대로, 북은 북대로 정책적으로 고민하여야 한다. 현재처럼 남북관계가 경색된 국면에서 과거 정부의 경제교류는 그 의미가 자못 크다 할 것이다.

김대중 정부(1998~2002)와 노무현 정부(2003~2007)가 민간차원의 대북지원창구의 다원화를 허용하면서 인도적 차원의 대북지원이 활성화되었다.

역대정부	기간	교역액(백만불)	인도적 지원액(억원)
김대중 정부	1998~2002	2,025	8,396
노무현 정부	2003~2007	5,625	18,911
이명박 정부	2008~2012	9,096	2,575
박근혜 정부	2013~2014	1,136(2013)	369(2013~2014.11)
계		17,882	30,251

*인도적 지원이란 당국, 민간단체, 국제기구, 식량차관을 포함함
*이 자료는 통일부 인터넷 공개자료를 정리한 것임
*김대중 정부는 실제로 1998. 2. 25~2003. 2. 24이나 편의상 1998~2002년으로 함(이하 같음)

그런데 이명박 정부 이후 북한에 대한 경제지원을 '일방적 퍼주기' 로 매도하며 지원중단을 요구하는 사람들로 인해 남남갈등이 존재하는 것도 사실이다. 남남갈등의 요인은 냉전적 반공논리에서 나온다고 할 수 있다. 대북화해협력정책과 한미친선은 반비례한다는 것도 착각에서 나온 것이다.

2005년도에 정부는 북한이 "6자회담에서 핵폐기에 합의하면 현재 중단상

태에 있는 경수로 건설공사를 종료하는 대신에 200만㎾의 전력을 직접 제공하겠다"[62]고 밝힌 바 있다. 이 중대한 제안이 당시에 성사되었다면 남북의 상균관계를 심화 발전시키는 데 결정적인 기여를 하였을 것이다. 당시 200만㎾의 전력이란 남한 발전량의 3%에 불과하지만, 북한전력 부족량의 半을 충당할 수 있는 상당한 양으로써, 이 제안이 라이스 국무장관의 지적처럼 '창조적 아이디어' 이지만 국제적인 여건과 현실적으로 우리의 전력예비량이 부족한 상태라서 200만㎾의 전력 제공은 성사되지 못했다.

2) 상균적 사회구조

지금 한국사회는 망각의 역사가 계속되고 있다. 가장 관심있고, 가장 잘 아는 것 같지만, 까맣게 잊고 사는 것이 있다. 바로 음양의 원리이다. 음양은 쉽게 말하면 남녀관계이다. 오늘날의 남녀관계를 음양으로 말하면, 두 가지로 꼬집어서 말할 수 있다.

하나는 음양이 뒤섞여 있다는 것이다. 이것은 남녀관계가 극히 문란해졌다는 뜻이다. 어느 시대인들 음양이 문란하지 않은 때가 있었겠는가마는 지금 그것이 최악이라는 증거는 이혼율의 급증이라는 데서 알 수 있다. 이혼율의 급증은 가히 세계적이다. 이것은 한국사 5천 년에 없었던 전대미문의 사건이다.

다른 하나는 음양을 기피하고 있다는 것이다. 오히려 역설적인 표현이 아닐 수 없다. 음양상교를 하면서도, 그것을 육체적으로 즐기기만 할 뿐, 산고(産苦)는 겪지 않겠다는 것이다. 기피는 생산활동을 거부하는 일과 같다. 그 단적인 예가 인구감소이다. 인구감소는 여러 가지 이유가 있을 수 있다. 전쟁이나 질병, 자연재해 등으로 인해 인구감소가 생기는 것이 아니고, 사람들이

62) 통일부 정동영 장관, 2005. 7. 12. 발표

출산을 고의적으로 기피하고 있다는 데에 문제의 심각성이 있는 것이다.

결과적으로 한국사회는 지금 돌이킬 수 없는 음양의 불균형에 빠져들고 있다. 음양질서의 붕괴는 이미 시작되었다. 비음비양(非陰非陽)의 혼돈시대에 우리는 살고 있다. 음양이 어지러워지면 혼란이 일어난다. 자칫 음양의 재앙을 겪게 될지 모른다. 비음비양을 정음정양(正陰正陽)으로 바꾸어야 한다.

"정음정양正陰正陽"[63]은 도덕적 개념으로는 "정음정양淨陰淨陽"[64]이며, 정음정양이 곧 음양상균이다. 이런 비음비양은 국가적 문제에도 적용된다.

80년대 초에 한완상은 이미 민족분단이 우리시대의 구조적 불균형을 초래한다고 지적한 바 있다. 그는"분단의 객관적 현실이 불균형구조를 직접 촉발시키거나 악화시키는 것이 아니라, 냉전논리라고 하는 매개변수를 통해서 간접으로 불균형구조를 배태시키고 악화시킨다"[65]고 주장했다. 물론 이런 주장은 분단현실이 가져다주는 우리 내부의 간접적인 불균형을 지적한 것이다.

예컨대, 10여 년 전 국토균형발전론(國土均衡發展論)[66]이 나온 것도 사실은 분단체제하의 고도성장정책이 지방화보다는 수도권 집중화를 추구하는 과정에서 가져온 어쩔 수 없는 결과이다. 문제는 이런 정책적 편중현상이 분단하에서 지속적으로 진행되어 왔고, 도리어 분단을 고착화하는 데 영향을 미쳐 왔다는 점이다. 그리고 북한의 경제적 낙후를 더 이상 외면할 수 없는

---

63) 수운교 『만세선화』 상, 직금가

64) 수운교 『만세선화』 상, 경탄가

65) 한완상 「불균형시대의 성격」 『민중사회학』 종로서적, 1984, p.185

66) 2004.1.16 국가균형발전특별법이 제정되었고, 이어 3.29 시행령이 나왔다. 특별법 1조, 2조는 다음과 같다. 제1조 (목적) 이 법은 지역간 불균형을 해소하고 지역혁신 및 특성에 맞는 발전을 통하여 자립형 지방화를 촉진함으로써 전국이 개성있게 골고루 잘 사는 사회를 건설하는 데 이바지함을 목적으로 한다. 제2조(정의) 이 법에서 사용하는 용어의 정의는 다음과 같다. 1. "국가균형발전"이라 함은 지역간 발전의 기회균등을 촉진하고 지역의 발전역량을 증진함으로써 삶의 질을 향상하고 지속가능한 개발을 도모하여 국가경쟁력을 강화하는 것을 말한다.

상황이라고 볼 때, 남한이 주도할 국토균형발전론의 범주도 북한까지 확대하여 명실공히 '대한반도(大韓半島) 균형발전론'이 되어야 할 것이다. 이것은 '전체로서의 균형'이라 할 수 있으며,[67] 진정한 의미에서의 "남북 단위의 半민족주의가 아닌, 반도 민족 전체를 생각하는 대민족주의"[68]의 시각이라 할 수 있다. 이처럼 분단의 책임을 떠넘기기보다는 그 분단의 후과(後果)와 모순을 극복하는 공동의 적극적인 자세가 요구된다.[69] 현행 대한민국 헌법에도 북한 주민을 국민으로 명시하고 있다.

그런데 남북이 이 시점에서 공히 상균의 원리로 나아가기 위해서는 각기 내적으로 '한어울림'의 창조성에 이르도록 상균의 원리를 실천해야 할 것이다. 남한은 남한대로, 북한은 북한대로 스스로 내부의 불평등 사회구조를 상균의 원리로 개조해야 한다는 말이다. 상균적 사회구조는 인격의 가치를 존중하는 전제하에서 균형있고, 평등하며, 상생적 균화를 실천하는 개혁적 사회경제구조를 지향한다.

예컨대, 힘의 균형(balance of power)에서 경제적 이익균형(balance of interest)으로,[70] 경제적 이익균형에서 행복균형(balance of happiness)으로 단계별로 상대성을 발견하며, 상대의 가치를 상승시켜 주는 사회구조가 상균사회(相均社會)이다. 지금은 경제적 이익균형의 단계에서 사회가 진통을 겪

---

67) 에드워드 켄다/ 이상익 「동서사상에 있어서의 균형과 발전의 철학」 『동서사상의 대비적 조명』 성균관대, 1994, p.154. 그는 균형에 대해 5가지로 분류하고, 그 중에 '전체성과 초월성으로서의 균형'에 대해 언급하였다.

68) 이영희 「한반도는 강대국의 핵볼모가 아니다」 『민족이론』 문학과 지성사, 1985, p.188

69) 황장엽 『인간중심철학의 몇 가지 문제』 시대정신, 2001, 머리말; "지난 50여 년간 우리나라는 남과 북으로 갈라져 서로 다른 체제와 사상으로 대립하여 왔으나… 일방을 절대적으로 긍정하고 타방을 절대적으로 부정하는 방법으로 통일을 이룩하려고 해서는 안 될 것이다. 우리는 마땅히 평등과 상호협조의 원칙에서 인내성 있게 분단의 後果를 극복하고…."

70) 이 말은 이상우 교수가 국제질서를 표현한 말로 사용하였으나 여기서는 사회구조를 설명하는 말로 사용하고자 한다. 이상우 「21세기를 여는 한국의 과제」 『함께 사는 통일』 나남, 1993, pp.68~69 ; 행복균형(balance of happy)은 저자의 표현이다.

고 있다. 극소수가 경제이익을 독점하거나, 투자가 군수산업에 몰리면 사회 전체를 불균형으로 빠뜨릴 위험이 있다. 경제적 이익을 전체의 개개인에게 고루고루 확장하는 정책이 절실히 필요한 시점이다.

그런 다음에 행복균형의 단계로 넘어갈 수 있다. 행복의 근원은 쾌락에 있는 것이 아니라, 창조성의 발휘에 있다. 상균사회의 밑바탕에는 사회정의가 정착되고, 개개인의 창발적 창조성이 활성화 되는 동시에 사회전체의 창조성을 증가시키는 사회구조를 의미한다. 이는 생명의 원리와 일치하는 것이다.

그리고 남북이 상균의 원리로 나아가기 용이한 것은 비록 2국가로 존재하지만, 민족은 1민족이라는 점이다. 한스콘은 "민족은 역사의 생동하는 힘의 소산이다. 민족은 대개 다른 민족과는 구별되는 일정한 객관적 요소, 이를테면 같은 혈통, 언어, 영토, 정치적 실체, 관습과 전통 내지 종교를 가지고 있다"[71]고 했다. 남북은 1민족이지만, 다른 민족과 구별되는 객관적 요소들이 얼마나 동질성을 함유하고 있느냐가 또 다른 문제로 대두된다. 상균론의 관점에서 2국가 1민족이라는 특수상황에 놓여있는 남북한은 1민족으로 거듭 태어나기 위해서 이질화된 관습, 전통, 종교 등에 있어서 동질화로 나아가야 할 것이다.

이런 면에서 남북의 언어학자들이 "겨레말 큰 사전"의 편찬사업에 참여한 것은 고무적인 일이다.[72] 뮈르달은 "민족주의란 것은 기본적으로 한 집단이 사람들에 대하여 가지는 일체감"[73]이라고 했다. 남북의 일체감은 겨레얼의 마지막 보루인 언어로써 회복하는 것이 가장 바람직하며, 갖가지 이질감도

---

71) 한스콘/ 차기벽 『민족주의(세계사상전집 26)』 삼성출판사, 1988, p.28

72) 1989년 3월에 평양을 방문하였던 문익환 목사는 북측에 남북공동국어사전 편집을 제안한 바 있다. 이 사업은 어려움 속에서도 잘 진행되고 있다.

73) 뮈르달/ 조순 『아시아의 근대화』(삼성문고 23권) 1973, p.166

Graphique I.1. L'inégalité des revenus aux Etats-Unis, 1910-2010 [74]

미국의 상위 10%가 국민소득에서 차지하는 년도별 몫의 그래프

Lecture: la part du décile supérieur dans le revenu national américain est passée de 45-50% dans les années 1910-1920 à moins de 35% dans les années 1950 (il s'agit de la baisse mesurée par Kuznets); puis elle est remontée de moins de 35% dans les années 1970 à 45-50% dans les années 2000-2010. Sources et séries: voir piketty.pse.ens.fr/capital21c.

이 언어를 통해 동질화의 길로 들어설 수 있을 것이다.

그런데 동질화로 나아가는 상대적 기준의 일례로, 동학의 문화전통을 들 수 있을 것이다. 예컨대 동학이 내세울 수 있는 문화전통으로는 상대성의 가치인정, 천지인과 유불선의 합일을 통한 조화추구, 선천에서 후천으로의 다시개벽, 사람을 하늘처럼 공경하기, 사람의 신분평등, 외세간섭배제, 부패척결, 사해동포주의 등이라 할 수 있다.

상균사회로 가는 길에서 가장 중요한 것은 계층간 불평등의 문제를 어떻게 해결하느냐는 것이다. 우선 이 사회의 구조부터 보면, 인간의 삶의 태도인 '욕망의 구조'가 잘못되었다. 욕망은 남과 함께 하는 선(善)을 실현하는 도구여야 하지만, 현실은 남을 배타하는 악(惡)에 치우쳐 있다. 이런 결과로 계층간 소득의 불평등이 극히 악화되어 있다. 여기에 자본주의가 불평등을 당

74) Piketty.pse.ens.fr/capital 21c

연시하게 만들었고, 전통적인 공동체 가치를 허물고 말았다.

미국의 경우 상위 10%가 전체 국민소득에서 차지하는 몫을 100년 동안을 기준으로 피케티가 그래프(184쪽)로 그린 결과 1950년대부터 1970년대까지에 비해1980년대부터 불평등이 크게 증가하기 시작하여 2010년대까지 약 20%포인트 상승한 것으로 나타났다.[75] 다시 말해 미국의 상위 10%가 미국 전체 국민소득의 약 50%를 독점하고 있다는 것인데, 이는 나머지 90%의 국민이 그 나머지 50을 놓고 싸우고 있다는 뜻이다.

미국 연방준비제도이사회 의장인 옐런(Janet L.Yellen)도 최근 미국의 소득과 부의 불평등이 100년 만에 최고 수준이라고 경고했다. 이로 인해 기회 균등의 전통적 가치가 위협받고 있다고 지적했다.(서울경제, 2014. 10. 23)

소득의 불평등은 인생을 싸움의 전장으로 몰아간다. 이처럼 세계적으로 부의 양극화 현상이 심화되고 있다. 2012년 한국의 경우, 상위 10%가 전체 국민소득의 약 45%를 차지하고 있는 실정이다. 이는 미국보다는 낮지만, 일본이나 유럽보다는 높다. 피케티는 한겨레와의 인터뷰에서 소득 불평등을 완화하는 가장 좋은 해법을 다음과 같이 제시했다.

"소득 불평등을 완화하고 성장을 지속하기 위해서는, 다양한 정책들이 종합적으로 시행되어야 할 것으로 생각됩니다. 그 중 가장 중요한 두 가지 해결책은 '교육'과 '누진세 활용' 정책입니다. 교육에 대한 투자와 누진세의 활용은 서로 대체하는 해결책이라기보다는 서로를 보완하는 해결책이라고 할 수 있습니다. 역사적으로 교육에 대한 투자는, 국가 간의 부의 불평등 정도와 한 국가 내의 불평등 정도를 완화하는 데 유용하게 사용된 것을 알 수 있습니다. 한국과 중국의 경우에도, 교육에 대한 투자가 이뤄지면서 양 국가의 생산성의 격차가 좁혀진 것을 알 수 있습니다. 아울러 한 국가 내에서도 교육의

75) 토마 피케티 『21세기 자본』 장경덕외 옮김, 글항아리 2014, p. 36

투자를 통해 더 많은 사람들이 교육의 혜택을 누리게 되면 불평등의 정도가 줄어든다고 할 수 있습니다. 하지만 교육에 대한 투자만으로는 충분치 않다고 생각합니다. 한국, 미국, 일본, 중국 및 유럽의 다수 국가들도 엄청난 수준의 부가 소수의 가문들과 부유층에 집중된 것을 볼 수 있습니다. 이렇게 집중된 부는 상당히 긴 기간 동안 세습되는 경향을 가지고 있기도 합니다. 이런 상황에서 평화적인 방법으로 소수에 집중된 부의 문제를 해결하는 방법은 누진세 정책이라고 생각합니다. 누진세 정책을 통해 법치의 원칙을 지키면서 평화적인 방법으로 부의 재분배를 달성할 수 있습니다"[76]라고 답했다.

6. 통일과 상균론의 향후 과제

조소앙의 삼균주의는 오늘의 우리 모두에게 과제와 교훈을 남겨놓고 있다. 당시 서구민주주의, 공산주의, 무정부주의라는 사상적 분파활동으로 극심한 대결구도를 이루고 있던 독립운동전선은 새로운 정치이데올로기를 고대하고 있었다.

여기에 조소앙의 민족주의 정신(대종교)과 혁명가적 기질이 부합되어 여러 사상을 극복 해결할 수 있는 이념으로 삼균주의가 정립되었고, 당시 공산주의와는 쌍벽을 이루었으나, 해방 후에는 서구 민주주의라는 새로운 외세의 물결 앞에 밀려나고 말았다. 삼균주의의 정치적 균등론은 프롤레타리아 독재를 반대하는 것이었고, 경제적 균등론은 자본가의 독점을 반대한 것이었기 때문에, 충분히 제3의 노선으로 볼 수도 있었으나 국내 기반이 취약하여 전혀 기대할 수 없었다. 그리고 삼균주의 이념에는 균등사회 실현에 있어

76) http://www.youtube.com/watch?v=HI8XOlWM6PI(한겨레 담)

서 인간의 다양한 개성을 무시하고 규격화를 시도한 점이 없지 않았던 것이다.[77]

사실 해방의 혼란정국에서 제3의 길을 택한다는 것은 외로운 가시밭길이었다. 국론은 분열되었고, 민심도 흩어졌다. 위기를 느낀 민중들은 외세만큼 튼튼한 보호막이 없다고 생각하였다. 자생(自生)이념에의 기대는 바람 앞의 등불처럼 위험한 것이었다. 당시 천도교 청우당도 인내천의 종지와 사인여천의 윤리강령을 내세웠지만, 한독당의 몰락과 유사한 길을 걷고 말았다.[78]

허경일은 동학의 평화통일이념으로 "사인여천(事人如天), 상응(相應), 원형이정(元亨利貞)"[79]의 셋을 지적한 바 있다. 저자의 상균론은 원형이정의 천도안에 있다. 천도와 함께하는 상균노선이 지향하는 1차적 사명은 쌍방에게 자기 것을 포기하고 제3의 길로 들어오라는 것보다는 쌍방의 독립성을 인정하고, 그 쌍방이 스스로 불균형을 시정하여 통합의 길을 걷도록 지속적인 영향을 주고, 자체 역량을 강화시켜 주는 데에 있다. 그리고 주변국들도 당사국이 그런 방향으로 발전할 수 있도록 영향력을 증대시켜 주어야 할 것이다.

그리하여 남북 쌍방은 분단 그 자체가 모든 불균형의 근원임을 자각하고, 현재와 같은 호기를 놓치지 말고 상균의 단계를 발전시키도록 노력해야 한다. 한동안 남북은 교역과 교류면에서 상호의존성이 점점 커졌으나 최근 후퇴를 보이고 있다. 민간교류가 왕성해지면 군사적 긴장완화와 신뢰구축도 진전을 이루지만, 그 민간교류가 쇠퇴하면 그 반대 현상이 일어난다. 교류협력이 지속적으로 유지되고 과도기를 지나 긴장이 완화되면 그것이 평화정착과 통일로 귀결될 것이다. 그리하면 민족 통일에서 나오는 무궁한 창조성을 세계무대에 유감없이 발휘할 수 있을 것이다. 통일은 최고의 민족자존심 회

77) 권영건『조소앙의 삼균주의론』한양대 박사논문, 1985, p.184 및 p.186
78) 임형진『동학의 정치사상』모시는 사람들, 2002, p.277
79) 허경일「동학사상과 한국정치학」『민족통일학보』창간호, 2003.12, p.259

복[80]인 동시에 삶의 완성일 것이다.[81]

나아가 통일은 한국문명의 새 출발이 될 것이다. 이분화된 한국문명이 비로소 통일성을 갖는다. 고조선시대로부터 지속되어 온 한국문명이 삼국시대의 작은 통합에 이어 두 번째로 재통합을 맞이하는 것이다. 이 재통합이 쉬운 것만은 아니다. 토인비는 "문명에는 령(靈)이 있다"[82]고 했다. 한국통일이 한국문명이 맞이할 미래 정신문화의 령을 결정한다. 참으로 중요한 순간이다. 조선시대에는 중국문명에 편입당한 문명이었지만, 향후 한국통일은 한국문명의 독립선언을 의미한다. 세계문명사에 한국이 독립된 문명의 령으로, 독립 주권의 문명으로 진입하는 것이다.

1) 중심사상의 출현

해방정국의 연장선상에 있는 오늘날 우리에게 요구되는 과제는 中心사상의 출현이다. 여기서 중심사상이란 좌우를 단순히 이어주는 다리 역할보다는, 좌우를 포용하고 수렴하여 좌우의 날개가 올바로 날 수 있도록 도와주는 중추적 역할을 할 수 있는 새 사상을 의미한다.

지금 좌우의 날개는 있으나, 그 중심의 머리는 없는 것과 같다. 그런 중심의 머리 역할을 할 수 있는 중추적 중심사상이 나와야 좌우의 날개가 올바로 날갯짓을 할 수 있다. 좌는 中을 향해 한 걸음 앞으로 나가고, 우도 中을 향해 한 걸음 앞으로 나간다. 그리하여 좌와 우가 서로 가깝게 마주보며, 비좌비우(非左非右)의 中을 본다. 이 中을 여기서는 좌우가 균형을 유지하며 상의적(相依的)으로 발전하는 철학적 의미로서 상균(相均)이라 한다. 그런데 그동

80) 정세현 「남북교류협력현황과 해외종교인 역할」『한민족 정체성회복과 미국생활』 한국민족종교협의회세미나, 2004. 11.19,(LA), p.36
81) 이상우 『함께 사는 통일』 나남, 1993, p.5
82) 강기철 『토인비와 문명』 샘터, 1982. p.64.

안 이 상균의 中을 보지 못하게 가로막아온 것이 친일잔재와 6 · 25의 상흔이며, 권위주의의 잔재이다.

지금 무엇보다도 시급한 과제는 이 좌우의 한가운데에서 민족적 불균형을 악화시키고 있는 분단 철조망을 걷어치우는 일이다. 그러면 어느 누가 이 일을 할 것인가? 민족주의자들이 해야 한다. 그러나 오늘의 현실이 증명하는 바와 같이, 한민족이라는 특수조건에서 민족주의가 제 역할을 하지 못하고 있다. 그동안 한국의 민족주의는 혈통주의에만 의지해 온 감이 있기 때문에 이를 뛰어넘는 새로운 의식이 필요하다. 그런 새로운 의식은 한민족의 원형문화인 제천(祭天)문화와 그로부터 나온 경천(敬天), 경인(敬人)의 천손(天孫)의식에 기초한 '문화적 민족주의' 에서 나올 수 있다.

그러므로 문화적 민족주의에 바탕을 둔 시민세력과 양심적 지식인, 그리고 령적 깬 사람들이 일어나야 한다는 것이다. 이들이 남북한에서 통일실현을 위한 균형추 역할을 할 수 있다. 왜냐하면 문화적 가치를 통해 같은 민족으로서의 일체감을 가질 수 있기 때문이다. 따라서 균형추역할[83]이란 언제 어떻게 기우뚱할지 모를 남북관계의 중심을 잘 잡아 균형을 지속적으로 유지하는 일이다. 이것은 북한만을 위한 것도, 남한만을 위한 것도 아니다. 남북이 천손의 동질성을 발견하여 하나 되는 과정에서 균형추의 역할이 중요하다.

왜 남북관계에서 균형발전이 중요한가? 이유는 상생으로 통일을 준비하기 위해서다. 절대음, 절대양은 결코 거룩한 존재가 아니다. 독음 독양은 우주의 고아일 뿐이다. 상생만이 평화를 낳는다. 수도권과 지방, 동과 서, 남과

---

83) 균형자(balancer), 조정자(broker), 안정자(stablizer)의 서로 다른 개념에 관하여는 임현진, 정영철 『21세기 통일한국을 향한 모색』 서울대출판부, 2005, p.331 주)15 참조 ; 본래 균형자란 말은 미국의 외교정책을 설명하기 위해 조셉 나이(Joseph Nye)가 사용한 말이다.(윤영관 「21세기 한반도 국제정세와 남북협력의 좌표」 『21세기 민족화해와 번영의 길』 크리스챤서적, 2000, p.15)

북이 함께 상생의 전략을 과감히 추구해야 한다는 것이다. 이리하여 남북이 상균 즉 '상생적 균화'를 이루고 일정한 과도기를 지날 때, 비로소 남북은 새로운 단계, 즉 완전한 민족통일의 길로 진입할 수 있다. 여기서 잠시 상균관계의 발전 단계에 대해 언급할 필요가 있다. 우리의 통일목표가 여기에 있는 것이다.

여기서 통일 이전과 이후의 관계에 대해 부연설명을 하면, 통일 이후에는 동북아에서 한-중-일이 상균관계를 이루고, 그 다음 동서양에서는 대표적으로 한-미가 세계적 상균관계를 이루며, 마지막에 이르러 인류는 우주적 상균관계에 돌입한다. 즉 천인의 상균관계에 이르러 비로소 동학의 궁극적 단계인 "조화정(造化定)의 단계"로 들어서는 것이다. 그것이 바로 상대성이 갖고 있는 일관된 창조성의 원리이다.

조용일이 조화정을 "인간의 창조적 참여"로 보고, 조화 자체를 "유무의 상호전환(相互轉換)"으로 이해한 것은 되새겨 볼 만하다.[84] 이처럼 조화정(造化定)이란 통일의 조화가 집단간 갈등 없이 무위이화(無爲而化)로 정해지는 창조성의 단계를 말하며, 이를 구체적으로 표현하면 세계정부를 의미한다고 할 수 있다. 여기서 물론 '상균단계'와 '조화정단계'가 확연히 구별되는 단계는 아니다. 이 조화정의 단계에서는 근본으로 돌아가는 원시반본의 이치에 따라 남성적 원리 대 여성적 원리가 주된 긴장관계를 이루거나,[85] 아트만(Atman ; 진정한 자아)과 브라만(Brahman ; 우주의 진정한 본성)의 관계처럼[86] 인간의 에로스와 우주의 에로스가 서로 긴장관계를 이룰 것이다. 화이트헤드는 "에로스는 이상적인 완전성을 실현하려는 충동"이라고 했다.[87]

---

84) 조용일 『동학조화사상연구』 동성사, 1988, p.25 및 p.38

85) 김상일은 앞으로의 평화는 正陰正陽이 되는 남녀평등의 단계로 설명하고 있다.(김상일 「겨레얼로 본 평화사상」『민족종교와 평화사상』(겨레얼제4집), 민족종교협의회, 2003, p.92)

86) 에드워드 켄다/ 이상익 「동서사상에 있어서의 균형과 발전의 철학」『동서사상의 대비적 조명』 성균관대, 1994, p.156

아무튼 우리에게 중요한 것은 통일이다. 바야흐로 통일은 한민족사에서 가장 위대한 사건이며, 남과 북이 함께 하는 혁명적 역사창조가 될 것이다. 통일은 과거 남북을 분단으로 옭아맸던 이념, 사상, 체제를 송두리째 일소할 것이다. 나아가 김용옥의 지적처럼 선천 5만년을 지배해 온 모든 관념을 쓸어버리는 것으로부터 출발할 것이다.[88] 과거 신라의 삼국통일을 "일통삼한(一統三韓)"[89]이라 하지만 후에 후삼국으로 분립되는 비극을 맛보았던 전철을 밟을 수 없다. 앞으로의 통일은 인류세계가 동참하는 일대 파노라마가 되어야 할 것이다. 이런 거대한 통일의 힘은 남북한의 상균관계로부터 나온다는 것이 상균론의 통일원리인 것이다.

다시 말해 남북이 현재의 불균형을 그대로 유지한 채 통일이 되거나, 아니면 상대를 무력화시켜 놓고 일방적 흡수통일을 한다면, 그 어느 것도 상균이 아니다. 상균의 목적은 강제나 파괴에 있는 것이 아니다. 상균의 핵심가치는 일방과 일방이 서로 의존하며 함께 '한어울림' 의 창조성에 이르는 것이지, 수리적인 50:50만을 의미하는 것이 아니다. 여기에 뒤에서 설명할 '단민주주의' 의 의의가 있다. '한어울림' 의 단민주주의는 배타성보다는 융합성을 그 특징으로 한다. 따라서 통일은 인류역사에 새로움을 하나 증가시키는 세계적 의미의 융합과정이며, 나아가 우주적 운기(運氣)를 상극에서 상생으로 교체하는 '변역' 의 현상이다.

2) '동북아 평화벨트' 형성

남과 북, 북과 남은 조화와 균형있는 발전을 위해 '동북아 평화벨트' 의 기

---

87) 화이트헤드/ 오영환 『관념의 모험』 한길사, 1996,p.420 ; 화이트헤드는 '우주의 에로스' 라는 말을 사용했다.(p.57)

88) 김용옥 외 『삼국통일과 한국통일』 상권, 통나무, 1994, p.92

89) "同心爲政 一統三韓 其爲功業"(삼국사기 신라본기8, 신문왕 12년)

초를 만들어야 한다. 이 동북아 평화벨트는 처음에 경제벨트로부터, 다음에 정치벨트로, 마지막에 문화벨트를 형성하는 것이다. 특히 낙후된 북한이 빠른 속도로 발전하기 위해서는 신의주경제특구, 개성공단, 금강산관광특구 등 북한 내 시장뿐만 아니라, 동북아 경제벨트라는 새로운 시장개척을 통해 쌍방교역이 활발히 이루어져야 한다. 북한은 1984년 합영법(공장 건설분야의 외국과 합작기업 허용) 이후 1990년대에 '고난의 행군' '사회주의 강행군' 이 있었고, 2002년 7 · 1조치(새로운 경제관리 개선조치)로 개인투자가 합법화하고, 시장을 통한 유통이 허용되는 듯했으나 다시 시장억제정책으로 실효성을 가두지 못하고 있다.

이어 신의주 특별행정구설치(2002. 9), 100대 1로의 화폐개혁(2009. 11) 등의 연이은 실패 속에 현재는 개성공단(2000. 8)만이 일부 위험이 도사리고 있으나 정상 가동 중이다. 김정은 노동당 제1비서의 집권 첫해인 2012년에 '6 · 28 조치' 를 시행했다. 농업 부문에서 사실상 가족농을 허용하는 분조제를 도입하고, 생산물도 농민과 국가가 7대3으로 분배토록 했다. 생산성을 높이기 위해 인센티브를 주기로 한 것이다. 또 공업 분야에서도 기업소에 생산계획 및 분배의 자율성을 확대했으나 그 성과는 아직 미지수이다. 또 북한은 2013. 5월에 전국 시 · 도별로 14개의 경제개발구 건설을 선언했다. 압록강 · 온성섬관광개발구 등 일부는 이미 공사에 착수했다. 경제개발구는 각 지방정부의 필요에 따라 지역 현실에 맞게 농업, 관광 등 소규모 개발이 가능하도록 했으나 국제사회의 각종 제재조치로 어려움에 직면하고 있다.

북한은 2013년 3월 노동당 중앙위원회 전원회의에서 '경제 · 핵병진노선' 을 채택하여, 사실상 경제를 중시하는 정책으로의 전환을 시도하고 있다. 대내적으로는 6 · 28 방침으로 불리는 새로운 경제관리개선조치가 농업과 기업소 부문에서 확대 시행되고 있으며, 대외적으로는 외자유치를 위한 경제특구 개발에 적극 나서고 있다.

북한은 전국 각지에 19개 지방급 경제개발구를 새로 지정하였으며(평양 등 5개 지역 추가), 신의주 등 추가적인 중앙급 경제특구의 개발도 추진하고 있다. 김정은 체제의 경제적 성과를 보여주기 위해 북한은 외자유치를 통한 경제특구 개발에 더욱 매진할 것으로 예상된다. 하지만 북한은 경제특구 개발에 필요한 자원과 재원이 부족하고, 추진능력을 갖춘 인력마저 없어 사업 추진의 성과가 나올지는 불확실하다. 물론 몇 개의 지방급 경제개발구와 중앙급 경제특구는 속도는 느리지만 약간의 진척은 있을 것으로 전망된다. 북한이 추진하는 경제특구의 성공 여하에 따라 북한의 경제회생이 좌우될 것으로 보인다. 또 2014년 5월 모든 기관과 기업소, 상점 등에 자율적 경원권을 부여하는 새로운 경제개혁조치인 5 · 30조치를 단행하였다.

북한은 경제특구 추진과 자본주의 시장 경제 요소의 수용으로 자연스럽게 시장경제가 확산되고 개혁 · 개방의 길로 나설 수밖에 없을 것이다. 우리는 북한의 경제특구 구상을 등한시하지 않고 전략적으로 활용할 필요가 있다. 통일준비 차원에서 남북한의 경제력 격차를 줄이면서 동질성을 회복하기 위해서라도 북한 경제특구를 중심으로 협력 혹은 지원할 수 있는 방안을 찾아야 한다.[90)]

한때 북한의 유일한 무역흑자 대상은 바로 남한이었다. 어느 때보다도 지금 남북 간의 경제교류와 협력이 급선무이다. 이를 통해 남은 북이 일정기간 동안 고도성장을 이룰 수 있도록 식량지원, 전력공급, 철도 도로의 사회간접투자 등에서 적극적인 후원역할을 해야 할 것이다. 만약 일본이나 중국, 러시아가 그 후원 역할을 대신한다면 문제는 더 복잡해질 수 있다. 최근 러시아는 북한 철도 현대화에 26조를 투자하기로 하였고, 그 대가로 희토류를 채굴하기로 합의했다는 심상치 않은 보도가 전해 온다.

---

90) 조봉현 「북한의 경제특구 개발동향과 남북협력연계방안」 『KDI북한경제리뷰』 2014. 9월

동북아 경제권은 지리적으로 옛 만주 땅인 중국의 동북3성(요령성, 길림성, 흑룡강성)과 내몽고 자치구, 양자강 삼각지구까지 포함하는 중국의 동해안, 러시아의 시베리아 및 극동지역, 그리고 한반도의 남북한과 일본열도를 말한다. 동북아 경제권의 국가들은 경제발전, 산업구조, 천연자원, 노동력 등의 정도에 따라 상호 보완적인 상대관계를 지니고 있기 때문에 앞으로 이 지역의 경제성장, 교역증대, 고용창출에 크게 기여할 것이다. 이 백두산–두만강 유역을 중심으로 한 반경 1000㎞에 달하는 경제권에 동북아와 한민족의 미래가 달려 있다.

한 때 "동북아 균형자론(東北亞均衡者論)" 이 등장한 바 있었다.[91] 지금 동북아 정세는 탈냉전 이후 불안정한 상태에서 벗어나지 못하고 있다. 경제 · 문화적으로는 유기적이며 상호의존적 관계를 만들어 가고 있으나, 외교 · 안보분야에서는 평화구조가 정착되지 않고 있고, 역사문제로도 갈등을 겪고 있기 때문이다. 불안정한 동북아 정세를 안정과 평화의 질서로 만들어가는 중장기적인 과정에서 한국이 적극적인 역할을 수행하겠다는 것이 당시 정부의 "동북아 균형자론" 이다.

그러나 과거 정부에 있었던 균형자론에 새로운 의미를 두고 검토할 필요가 있다. 이 동북아 균형자론은 지금은 시기상조일 수 있으나, 민족통일 이후에 일본의 군사적 도발을 막고, 나아가 우리 한민족이 아시아의 번영을 위해

---

91) 노무현 대통령이 2005. 3. 22. 육군3사관학교 졸업식 치사에서 처음으로 공식 선언하였다. 해당 연설문의 내용이다. "…이미 우리 국군은 누구도 넘볼 수 없는 강력한 군대로 성장했습니다. 경제력도 세계 열 손가락에 꼽힐 만큼 커졌고, 그리고 정치적으로 당당한 민주주의의 나라로 대접받고 있습니다. 또한 우리 대한민국은 동북아시아의 전통적인 평화세력입니다. 역사 이래로 주변국을 침략하거나 남에게 해를 끼친 일이 없습니다. 우리야말로 떳떳하게 평화를 말할 자격이 있다고 생각합니다. 이제 우리는 한반도뿐만 아니라 동북아시아의 평화와 번영을 위한 균형자 역할을 해나갈 것입니다. 따질 것은 따지고 협력할 것은 협력하면서 주권국가로서의 당연한 권한과 책임을 다해 나가고자 합니다. 앞으로 우리가 어떤 선택을 하느냐에 따라 동북아의 세력판도는 달라질 것입니다…."

92) 장차 통일한국의 국명이 무엇일지는 아직 알 수 없다. 통일된 한국은 역시 '통일한국' 일 것이다.

일조할 수 있는 길이 될 것이다. 아시아의 평화와 번영없이 '통일한국'[92]의 번영도 불가능하다. 19세기 말과 같은 불안한 국제정세가 도래하고 있는 지금이다.

일찍이 충무공 이순신은 동북아에서 균형자 역할이란 무엇인가에 대해 선례를 보여준 적이 있다. 그 때 조일전쟁(임진왜란)은 명(明)의 참전으로 조-중-일의 동북아 삼국전쟁의 형태로 전개되었다. 그 당시 명나라 도사(都司)인 담종인(譚宗仁)이 웅천에 와서 왜적과 강화를 의논하고, 충무공에게 왜군을 치지 말라고 명령했다. 소위 금토패문(禁討牌文)이라는 것이다. 내용은 다음과 같다.

> 일본 장수들이 마음을 돌려 귀화하지 않는 자 없고,
> 모두 병기를 거두어 저희 나라(일본)로 돌아가려고 하니,
> 너희들(조선군) 모든 병선들은 속히 각각 제 고장으로 돌아가고,
> 일본 진영에 가까이 하여 트집(흔단)을 일으키지 말도록 하라.[93]

이에 대해 충무공은 감연히 항거하였다. 아무리 황제나라의 군사명령이라 하더라도 시비를 분명히 가렸다. 1594년 3월 6일자 치욕적인 금토패문에 대해 그 이튿날 아래와 같이 답변서를 보냈다.

> 왜인들이 거제 웅천 김해 동래 등지에 진을 치고 있는 바,
> 거기가 모두 우리 조선 땅이거늘 일본 진영에 가까이 가지 말라 함은
> 무슨 말씀이며, 또 우리더러 속히 제 고장으로 돌아가라 하니

---

93) "牌文曰 日本諸將 莫不傾心歸化. 毋得近駐日本營寨(영채)…" 내각판 전서 권4~18 ; (이은상 완역 이충무공전서 상(권4 장계), 성문각, 1989, p.121 및 p.232)

제 고장이란 또한 어데 있는 것인지 알 길이 없습니다.[94]

충무공은 논리정연하게 자주적인 반론을 폈고, 한편으로 1594년 3월 10일, 조정에 이 금토패문과 관련하여 장계를 올렸다.[95] 명과 일본의 강화조치가 조선의 의지에 반하는 조치라는 부당성을 주장하고, 명과 일본이 어떻게 하여야 한다는 것을 명시해 주고 있다. 먼저 일본 진(陣)이 있는 거제 웅천 등은 일본 땅이 아니고 우리 땅이며, 따라서 제 고장으로 돌아가야 할 사람은 일본이지 우리가 아니라는 것이다. 왜적은 간사하여 신의를 안 지키는데 명나라는 왜 그들과 강화를 맺으려 하느냐. 강화란 속임이며 거짓이다. 그러므로 왜적들에게 역천(逆天)과 순천(順天)이 무엇인지를 알게 하라는 것이다.[96] 그 후 충무공은 명나라 진린 도독과 조명(朝明)연합함대를 편성(1598. 7)하여 일본을 무찌를 때에도 항상 주체성과 균형을 잃지 않고 명(明)－일(日) 사이에서 조선의 국권을 바르게 지켰다.

과거 조일전쟁 때도 그러하였지만, 현하 한중일 삼국의 문제는 종국적으로 한국의 몫으로 남게 될 것이다. 이런 의미에서 저자는 이 동북아 균형자론을 앞에서 지적한 바와 같이 "동북아 상균관계"라는 말로 바꾸어 이해하려고 한다. 통일 이후 동북아시아는 새로운 균형시대를 맞이하게 될 것이다. 통일한국이 中, 日과 상균관계를 이루어 동북아에서 완전한 평화세계가 건설된다는 것은 동북아로부터 상균적 관계가 실현되는 것과 같다. 반국(半國)에서 일국(一國)으로, 일국(一國)에서 다국(多國) 속으로 들어가는 것이다. 그런 다음에 세계사적 위치에서 통일한국이 평화의 주도권을 놓고 경쟁할 것

94) "倭人屯據巨濟…皆是我土而 謂我近日本之營寨(영채)云者何也 謂我速回本處地方云 本處地方亦未知在何所耶"(내각판전서 권1~16 答담도사금토패문 ; 이은상 완역전서 상, p.121)

95) 이은상 완역전서 상(권4 장계), pp.231~234

96) "…講和者 實涉詐僞…俾知逆順之道 千萬幸甚事(내각판전서 권4~8)

이다. 통일한국의 발전의 원동력은 상생과 평화의 정신문화에서 나올 것이다.

3) 자주국가와 사회악 청산

아시아에서 우리의 민족적 책무를 다하기 위해 우리는 통일민족국가를 자주적으로 건설하여야 한다. 우리 세대의 최우선적 과제는 남북분단을 완전히 청산하고 "자주적(自主的) 통일민족국가(統一民族國家)"를 건설하는 일이다. 이 말을 요약하면 '민족도의'와 '통일독립'이다. 새 나라를 자주적으로 건설한다는 말은 평화적이며, 상생적(相生的)이며, 주체적이라는 것을 의미한다. 다시 말해 어떠한 경우도 우리는 이 상생적 균화, 정치적으로 말하면 '평화적 상생'을 포기할 수 없다.

만약 평화적 상생을 포기하고, 대결을 부추긴다면 우리는 함께 날지 못하고 추락한다. 여기에 우리 주위를 휘감고 있는 열강들이 우리를 가만두지 않을 것이다. 그런데 아직도 국내외에는 한쪽 날개만으로도 날 수 있다고 맹신하는 무모한 극단 세력들이 있다는 것이 문제이다. 이런 잘못된 믿음이 한반도 정세를 오판에 빠뜨리거나 서로에게 충돌을 유발하게 될 때, 자칫 민족전체를 무너뜨릴 수도 있는 것이다.

그런데 지금 "자주적 통일민족국가"의 건설로 나아가야 하는 우리에게는 당면하게 해결해야 할 과제가 놓여 있다. 이 과제를 시급히 해결하지 못하면 우리는 민족적 깊은 상처를 안고, 세계의 무대에서조차 낙후될 수 있다. 바로, 우리 내부에 독버섯처럼 돋아 있는 "부패의 사회악", "실업률", "공동체 의식의 마비", "빈부격차"와 "사대주의" 등을 청산하는 일이다. 그 중에 사회악은 그 부패상에 의해 그대로 드러나고 있다. 남은 남대로, 북은 북대로, 온갖 부정부패가 사회의 구석구석에서 가치관의 혼돈을 부채질하고 있고, 인간을 이기적 동물로 변질시키고 있다. 2014년도 우리나라 부패인식지수

(CPI)는 세계 175개국 중에 43위에 달하고 있다. 1위 덴마크, 일본 15위, 미국 17위에 비해 그 심각성이 매우 높아지고 있다.

이러한 상황은 국가 청렴도가 낮아지고 있다는 것을 의미한다. 더욱이 국부(國富)를 독점한 극소수는 자기들만의 절대가치를 대(代)를 이어 지키기 위해 우리 사회를 약육강식(弱肉强食)과 이전투구(泥田鬪狗)의 수렁으로 몰고 있다. 승자는 부유하고 패자는 가난할 수밖에 없는 승부패빈(勝富敗貧)이 그것이다. 그 격차는 자본의 속성에 의해 점점 가속화되고 있다. 그렇다면 이 깊은 수렁으로 빠져가는 우리 사회를 어떻게 건져 서로가 서로를 인정하는 상균사회로 만들 것인가? 국부(國富)의 궁극적인 목적은 민은(民殷)에 있다. 이는 광개토대왕 비문에 나오는 명언이다. 국부민은(國富民殷) 즉 나라는 부유하고 백성은 풍족하다는 뜻인데, 이는 '국부'와 '민은'이 균형있는 조화를 이룬다는 데 가치를 둔 말이다.

오늘날 자본주의도 공산주의도, 어느 이념도 자기가 살고 있는 사회악을 청산할 능력을 잃어가고 있다. 오히려 거대한 사회악에 중독된 채 각자위심으로 기생하고 있다. 따라서 우리에게 시급히 필요한 것은 사회악을 확대 재생산하는 부패의 고리를 과감히 끊을 수 있는 가치관의 혁명이다. 한반도에서 자본주의와 공산주의의 이념적 갈등 극복보다 더 중요한 것은 바로 삶과 사람에 대한 통일적 가치관을 정립하는 일이다. 삶과 사람이 분리되어 있는 가치관으로부터 통일적 가치관으로의 긴박한 변화가 요청된다.

120년 전,이 땅에 일어난 동학혁명이 처음에 사회의 부정부패를 척결하기 위해 일어났던 것처럼 오늘 우리도 혁명적 결단을 하지 않으면 안 된다. 사회의 공동선을 재건하기 위해 다시금 동학의 문화전통이 절실한 때이다. 우리 사회의 최대 단점은 상대방의 창조적 가치를 부인하고 타인을 타도대상으로 삼아 자기만의 독선적, 유일적 가치만을 주장하며, 모든 인간관계를 화폐로 계산하는 황금에의 맹신과 그리고 자기 사상의 절대화에 대한 오류가 우리

사회에 온갖 악을 확대 재생산하고 있다.[97] 여기에 필요한 것이 모든 분야의 혁신이다. 혁신이란 묵은 것, 낡은 것을 버리는 것뿐만 아니라, 그 자체가 변화, 창의, 도전을 추구하는 것이다. 초일류국가로 가는 길은 혁신하는 길밖에 없다.[98] 이 중에서도 창의성이 제일 중요하다. 혁신은 창의성의 극대화로 나타나고, 창의성은 사회통합으로부터 극대화된다.

그러므로 사회악은 우리사회의 창조성을 파괴하는 원흉이다. 강자착취(强者搾取)와 승자독식(勝者獨食)이라는 구시대의 이분법적 유물을 버리고, 물질적으로 서로 베풀어 화합하며 패자가 부활하는 상생의 실천으로 인식의 대전환이 내부로부터 일어날 때, 너와 나, 남자와 여자, 자본가와 노동자, 남과 북이 함께 사는 상균적(相均的) 통일사회, 즉 패자와 낙오자를 일으켜 세우는 상생의 개벽(開闢)세상을 열어갈 수 있을 것으로 기대한다.

7. 동북아 문명과 영성 창조

남북통일 이후 한국문명의 '령' 즉 한국이 어떤 영성(靈性)문화를 창조할 것인가는 참으로 중요하다. 강기철은 동북아의 제1대문명을 동이(東夷)문명이라 이름하고, 이 동이문명은 단군의 고조선과 중국의 주(周)왕조에 의해 주도되었으며, 지금은 제2사이클로 접어들었다고 보았다. 따라서 제2대 동북아 동이문명의 주도를 누가 할 것이냐는 문제는 우리에게 회피할 수 없는 상황으로 다가오고 있다. 제2대 동북아 동이문명에서 한국문명이 부흥하여 자기사명을 다해야 하는데, 그러면 우리는 그 사상적 기반을 무엇으로 삼을

97) 자기 신념의 절대화(맹신)가 나은 6개 오류집단 : 관료, 재벌, 언론, 법조, 군대, 국회 등은 스스로 무결점 · 무오류를 자처하는 자만에 빠져 있다.

98) 이용섭 『초일류국가를 향한 도전』 세경사, 2008, p.36

것인가?

이은봉은 한국인들이 가지고 있는(인격적) 하느님 신앙은 훌륭한 신앙요소를 가지고 있으면서도 그 신(神)을 중심으로 한 고등종교의 성립을 보지 못했을 뿐만 아니라, 1500년간이나 남의 종교에 지배당하며 민간에 방치되어 왔다고 지적했고,[99] 최동희는 우리 민족 신앙의 최고대상이었던 환인이, 19세기 후반에 동학에 새로운 모습으로 나타났다고 밝혔다.[100] 김범부는 동학을 신도(神道)의 기적적 부활이고, 국풍(國風)의 재생[101]이라고 높이 평가했다. 이러한 의미에서 동학은 그 사상적 근원태초부터 하느님을 숭배해 온 고신도(古神道)에 있다고 할 수 있다. 따라서 동학은 다가오는 제2 동이문명의 중흥에 기여할 수 있는 충분한 조건을 갖추기 위해 '다시동학' 해야 하는 것이다. 12제국주의 열강 세력이 이제 괴질에 빠져 물러가고, 여기에 새로운 세상을 열기 위해 새로운 세계질서가 '다시' 등장한다. 따라서 '다시동학' 이란 이러한 상극적이고 전투적인 구질서를 대체할 새로운 평화적 세계질서를 창조할 이념적 지표로써 동학 자신의 세계를 향한 변혁적 재등장을 의미한다. '다시동학' 는 최령적(最靈的) 존재인 인간 자신의 자아실현과 동학 자신의 세계화를 지향하며, 보편적인 영성문화의 창조를 목적으로 한다.

생각하건대, 한국문명사의 일대특징은 역사에서 절대성과 극단주의의 횡포를 거부하면서 상대성과 상호주의의 가치를 고양한 것과 역사의 영성화(靈性化)를 추구한다는 점이다. 환웅, 단군 이래로 천신(天神)을 숭배해 왔으면서도 오랫동안 하나만의 유일적 절대성을 용납하지 않은 것은 한민족이 상대적 포용주의를 문명의 특징으로 삼았다는 것을 의미한다. 또 하나 동학

---

99) 이은봉 「단군신앙의 역사와 의미」『단군－그 이해와 자료』서울대출판부, 1994, P.328

100) 최동희 「천도교와 단군신화」『단군학연구』2집, 단군학회, 2000, p.92

101) 김범부 「최제우론」월간『세계』1960.5월호,국제문화연구소, pp.231～232 ; 『현대와 종교』(제7집, 1984에 재발표) ; 『풍류정신』(정음사, 1986에 재발표)

은 동학혁명 이후에도 지나친 세속화를 거부하고 늘 영성화를 지속해 왔다는 특징을 갖는다. 이러한 동학의 영성은 저 멀리 단군의 천신사상에 연원을 두고 있기 때문에 미래 한국 문화(文化)의 변혁을 주도하게 될 것이라는 점이다. 앞으로 새로운 영성(靈性)문화의 창조와 그곳으로의 진입을 동학이 선도할 수 있을 것이다. 이런 차원에서도 단군사상에 연원하고 있는 동학정신은 새로운 후천문명의 탄생, 즉 가을의 성숙사회로 가기 위해 인류의 진화된 영성문화의 창조에 결정적인 기여를 할 수 있을 것이다.

(원출전 : 『주역과 동학의 만남』 2010년)

참고문헌

• 자료

『논어』

『二程集』

『장자정몽주』

『近思錄』

『주역』

『노자』

『동경대전』

『성리대전』

『이충무공전서』

• 논문

박일근 「손중산사상이 한국민에 끼친 영향—손중산과 조소앙 정치사상비교」 『삼균주의 연구논문』 삼균학회, 제26집, 2005.2

장영민 「동학농민운동의 민족주의 성격」 『한국민족운동사연구』(신용하교수 정년기념논총3), 나남, 2003

이찬구 「東學相均論」 『동학연구』 제19집, 한국동학학회, 2005.9

정학섭 「일제하 해외민족운동의 좌우합작과 삼균주의」 『한국의 근대국가형성과 민족문제』 문학과지성사, 1986
김범부 「동방사상강좌」 『동방사상논총』 보련각, 1975
로저 에임즈 「현대적 종교성으로 본 유학과 禮」 『민족종교와 종교간 대화』(겨레얼9집) 한국민족종교협의회, 2004
송항룡 외 「조선조 老莊 주석서 연구 1」 『동양철학연구』 제26집, 2001.9
배종호 「노자의 도」 『인문과학』 10호, 연세대, 1963.12
송인창 「주역에서 감통의 문제」 『주역의 근본원리』 철학과 현실사, 2004
김정일 「주체사상에 대하여」 『주체사상연구』 태백, 1989
정세현 「남북교류협력현황과 해외종교인 역할」 『한민족 정체성회복과 미국생활』 한국민족종교협의회 세미나, 2004.
에드워드 켄다/ 이상익 「동서사상에 있어서의 균형과 발전의 철학」 『동서사상의 대비적 조명』 성균관대, 1994
이영희 「한반도는 강대국의 핵볼모가 아니다」 『민족이론』 문학과 지성사, 1985
권영건 『조소앙의 삼균주의론』 한양대 박사논문, 1985
허경일 「동학사상과 한국정치학」 『민족통일학보』 창간호, 2003.12
이상만 「동북아 경제권과 남북한 경제교류협력의 과제」 『동북아시대의 한민족』 비봉출판사, 1994
이은봉 「단군신앙의 역사와 의미」 『단군—그 이해와 자료』 서울대출판부, 1994
최동희 「천도교와 단군신화」 『단군학연구』 2집, 단군학회, 2000
김범부 「최제우론」 월간 『세계』 1960. 5월호, 국제문화연구소

• 단행본

강만길 『조소앙』 한길사, 1982
『독립운동사4(임시정부사)』 독립운동사편찬위원회, 1972
C.G. 융/ 설영환 『C.G. 융 무의식분석』 선영사, 1986,
이이화 『민중의 함성 동학농민전쟁』(한국사이야기18) 한길사, 2003
김구 『백범일지』 서문당, 1989
한완상 『민중사회학』 종로서적, 1984
勞思光 『中國哲學史』 3하, 三民
화이트헤드/ 오영환 옮김, 「해제」 『과정과 실재 Process and Reality』, 민음사, 1997

서복관/ 유일환 『중국인성론사』(선진편) 을유문화사, 1995
하기락 『조선철학의 체계적 전개』 신명, 1993
방입천 『문제로 보는 중국철학』 예문서원, 1997
천도교 『천도교경전』(해월신사법설), 천도교중앙총부, 1977
최영진 『유교사상의 본질과 현재성』(도:一陰一陽之謂道) 유교문화연구소, 2002
김지하 『님』 솔, 1995
김용옥 「어울림 산조」 『도올 논어』 3, 통나무, 2001
김지하 『생명과 자치』 솔, 1996
동아일보 『원자료로 본 북한 1945~1988』 신동아 1989년 1월호 별책부록
박종천 『상생의 신학』 한국신학연구소, 1991
윤노빈 『新生哲學』 학민사, 1989
박치성 외 『신국제질서와 한반도』 건국대출판부, 1998
이상우 「공존공영의 바른 길」 『함께 사는 통일』 나남, 1993
수운교 『만세선화』 수운교본부
한스콘/ 차기벽 『민족주의(세계사상전집 26)』 삼성출판사, 1988
황장엽 『인간중심철학의 몇 가지 문제』 시대정신, 2001
뮈르달/ 조순 『아시아의 근대화』(삼성문고 23권), 1973
강기철 『토인비와 문명』 샘터, 1982
임형진 『동학의 정치사상』 모시는 사람들, 2002
조용일 『동학조화사상연구』 동성사, 1988
화이트헤드/ 오영환 『관념의 모험』 한길사, 1996
김용옥 외 『삼국통일과 한국통일』 상권, 통나무, 1994
피케티 『21세기 자본』 장경덕 외 옮김, 글항아리, 2014

6 근대 민족운동과 단민주주의 통일론

— 단군운동과 동학운동의 새로운 결합을 중심으로

1. 근대 민족운동의 시대적 배경

한국에서의 근대는 민족주의의 형성과 관련하여 중요한 의미를 갖는데, 근대 한국민족주의의 형성에 대해서는 몇 가지 서로 다른 주장이 나타나고 있다. 이러한 주장들을 몇 가지로 간추려 생각하면 다음과 같이 정리할 수 있다.[1)]

첫 번째의 주장은 한국 근대민족주의의 형성시기를 1876년의 강화도조약에서부터 인식하려는 견해이다. 이 주장은 한국이 전통적인 중화질서체제에서 벗어나서 최초로 근대적인 국제질서로 편입되기 시작한 시기가 이때였으며, 여기에서부터 근대 민족국가적인 의식이 나타나게 되었다고 설명한다.

두 번째의 견해는 실학사상의 대두에서부터 그 기원을 인식하려는 경향이다. 서구의 가톨릭적인 충격과 실학자들의 인식에서 근대적인 국제질서를 어느 정도 이해할 수 있게 되었고, 이는 나아가서 중화질서체제에서 벗어난 독자적인 주권국가의 의식이 나타났기 때문이라고 설명한다.

세 번째의 견해는 대체로 19세기 말의 이른바 대한제국 시기로서, 이 시기에서부터 본격적으로 침투해 왔던 서구와 일본의 제국주의적 침탈에 대항하여 민족적 자주의식이 나타났으며, 특히 애국계몽운동은 민족운동의 구체적인 실천양식이라는 점에서 이 시기를 한국 근대 민족운동 내지는 민족주의의 시발로 인식한다.

네 번째로는 주로 20세기 초 3·1운동을 한국민족주의의 시발로 인식하면서, 이 시기부터 민족의 해방을 위한 실천적인 민족운동이 나타났다고 주장한다. 대체로 위에서 지적한 서로 다른 주장들은 곧 한국민족주의의 형성이 내재적인 자아인식에 의해서 이루어졌는지 또는 외부로부터의 충격에 의하

1) 노태구, 「한국민족주의의 전개과정과 과제」 『신인간』 제638호, 2003. 10월호, p.81

여 나타났는지에 대한 관점의 차이라고 할 수 있다.

이밖에 한국에서 근대의 시작을 1862년으로 보기도 한다. 1862년은 고종의 즉위년도와도 같다. 이 시기부터 홍선대원군의 사회 개혁이 시작되어 소위 세도정치가 막을 내리는 등, 본격적인 근대화의 길에 들어섰다 하여 흔히 이 시기부터 근대로 구분한다. 이보다 앞선 1802년으로 보는 견해도 있으나 저자는 1860년 수운 최제우의 동학창도를 그 기점으로 설정하여 논의를 전개하려고 한다.

이처럼 한국근대사에 있어 19세기는 매우 중요한 전환기라 할 수 있다. 근대란 말은 역사 시대의 삼등분인 고대, 중세, 근대로 나누는 것에서 유래한다.

근대[2]란 말은 정치적으로는 국민국가, 사회적으로는 신분제철폐, 철학적으로는 자유와 평등의 인간 자각, 경제적으로는 자본제사회의 의미를 복합적으로 갖는다.

1860년 수운 최제우는 무극대도란 이름의 동학을 창도하였다. 동학이 가

2) 대개 고대(노예제)－중세(봉건제)－근대(자본주의)라는 시대구분. 그러나 김용옥 같은 분은 이런 것은 의미 없는 것으로 차라리 다른 용어를 쓰자고 다음과 같이 주장한다. 즉 서양사에서 민족(국가) 개념은 19세기 들어서야 나타나므로 왕조사라든가 민족국가 단위의 역사 쓰기가 근원적으로 불가능합니다. 그에 비하면 우리는 왕조사가 훨씬 더 의미가 있어요. 왜냐면 고려, 조선왕조도 500년 역사를 지속했고. 서양은 500년 역사도 못씁니다. 말이 안 되는 거지. 그래서 그런 얘기도 편견이라고. 왕조사가 우리에겐 훨씬 의미가 있습니다. 세계사상 우리 역사처럼 왕조의 지속력이 긴 유례가 없고 최소한 고－중－근보다 낫다 이거야. 왕조사가 낫다는 얘기가 아니야. 왕조사 치워 버려야죠, 딴 개념이 있으면 더 좋죠. 예를 들면 고려 호족사회, 조선 양반관료사회라고 분류해도 고대－중세－근대 구분보다는 낫다고. 여러 가지 기준이 있다는 거지. 동학에도 가장 중요한 게 개벽이론, 음양의 세계 이런 게 있다고. 그게 유치한 것처럼 보이지만 서양의 발전도식적 사관보다 훨씬 더 나은 사관이라는 거야. 맹자가 일치일란(一治一亂)이라고 그랬어요. 한 번 다스렸다가 한 번 어지러운 것. 반복적으로 뵈는데 그게 반복의 역사가 아니라는 거죠. 동학에서 개벽이란 개념이라든가, 김일부의 '저녁' 개념 같은 것도 보면, 그 사람들은 이제 그 어둠의 세계가 빛이 되어 온다라든가, 선천개벽세가 지났다가 이제 후천개벽세가 온다, 이제 그러면 다시 개벽이다. 그런 얘기는 역사를 단계적으로 보는 게 아니라 음양론적으로 보는 거예요. 여태까지 우리가, 어두웠던 측면을 떨쳐 버리고 밝은 세상을 만들자, 이런 것만 해도 역사의 위대한 비전이 된다는 거지.(2004. 1. 9 한겨레신문)

지고 있는 역사적 의미는 여러 가지 복합성을 띄고 있으나, 대개 사람과 사람의 평등성 강조는 근대성을, 민주정치의 강조는 근대와 현대성을, 하날님을 모신다는 시천주 사상은 역사적 초월성을 갖는 것이라 할 수 있다. 특히 수운은 동학 창도시에 집안에 거느리고 있던 두 여종을 해방하여 한 사람은 수양딸로 삼고 또 한 사람은 며느리로 삼아 동학의 중요한 가치인 사인여천(事人如天)의 윤리를 몸소 실천하였다. 이 사인여천의 인간존중과 평등의 윤리사상은 후에 동학혁명의 정신적 밑거름이 되었다.

근대란 말을 자본제 사회를 의미하는 것으로 보면, 서양 자본주의가 들어오는 1876년 개항은 중요한 의미를 지닌다. 1876년 개항을 전후한 19세기 중엽 이후의 조선사회는 여러 가지 측면에서 급격한 변화를 겪고 있었다. 항구를 열었다는 것은 그동안의 쇄국(鎖國)의 문호를 열고 외국과 통상을 시작한 것을 의미한다. 특히 서구 자본주의의 공세적 활동으로 조선은 새로운 경제사회적 국면을 외면할 수 없었다.

19세기 후반부터 구미(歐美)자본의 동양진출이 두드러졌다. 먼저 1832년 6월, 동인도회사 소속의 영국 상선이 몽금포에 와서 통상을 요구하였다. 이어 1861년 러시아 함대가 원산에 와서 통상을 요구하였고, 독일인 오페르트의 3차에 걸친 통상요구, 미국 상선 제너럴셔먼호의 통상요청과 소각사건, 2차에 걸친 프랑스군함의 내침은 급기야 병인양요를 불러왔다.

1866년(고종3) 병인양요는 프랑스함대가 인천과 서울 근처까지 쳐들어온 사건이다. 철종대에 와서 종래 천주교에 대한 탄압의 방침이 완화되자, 이 틈을 타서 베르누(Berneux), 리델(Ridel) 등을 위시한 프랑스인 신부가 많이 들어와 선교활동을 하고 있었다. 1861년에는 천주교도의 수가 18,000명, 1865년에는 23,000명을 헤아리게 되었다. 실권을 장악한 대원군은 처음에는 천주교를 탄압하지 않았으나 1866년 정월에 천주교 탄압령을 내려 불과 몇 개월 동안에 9명의 프랑스 신부와 남종삼, 정의배 등을 비롯한 8,000명의 천주교

신자들을 처형했다.

이때 탈출한 리델 신부는 당시 중국 천진에 주둔하고 있던 프랑스 극동함대 사령관 로즈(Rose)제독에게 보고하였다. 또 북경에 있던 프랑스 대리공사 벨로네(Bellonet)는 조선 정벌을 밝혔다. 이에 대원군은 탄압을 더 심하게 하고, 변경의 방비를 더 굳게 하였다. 1866년 9월, 로즈 제독은 3척의 군함을 이끌고 리델신부와 조선인 신자 3명의 안내를 받으며 인천 앞바다를 거쳐 양화진, 서강에까지 이르렀고, 이 소식을 접한 서울 도성은 공포와 혼란에 빠진다.

그러나 조선의 조정은 의연히 대처하여 이용희로 하여금 한강을 지키게 했다. 겁을 먹은 3척의 군함은 되돌아갔다가 그해 10월에 7척의 군함을 이끌고 나타났다. 강화부를 점령하고 군기와 양식, 서적 등을 약탈해 갔다. 이에 조정은 문수산성과 정족산의 두 산성을 굳게 지키게 하였다. 문수산성의 한 성근은 120여 명의 프랑스 군과 싸워 이겼다. 도주했던 프랑스군은 다시 정족산성을 공략하였으나 30여 명의 사상자를 낸 채 도주하였다.

이 사건으로 동양에 있어서의 나폴레옹 3세 치하의 프랑스 제국의 위신은 여지없이 실추하였고, 국제사회가 조선의 위상을 다시 보게 만들었다. 힘을 얻은 대원군은 쇄국양이(鎖國攘夷 : 나라를 굳게 지키고 오랑캐를 물리침)정책을 더욱 고수하였고, 천주교에 대한 탄압에 박차를 가하게 된다.

1871년 미국은 조선에 통상을 재차 요구하였다. 이는 상선 제너럴셔먼호의 통상요구 실패 이후 5년만이다. 불타 버린 셔먼호에 대한 해명과 함께 미국은 조선과 강제로 통상조약을 맺으려고 북경에 있는 로오(Row)공사에게 훈령하였고, 이에 아시아함대 로저스(Rodgers) 사령관과 상의한 끝에 군함 5척에 군사 1,200명을 싣고 남양 앞바다에 도착하여 조선 정부에 통상할 것을 요구하였으나 거절당한다.

그들 중 함대 1척이 강화해협을 측량한다는 빌미로 강화도 광성진으로 허가 없이 들어오자, 강화 수병들이 맹렬히 공격하였다. 이것이 신미양요이다. 미군은 초지진과 덕진을 점령하였고, 공성진 전투에서는 공방전이 치열하였다. 미군측은 3명이 전사하고, 10여 명이 부상당하였다. 아군도 어재연, 어재순, 이현학, 김현경 등이 전사한다.

마지막 날 이염(李濂)이 초지진을 야습하여 미국 군함을 퇴각시켰다. 미국은 부평(富平)부사 이기조에게 외국사신을 배척한 것은 불미스러운 일이라고 변명하고 물러났다. 대원군은 각지에 외국과의 화친을 물리치고 외세를 단호히 배격한다는 척화비(斥和碑)를 세워 쇄국정책을 강화하였다.

그러나 일본의 통상요구는 집요하게 이루어졌다. 1875년 9월, 일본 군함 운양호가 강화도에 들어와 포격을 가한 사건이 발생하였다. 이때 조정은 쇄국을 밀고가는 대원군 일파와 그 반대파간에 갈등이 고조되고 있었다. 어린 고종이 이제 어른이 되었다는 이유로 1873년에 대원군이 하야하자, 쇄국노선은 중대고비를 맞게 된다.

이런 허점을 노린 일본은 강화도 난지도에 운양호를 정박하고 총공격을 가했다. 신무기로 무장한 일본의 공격에 속수무책이었다. 조정은 일본 측의 강요에 못 이겨 끝내 조약의 문턱에 나서게 된다. 1876년에 들어서자 일본은 운양호 사건을 빌미로 조선정부의 사죄, 조선영해의 자유항행 등을 요구하고 나섰다. 겉으로 평화적 해결을 내세우면서도 속으로는 개항을 하지 않으면 전투를 개시하겠다는 위협을 하며, 1876년 1월, 8척의 군함을 이끌고 부산에 입항하였다. 긴장이 고조되는 가운데 조정에서는 강화도를 회담 장소로 하고, 신헌 윤자승을 보내 구로다, 이노우에를 만나게 했다.

이때 조정은 대원군 일파와 유생들의 반대로 의견이 구구하였고, 박규수 오경석 등의 주장과 청국 이홍장의 권고에 의하여 결국 개항을 결정하기에 이르렀다. 1876년 2월 26일 12개조에 달하는 병자수호조약, 일명 강화도조약을 체결하였다. 이 조약 1조에 "조선은 자주국가"라고 했으나, 그것은 청국을 배제하고 일본에게 침략의 길을 열어주는 결과를 자초하였고, 평등한 권리는 불평등조약으로, 영원한 화친은 결국 영원한 원수로 됨으로써 조약문서는 역사상 드문 사기문서가 되었다.

이로써 유약한 조선정부는 쇄국의 길을 포기하고 3개 항구를 타율적으로 문을 열었으니, 1876년 부산, 1880년 원산, 1883년 인천을 차례로 개항하였다. 이어 1882년 한미통상조약, 1883년 한영통상조약, 한독통상조약, 1886년 한러통상조약, 한불통상조약 등이 체결되었다. 이런 급격한 개항에 따른 개국정책은 낮은 수공업단계에 있던 조선을 세계시장에 발을 들여놓게 하였으나, 오랫동안 낙후성과 후진성을 면치 못하였다.

국내의 정치상황도 후진성을 면치 못하기로는 마찬가지였다. 척신(戚臣)과 부패가 판을 친 세도정치, 전정 군정 환곡의 삼정(三政)문란, 홍경래 등 전국적인 농민봉기, 신분질서의 이완에 따른 봉건체제의 몰락 등 왕조의 전반적인 체제가 심각한 위기에 놓이게 되었다. 그 위기를 요약하면 반봉건(反封建)과 반제국주의(反帝國主義)였다. 이렇게 내부적인 모순이 계속되고, 서구열강과 일본의 심각한 도전에 직면한 위기의식 속에서 조선인들이 어떻게 하여야 살아갈 것인가를 놓고 몇 가지 대응논리가 대두된다.

이러한 대응논리는 19세기 말부터 20세기 초까지 지속적으로 제시되고 전개되었다. 그 핵심은 어떤 민족주의를 지향할 것이냐는 데에 있다. 거세게 밀려온 만국공법(萬國公法)이라는 세계질서 속에서 민족의 바른 위치를 찾는 일이었다.

첫째, 서구 열강의 도전을 제국주의적 침략으로 규정하여 그들의 문명 일체를 배격하고, 유교적 문물의 계승을 통하여 민족보전의 길을 찾으려 한 위정척사(衛正斥邪)운동

둘째, 서구문명을 적극적으로 수용하여 근대적 개혁을 시도한 개화(開化)운동

셋째, 전통적 민간신앙에 기반하되, 새로운 평등이념으로 보국안민의 이념을 구현하려 한 동학(東學)운동과 국조단군을 중심한 대종교, 청림교운동

넷째, 민중 민권의 이념으로 일제로부터 국권을 지키기 위해 일어난 애국계몽운동

다섯째, 민족의 자주적 보존을 위한 직접적 무장투쟁운동

이 가운데 위정척사운동과 동학운동은 기본적으로 서양에 대한 위기의식을 공통적으로 가지고 있었다. 밀려오는 서세동점의 위력에 대응하여 위정척사운동이 유학의 정맥인 존화양이(尊華攘夷), 즉 중국을 높이고 서양의 문화를 오랑캐로 인식한 전통적인 틀 안에서 춘추대의에 충실히 하여 일어난 것이라면, 동학은 유학의 한계를 인정하고 서학(西學)인 천주교에 반대하는 입장에서 새로운 이념의 필요성을 제기하였다는 데 차이가 있다. 따라서 이 둘의 공통점은 서학 천주교에 반대하였다는 점이다. 서학이란 천주교를 포함한 당시 유입된 서양문화를 총체적으로 표현한 말이다.

한편 이 당시 동양삼국은 각기 어떠하였는가? 동아시아 삼국 즉 조선, 중국, 일본은 근대 이전까지는 하나의 문화권으로 간주되었다. 조선은 15세기부터 성리학 중심체제로 되었고, 중국은 대체로 유교와 불교가 공존하였으며, 일본은 불교중심 사회였다고 할 수 있다. 그리고 동아시아의 질서는 중국을 중심으로 중화주의적(中華主義的) 위계질서가 존재하였다.

그런데 동아시아 국가들의 역사는 자본주의 세계체제에 편입되면서 각기 상당히 다른 양상으로 나아갔다. 결과적으로 중국은 半식민지가 되었다가 국가사회주의 체제가 되었고, 일본은 제국주의 침략국으로 갔다가 선진자본주의 국가가 되었으며, 조선은 완전식민지로 되었다가 자본주의 국가와 국가사회주의로 양분되는 등 각기 다른 길을 걷게 된다.[3]

---

3) 강만길 「동아시아 근현대사의 전개와 역사인식」 『근대동아시아 역사인식 비교』 선인, 2004, pp.14~15

여기서는 동학운동과 단군운동을 중심으로 설명하고자 한다.

2. 동학운동의 전개와 의의

1) 동학운동의 전개

1860년 수운 최제우는 동학(東學)을 창도하였다. 동학이라는 이름은 당시의 서학(西學)에 대응한다는 취지에서 나온 것이지만, 사실은 동방을 근원으로 삼는다는 뜻이 강하게 들어 있다. 동학은 훗날 농민혁명전쟁과 민족종교운동[4]의 효시가 되었다. 명칭에서도 드러나는 바와 같이, 동학은 당시 '서학'(西學)으로 불리던 천주교에 강력하게 반발하였고, 스스로 서학과 구별하고자 하였으며, 또 그것을 하나로 통합하고자 하였다.

서학이 주장하는 허황된 하늘중심의 신앙관을 비난하고, 땅에서 살고 있는 인간이 이루어야 할 가치로 포덕천하(布德天下), 광제창생(廣濟蒼生), 보국안민(輔國安民)의 실현을 목표로 시작한 초기 동학운동은 개벽사상을 토대로 반외세(反外勢)·반봉건(反封建)의 이념이 강하게 내재되어 있었다.

동학운동은 '근대'의 물결이 가속화됨에 따라 더욱 활발하게 전개되어 나갔다. 특히 1876년에 체결된 조일수교조규(朝日修交條規)는 일본이 서구세력으로부터 강요당하였던 불평등조약의 독소조항을 조선에 그대로 강요한 것이었기 때문에 약탈적 성격을 강하게 띠고 있었다. 따라서 제국주의와 자본주의적 성격을 강하게 지닌 이 조약체결의 결과는 쌀 수출로 인한 쌀값 폭등을 촉발시켜 소빈농과 도시빈민의 몰락을 더욱 가속화시키는 한편 지주계급에게는 보다 많은 부(富)를 축적케 함으로써 조선 후기부터 나타나기 시작

4) 오늘날 일컬어지는 민족종교 교단으로는 천도교, 대종교, 수운교, 원불교, 갱정유도, 태극도, 증산법종교, 순천도, 대순진리회, 청우일신회, 성덕도, 선불교, 증산도 등이 있다.

한 계급모순을 더욱 심화시키게 되었다. 이러한 현상은 무역을 통해 들어오는 사치품들을 구입하기 위해 지주계급이 농민에 대한 착취와 수탈을 더한층 강화함으로써 일반화되어 나갔다.

양반계급의 날로 심해지는 억압과 착취에 견디다 못해 전국의 각 지방에서는 농민들의 반란이 그치지 않았다. 당시의 농민봉기를 소개하면 1885년에 3회, 88년에 2회, 89년에 5회, 91년에 2회, 92년에 8회, 93년에 11회 등으로 해마다 증가추세에 있었다. 이와 같은 민족모순과 계급모순의 결합과 그에 따른 심화는 동학운동의 활성화와 다양화를 촉진하는 요인으로 작용하였다. 1894년에 발생한 동학혁명은 이와 같은 사회적 모순에 대한 대응으로 촉발된 운동이었다. 이 혁명을 통해 동학은 인간 평등의식과 척왜(斥倭)·척화(斥華)·척양(斥洋)의 반외세 의식을 더욱 강화하고 확산시켜 나갔다. 그렇기 때문에, 동학혁명은 근대시민혁명의 효시였다는 점에서 뿐 아니라 자신의 이념을 현실사회 속에 구현하려 시도한 최초의 사회참여운동이었다는 점에서도 큰 의의를 갖고 있다.

동학혁명이 동학의 이념과 조직에 바탕을 두고 전개된 운동이었다면, 1898년에 발생한 제주민란(濟州民亂)은 정역(正易)의 사상과 조직을 바탕으로 전개된 운동이었다. 동학의 발생과 거의 같은 시기에 등장한 정역운동(正易運動)도 민족종교운동으로서의 성격을 지니고 있었다. 일부(一夫) 김항(金恒, 1826~1898)에 의해 창도된 정역운동은 새로운 사회질서의 도래를 열망하는 민중의 욕구를 바탕으로 전개되었으며, 교리 속에는 후천개벽사상과 전통종교의 사상과 재래의 민간신앙이 담겨져 있었다.

이어 증산(甑山) 강일순(姜一淳, 1871~1909)에 의해 1901년에 창교된 증산교단은 동학혁명이 치열하게 전개되었던 지역에서 이 혁명에 직간접으로 참여하였던 사람들을 중심으로 형성되었다. 동학혁명의 체험을 선별적으로 수용하여 등장한 민족종교운동이었다고 할 수 있다. 그러나 사회적 긴장에 대한 증산의 대응방법은 동학혁명과는 달랐다. 증산은 이상세계의 건설을 혁명과 같은 세속적 방법에서 찾지 않았다. 그는 새로운 세계의 도래는 천지의 운행원리인 '천지도수'(天地度數)를 근본적으로 바꿈으로써만 가능하다고 가르쳤다. 그러면서 그는 새로운 사회통합의 원리로서 인존사상(人尊思想)과 해원상생(解寃相生)의 윤리를 제시한다.

2) 최제우의 운동 — 개벽사상

수운은 1820년대 초 경상도의 명망 있는 선비 가문에서 자라났다. 그의 본관은 경주(慶州)이고, 아명은 복술(福述)이었다. 그의 처음 이름은 제선(濟宣)이고 자(字)는 성묵(性默)이었는데, 후에 이름을 제우(濟愚)라고 하였다.

수운의 원조(遠祖)는 신라말 대학자였던 최치원(崔致遠)이며, 그의 7대조 최진립(崔震立)장군[5]은 임진왜란 때 의병을 모집하여 많은 공을 세웠고 병자호란 때에는 공주영장(公州營將)으로 남한산성을 구하러 가다가 용인군 험천에서 청국(淸國) 군대와 마주 싸워 장렬히 전사(戰死)한 위국충신(爲國忠臣)이었다. 부친 최옥은 호를 근암(近菴)이라 하였는데 도학(道學)이 높아 경상도 일대의 선비로서 주위에 모르는 이가 별로 없었다. 수운은 근암공(近菴公)의 만득자(晩得子)로 태어났다.

어릴 때부터 인생의 무상함을 느꼈을 뿐 아니라 세상 사람들이 참된 도리를 잃어버리고 어둠 속을 헤매는 것을 보면서 어떻게 하면 참된 도리를 얻어 세상을 건질 수 있을까 하고 진리를 찾기 위한 구도(求道)에 힘쓰게 되었다 한다.

5) 최진립은 경주최씨 시조 최고운으로부터 18세 손이며, 사성공파 후손이다. 사성공파 중에 최진립의 후손들은 최진립이 살던 마을이름을 따서 가암파를 형성하였다. 그래서 가암최씨라 하는데, 이 가암최씨중에 유명한 경주최부자와 수운이 태어났다. 경주최부자는 최진립의 손자 최국선으로부터 시작되었다. 최진립에게는 5형제가 있었는데, 그 중에 3남에게서 최국선이 나오고, 4남의 후손에서 수운이 태어났다. 수운은 최고운 시조부터 25세손이다.

"아버지께서는 의관을 벗으시고 안방과 사랑방을 마음대로 출입하시는데 어머니는 왜 문밖을 자주 나다니시지 못하고 안방에만 계십니까?"

"다른 사람들은 아버지를 보면 먼저 절을 하는데 아버지는 어째서 먼저 절을 하지 않습니까?"

19세기 우리나라의 사람들이 당연하게 여겼던 남존여비와 반상의 차별에 대해서도 소년 최제우는 예리한 문제의식으로 부모에게 질문하곤 했다.

수운은 재질이 총명하여 어려서부터 백가시서(百家詩書)를 불과 몇 년만에 무불능통(無不能通)하였고, 항상 말하기를 임금과 신하, 아비와 자식이 각기 자기답지 못한 것을 주역의 말을 인용하여, '君不君군불군 臣不臣신불신 父不父부불부 子不子자부자' 라 하였다. 또 '일세상 저인물이 도탄 중 아닐런가 함지사지 출생들아 보국안민 어찌할고' 라고 하면서 세상을 개탄하는 동시에 세상을 건질 결심을 하였다.

그는 전통종교인 유 · 불 · 선의 교리를 두루 섭렵하는 한 편 민간신앙을 연구하였으며, 활쏘기와 말타기, 장사생활 등을 하면서 세상 인심을 경험하였다. 32세 되던 1855년 춘삼월 초순, 홀연히 어떤 기이한 도인이 나타나 을묘천서(乙卯天書)라는 글을 주었다고 한다. 그는 그 책에 쓰인 대로 49일 기도생활을 계속하던 중 1860년 4월 5일 갑자기 마음과 몸이 떨리면서 황홀한 경지에 이르는 종교체험을 하게 되었다고 한다. 이때 그는 하날님으로부터 "나에게 영부(靈符)가 있으니 그 이름은 선약(仙藥)이요 그 형상은 태극(太極)이요 또 형상은 궁궁(弓弓)이니 나의 영부를 받아 사람을 질병에서 건지고 나의 주문을 받아 사람을 가르쳐서 나를 위하게 하면 너도 또한 장생하여 덕을 천하에 펴리라"는 천상의 계시를 받았다. 그 후 그는 거의 1년 동안 하날님과 문답하였으며, 하날님 강화(降話)의 가르침에 의하여 스스로 수련하고 스스로 닦아 장차 온 누리에 포덕할 대법(大法)을 세우게 되었다.

수운은 '吾心卽汝心오심즉여심' 이라는 천인일체(天人一體)의 경애(境涯)

에 들어가 “사람은 누구나 자기 몸에 하날님을 모시고 있다는 시천주사상(侍天主思想)”을 득도하였다. 종래 신과 사람을 대립시켜 신만 알고 사람을 몰라보며 신을 높일 줄은 알되 사람은 천시하는 그러한 폐단으로부터 탈피하여 본질에 있어서 하날님(신)의 표현이 인간이며 인간의 근본이 신이라는 신인일체(神人一體)의 새로운 종교관을 제시한다.

이러한 새로운 깨달음에 따라 수운은 맨 처음으로 부인에게 3배 절을 하고, 집에서 부리던 두 여종을 해방하여 한 사람은 수양딸로 삼고 또 한 사람은 며느리로 삼는다. 이렇게 인간의 존엄성과 만민평등을 자각하고 사인여천(事人如天)을 몸소 실천하여 모범을 보였다. 뿐만 아니라 사람은 도성덕립(道成德立)이 되며 세상은 ‘지상선경’이 되어야 한다고 주장하고, 동시에 포덕천하(布德天下) 광제창생(廣濟蒼生) 보국안민(輔國安民)과 지상천국(地上天國) 건설을 위해 성(誠), 경(敬), 신(信)을 실천도덕으로 삼았다. 이 사인여천의 인간존중과 만민평등사상, 그리고 지상선경사상은 후에 동학혁명의 정신적 밑거름이 되었다.

그는 하날님으로부터 받은 무극대도(無極大道)를 ‘동학’(東學)이라 부르면서, 『동경대전』(東經大全)과 『용담유사』(龍潭遺詞) 등의 경전과 하날님을 위하는 주문을 지어 포덕을 시작하였다. 그러나 교도가 날로 증가하게 되자, 관(官)에서는 이를 사교(邪教)로 규정하고 수운을 체포하고자 하였다. 소위 좌도난정(左道亂正)이라는 죄목이었다. 수운은 1863년 8월 14일 법통을 해월(海月) 최시형(崔時亨)에게 전수하고, 같은 해 12월 10일에 체포되어, 이듬해인 1864년 3월 10일에 대구감옥에서 수난을 당하였다.

수운사상의 핵심은 크게는 ‘천주’(‘하날님’으로 호칭함)와 ‘지기’(至氣)로 구분된다. 특히 하날님을 내 몸에 모신다는 시천주(侍天主) 사상은 동학의 핵심사상이라 할 수 있다.

그러면 동학에서 만물은 어떻게 존재하는가? 동학에서 생명의 근원적 요소는 영(靈)과 기(氣)이다. 그것을 구체적으로 말한 것이 영부와 주문이다. 그리고 영과 기를 만물화출의 근원자로서는 음양이라 한다. 그런데 그 음양을 음양이라고 부르지 않고, 달리 귀신(鬼神)이라고 한다. 또 그 귀신을 귀신이라고 부르기보다는, 태극 또는 궁궁이라고도 한다. 지기는 동학의 고유어이다. 이 지기는 홀로 있는 것이 아니라, 천주와 함께 붙어 있다. 마치 태극에 궁궁이 붙어 있는 것과 같다.

그런데 지기와 천주는 양립(兩立)되어 "존재의 상대성"을 갖는다. 여기서 상대성이란 대립이 아니라, 서로 의지적이라는 면에서 상의성(相依性)을 의미한다. 절대성이 아니라, 상대성이다. 상대적이라 해서 그 가치가 절하되거나 감소되었다는 뜻이 아니다.

그러면 음양의 어떤 면이 존재와 생성의 문제를 상대성으로 성립시켜 주고 있는가? 저자는 이것을 음양동정(陰陽動靜)의 호근(互根)에서 파악한다. 음양이 홀로 있는 것이 아니라, 음중양(陰中陽), 양중음(陽中陰)을 이루는 것처럼 상호 내재한다. 음양의 의존적 상호내재원리가 곧 동학 천도관의 핵이다. 이 "상호내재성"이 음양의 관계를 상대성으로 성립시켜 주는 것이다. 태극에는 궁궁이 짝이 되고, 천주에는 지기가 짝을 이룬다. 이 태극과 궁궁, 지기와 천주의 4대 형성요소 모두 상호내재성을 바탕으로 한다.[6]

수운은 '천주'에 대해 명확히 규정하지는 않았으나, 하늘의 천주를 모시는 것은 인간의 부모를 모시는 것과 같은 일이라고 했다. '천주'란 모든 현상 속에 내재해 있으면서 우주만물을 총섭하는 존재를 지칭하는 의미로 사용하였다. 이 존재는 시간상으로는 무한한 과거로부터 무한한 미래로 존재하며, 공간적으로는 무한하다. 만유는 천주 자체의 자율적 창조로 인하여 각양각색으로 나타난 것에 불과하다. 따라서 인간에게도 만유의 원인자인 '천주'

6) 이찬구, 『천부경과 동학』 모시는 사람들, 2007, pp.541~542

가 내재한다. 그렇기 때문에 그가 말하는 '천주'는 인간의 내면에 존재함과 동시에 인간 밖에 존재하는 초월자로서의 성격을 지니고 있다. 한편, '지기'는 '천주'와 서로 표리적 관계로 파악되는 것으로서, 허령(虛靈) 창창(蒼蒼)하여 우주에 충만된 기운을 말한다.

수운은 '천주'의 모심을 깨달아 수심정기(守心正氣)로써 참된 삶의 길을 추구하며 객관적으로는 자아의 인격완성을 기하고 국가 사회적으로는 보국안민(輔國安民)·광제창생(廣濟蒼生)·지상천국(地上天國) 건설을 이룰 것을 가르쳤다. 그의 가르침은 지기론(至氣論)과 시천주(侍天主)를 근간으로 삼는다. 그는 이러한 사상을 토대로 사람 대하기를 '천주' 대하듯이 하라는 사인여천(事人如天)의 윤리관을 제시하였으며, 정성·공경·믿음의 수행덕목을 실천하여 동귀일체(同歸一體)로써 후천개벽(後天開闢)의 새 하늘(新天), 새 땅(新地), 새 사람(新人)이 될 것을 가르친다. 수운은 다음과 같이 하날님으로부터 받은 개벽의 천명을 노래한다.[7)]

천은(天恩)이 망극하여 경신사월 초오일에
글로 어찌 기록하며 말로 어찌 성언할까
만고없는 무극대도(無極大道) 여몽여각 득도로다
기장하다 기장하다 이내운수 기장하다
하날님 하신 말씀 개벽(開闢)후 오만년에
네가 또한 첨이로다 나도 또한 개벽 이후
노이무공(勞而無功) 하다 가서 너를 만나 성공하니
나도 성공 너도 득의 너희 집안 운수로다(「용담가3」)

7) 노길명, 「한국근현대사와 민족종교운동」『한국민족종교운동사』 2003, 한국민족종교협의회, pp.42~44

천운이 둘렀으니 근심 말고 돌아가서
윤회시운 구경하소 십이제국 괴질 운수
다시 개벽 아닐런가 태평성세 다시 정해
국태민안 할 것이니(「몽중노소문답가 5」)

가련하다 가련하다 아국운수 가련하다
전세임진 몇해런고 이백사십 아닐런가
십이제국 괴질운수 다시 개벽 아닐런가
요순성세 다시 와서 국태민안 되지마는
기험하다 기험하다 아국운수 기험하다
개같은 왜적놈이 전세임진 왔다가서(「안심가8」)

여기서 중요한 말은 개벽이다. 먼저 있었던 개벽은 선천의 개벽이고, 이제 다시 오는 개벽은 후천의 개벽이다. 선천시대는 억압과 불평등의 시대라면, 후천은 정의롭고 평등이 넘치는 새 시대이다. 선천의 시대가 상극으로 점철된 투쟁의 시대였다면, 후천의 새 시대는 상생의 평화시대이다. 후천이라는 새 세상은 지난 시기 선천 5만년을 해원(解寃)하고 완성하는 것을 의미한다.

즉 "부하고 귀한 사람 이전 시절 빈천이요, 빈하고 천한 사람 오는 시절 부귀로세"(교훈가)라고 하였고, "우리라 무슨 팔자 고진감래 없을소냐. 홍진비래 무섭더라 한탄 말고 지내보세"(안심가)라고 하였다. 기존의 지배질서가 바뀌고, 기층민(基層民)이 다시 일어나 역사의 바른 자리를 차지한다는 주장이다. 수운은 역사의 주인인 기층민이 제 자리를 바로 찾기 위해서는 나라의 국권이 튼튼하여 보국안민(輔國安民)이 이루어져야 한다고 주장했다.

이런 사상의 밑바닥에는 이상세계에 대한 강한 염원과 인간존엄성의 정신이 표명된 것이다. 이 보국안민은 서양 제국주의의 물결과 왜적의 침략을 막지 않으면 어렵다고 보고, 민족적인 저항감을 고취했다. 보국안민은 서구제국이 우리에게 선사하는 것이 아니고, 우리 스스로 지켜야 한다는 뜻이다. 이런 보국안민을 토대로 수운은 개벽의 세상을 세상의 강대한 12개 나라보다도 조선에서 먼저 열고자 갈망했다. 조선을 장차 세상의 주인으로 삼으려는 그의 장대한 포부를 표현한 것으로 볼 수 있다.

> 초야에 묻힌 인생 이리 될 줄 알았던가
> 개벽시 국초일을 만지장서 내리시고
> 십이제국 다 버리고 아국운수 먼저 하네(「안심가4」)

그런데 여기서 우리가 검토해 볼 것은 '다시개벽' 이라는 용어이다. '다시' 라는 말의 사전적 의미에는 단순한 되풀이의 뜻과, 이전상태로 되돌아간다는 뜻과, 멈춘 것을 이어 또 한다는 뜻이 있고, 다음차례에 새로이 한다는 뜻이 있다. 「용담가3」에 유의하여 생각할 것은 노이무공(勞而無功)이라는 말이다. 노이무공이라는 말을 풀이하면 '하날님이 그동안 헛수고했다' 는 뜻이다. 그래서 다시 시작한다는 말이다. 다시 시작하는데, 문제는 이전상태로 되돌아갈 수 없다는 것이다. 과거는 더 이상 반복할 수 없으므로 그 자리에서 다시 시작한다는 의미에서 '다시개벽' 인 것이다. 다시개벽의 그 '다시' 하는 시점은 곧 '지금 여기' 인 것이지, 먼 미래가 아니다.

3) 최시형과 전봉준의 운동—동학농민혁명의 점화

최시형은 수운이 관의 탄압을 받게 되자, 수운을 대신하여 전국을 돌며 동학전파와 교세확장에 들어갔다. 1871년(고종 8) 진주민란의 주모자인 이필제(李弼濟)가 3월 10일에 영해부(寧海府)에서 민란을 일으킴으로써 동학은 다시 대대적인 탄압을 받게 되었다. 최시형은 관헌의 추격을 피하여 소백산으로 피신하면서 영월 · 인제 · 단양 등지에서 다시 기반을 구축해 나갔다. 1878년 개접제(開接制), 1884년 육임제(六任制)를 마련하여 신도들을 합리적으로 조직하고 교리연구를 위한 집회를 만들었다.

1880년 5월 인제군에 경전간행소를 세워 수운으로부터 받은 필사본을 저본으로 동경대전 (東經大全)을 간행하였고, 1881년 단양에도 경전간행소를 마련하여 용담유사(龍潭遺詞)를 간행하였다. 이와 같이 신도의 교화 및 조직을 위한 기틀이 마련되어 교세가 비약적으로 증가하게 됨에 따라 1885년 충청도 보은군 장내리로 본거지를 옮겼다.

동학교도들의 활동이 활발하여지자 그에 따른 관헌의 신도수색과 탄압이 가중되었는데, 동학의 교세도 만만하지 않게 성장하여 1892년부터는 1864년 3월의 수난에서 비롯된 교조의 신원(伸寃)을 명분으로 조정에 대해 투쟁을 전개하여 나갔다.

제1차신원운동은 1892년 11월 전국에 신도들을 전주 삼례역(參禮驛)에 집결시키고, 교조의 신원과 신도들에 대한 탄압중지를 충청도 · 전라도관찰사에게 청원하였으나 여전히 탄압이 계속되자 1893년 2월 서울 광화문에서 40여 명의 대표가 임금에게 직접 상소를 올리는 제2차신원운동을 전개하였다.

정부측의 회유로 일단 해산하였으나 태도가 바뀌어 오히려 탄압이 가중되자 제3차신원운동을 계획, 3월 10일 보은의 장내리에 수만 명의 신도를 집결시켜 대규모 시위를 감행하였다. 이에 놀란 조정에서 선무사 어윤중(魚允中)을 파견, 탐관오리를 파면하자 자진 해산하였다.

신용하는 동학혁명을 4단계로 구분하였다.[8]

제1단계 고부민란(1984. 1. 11～3. 3 전봉준 · 조병갑)

제2단계 제1차 농민전쟁(3. 20～5. 7 전봉준 · 손화중 · 김개남 남접도소 설

---

8) 신용하, 『동학과 갑오농민전쟁연구』 일조각, 1993, p.286

치, 무장기포, 전주입성)

제3단계 농민집강소 설치(5. 8~9. 12 청일 개입, 전주화약, 53개소 농민통치)

제4단계 제2차 농민전쟁(9. 13~12월말. 일본군과의 전투, 논산에서 남북 연합대회, 공주 우금티)

1894년의 '동학농민혁명전쟁' 을 크게 민란기와 혁명기와 항일전쟁기로 나누어 본다. 민란기는 1894년 1월의 고부민란을 의미하며, 혁명기는 3월 농민군 편성과 5월 집강소 설치를 의미한다. 마지막으로 항일전쟁기는 9월 일본군과 혈전을 전개한 항일전쟁을 의미한다.

1893년 12월 농민들은 동학접주 전봉준을 장두(狀頭)로 삼아 관아에 가서 조병갑에게 진정하였으나 받아들여지지 않고 쫓겨나자, 동지 20명을 규합하여 사발통문(沙鉢通文)을 작성하고 거사할 것을 맹약, 드디어 이듬해인 1894년 정월 10, 1천 명의 동학농민군을 이끌고 봉기하여 고부군청을 습격하였다. 이것이 '고부민란' 이다. 농민군이 고부관아를 습격하자 조병갑은 전주로 도망갔고, 고부읍을 점령한 농민군은 무기고를 파괴하여 무장하고 불법으로 빼앗겼던 세곡(稅穀)을 창고에서 꺼내 농민들에게 돌려주었다. 제폭구민(除暴救民) 축멸왜이(逐滅倭夷)의 기치 아래 봉기한 동학농민군은 몇 개월 만에 삼남일대를 석권하였다.

그리하여 1894년 3월 25일 농민군은 4대 明義(명의)를 다음과 같이 발표하였다. 여기에는 농민군의 혁명의지가 분명하게 담겨 있다.

1. 사람을 죽이지 않고 물건을 파괴하지 않는다.
2. 충과 효를 모두 온전히 하여 세상을 구하고 백성을 편안케 한다.
3. 일본 오랑캐를 몰아내어 없애고 왕의 정치를 깨끗이 한다.
4. 군대를 몰고 서울로 들어가서 권세가와 귀족을 모두 없앤다.

이어 전라도 백산(白山)에서 발표된 격문(일명 白山倡義文)은 농민군이 반제(反帝), 반봉건(反封建)의 농민혁명을 지향한 것임을 알 수 있게 한다.

> 우리가 의(義)를 들어 이에 이른 것은 그 본의가 다른 데 있지 아니 하고, 창생을 도탄에서 건지고 국가를 반석 위에다 두자 함이다. 안으로는 탐학한 관리의 머리를 베고 밖으로는 횡포한 강적(强敵)의 무리를 몰아내자 함이다. 양반과 부호들의 앞에서 고통을 받는 백성들과 방백과 수령의 밑에서 굴욕을 받는 말단 소리(小吏)들은 우리와 같이 원한이 깊은 자라. 조금도 주저치 말고 이 시각으로 일어서라. 만일 이 기회를 잃으면 후회하여도 미치지 못하리라.[9]

이때 동학군이 발표한 12개조 폐정개혁안은 다음과 같다.

1. 동학도는 정부와 원한을 씻어 버리고 모든 행정에 협력할 것.
2. 탐관오리는 그 죄목을 조사하여 엄징할 것.
3. 횡포한 부호들을 엄징할 것.
4. 불량한 유림과 양반의 못된 버릇을 징벌할 것.
5. 노비문서는 불태워 버릴 것.
6. 칠반천인[10]의 대우를 개선하고 백정이 쓰는 평량갓은 벗겨 버릴 것.
7. 청춘과부의 재가를 허락할 것.

---

9) 신용하 『동학과 갑오농민전쟁연구』 일조각, 1993, p.310
10) 칠반천인(七般賤人) — 조선시대에 구별하던 일곱 가지 천한 사람.
— 병과로 구분하자면 조례, 나장, 일수, 조군, 수군, 봉군, 역보를 이르며
— 직업으로 구분하자면 노비, 기생, 상여꾼, 혜장(鞋匠 : 신발 만드는 장인), 무당, 백정, 중을 일컫는 말이다.
참고로 평량갓은 백정을 나타내는 그 상징물과도 같은 존재였다.

8. 무명잡세는 일체 거두어들이지 말 것.

9. 관리의 채용은 지벌을 타파하고 인재를 등용할 것.

10. 왜적과 통하는 자는 엄징할 것.

11. 공사채를 물론하고 기왕의 것은 무효로 돌릴 것.

12. 토지는 평균으로 분작하게 할 것.

이어 9월 전봉준 등은 전라도 농민군에게 동원령를 내려 삼례로 모이게 하였다. 전봉준은 곡식이 익기를 기다렸다가 이때에 일본과 정면 승부를 겨루려고 모든 농민군을 집결케 하였던 것이다. 전봉준은 삼례에 전라도 창의 대중소(倡義大衆所)를 두었다. 이곳 삼례에 전라도 많은 농민군들이 모여들었다. 한편 충청도에 전령을 띄워 양곡과 짚신 연초 등을 준비해 두라고 요청도 하였다. 대원군과 연계를 모색하였고 북접의 호응을 요구하는 밀사를 보내기도 하였다. 전봉준은 끝내 북접의 호응을 얻었다.

북접에서는 관군들이 계속 동학교도들을 탄압하고 일본군의 침략행위가 더욱 정도를 더해 가고 전국의 교도들이 봉기 명령을 내려달라는 빗발치는 재촉을 받았다. 그 동안 최시형은 신중하게 정세를 관망하며 때를 기다렸다. 이때 교단 지도부에서도 전면적 봉기를 주장하였다. 손병희 등이 앞장서 봉기를 서둘렀다. 최시형은 마침내 "앉아서 죽겠는가?" 라고 분연히 외치고 전국에 대동원령을 내렸다. 이 대동원령은 강원도, 경상도, 황해도 등지의 농민군들에게 큰 호응을 얻었다. 그리고 농민전쟁을 전국적 규모로 확산시키는 효과를 가져왔다. 그 동안 이들 지역 동학교도들은 대접소의 지시를 기다리고 있었던 것이다.

그리하여 청산, 옥천 등지에 충청도 농민군을 주축으로 일부 경상도 농민군이 합세하였다. 이때 모인 농민군이 10만 명이라고도 한다. 이들은 손병희 지휘 아래 논산으로 집결하였다. 하지만 일본군은 다른 지역의 농민군이 논산 공주로 합류하는 길을 완전 통제하였다. 그런 탓으로 경상도 강원도 황해도 경기도 그리고 충청도 해안지대의 농민군은 오던 길로 되돌아갔다.

전봉준은 북접의 연합전선 동의에 고무되어 직속부대 4천 명을 이끌고 여산, 강경을 거쳐 은진, 논산으로 북상하였다. 다른 전라도 농민군들은 뒤따라 올라왔다. 논산에 도착한 전봉준은 관군(官軍)과의 골육상잔은 서로 피하자고 제안하였다.

> 이제 우리 동도(東徒)가 의병을 들어 왜적을 소멸하고 개화(開化)를 제어하며 조정을 청평(淸平)하고 사직을 안보할 새, 매양 의병 이르는 곳의 병정과 군교(軍校)가 의리를 생각지 아니 하고 나와 접전하매 비록 승패는 없으나 인명이 피차에 상하니 어찌 불상치 아니 하리요. 기실은 조선끼리 상전하자 하는 바 아니어늘 여시 골육상전(骨肉相戰)하니 어찌 애닯지 아니 하리요.[11]

전봉준과 손병희의 남북접 두 세력은 논산에서 만나 굳게 결의를 하고 이유상 등 현지 농민군들과 함께 노성 공주로 진격하였다. 이 무렵에는 청산 논산–삼례 논산의 주력전선 이외의 지역에서 지역성을 띠고 곳곳에서 봉기하였다. 이들 지방 농민군은 주력전선에 참가하려고 시도하였으나 일본군의 차단전술로 다시 현지에 돌아가 활동하였다.

여기서 우리는 농민군의 항일전쟁기에 마지막 전투였던 공주의 우금티(치)전투를 주목할 필요가 있다. 삼례에서 제2차로 기포한 전봉준(全琫準) 등 남접과 보은에 집결한 손병희(孫秉熙) 등 북접은 협력해 충청감영 소재지이며 서울로의 북상 길목인 공주를 공격하기로 하였다. 공주가 당시의 충청

11) 신용하 『동학과 갑오농민전쟁연구』, 일조각, 1999, pp.309~310

도 도청소재지였다.

1894년 10월 9일 논산에서 합류한 4만 명의 양측 주력부대는 노성(魯城)을 거쳐 공주에서 30리 떨어진 경천(敬川)에 주둔하였다. 동학농민군은 공주를 부여와 논산 양 방면에서 협공한다는 작전계획을 세우고, 10월 23일 이인(利仁) 쪽부터 공격해 들어갔다. 이 날 관군은 패퇴하였고, 공주감영과 10여 리 되는 효포(孝浦)까지 빼앗겼다. 24일과 25일에는 관군의 응원군과 일본군 1개 중대 100여 명이 가세해 더욱 치열한 전투가 벌어졌다.

11월 8일 동학농민군의 한 부대는 경천에서 판치(坂峙)를 거쳐 공주성의 남동쪽으로 진격했고, 다른 한 부대는 이인에 주둔하고 있던 관군을 남서쪽에서 압박하기 시작하였다. 드디어 오후 3시경 제1대는 먼저 판치를 넘어 효포를 공격해 관군의 관심을 그 쪽으로 돌렸다. 동시에 제2대 1만여 명은 이인에 주둔하고 있던 관군을 향해 진격하였다. 총지휘를 맡은 일본군 대위 모리야(森尾雅一)는 280명의 경리청병을 우금치산으로 후퇴시키고, 일본군 1개 소대와 함께 우금치를 수비하였다. 11월 9일 오전 양군의 배치를 보면, 동학농민군은 동쪽의 판치부터 서쪽의 봉황산까지 40~50리에 걸쳐 포진했고, 특히 주력부대는 우금치산 전방 500m에 있는 산 위로 전진해 갔다.

통위영병과 감영병은 전면과 오른쪽 방어를 맡아 공주 금학동 · 웅치 · 효포 · 봉황산에, 그리고 경리청병 일부와 급파된 독립19대대 중로분진대를 중심으로 한 일본군은 우금치산(오늘날의 우금티산)과 견준산(犬浬山)에 분산 배치되었다. 오전 10시 동학농민군은 우금치를 향해 공격을 개시했고, 동시에 삼화산(三和山)에 진을 쳤던 1만여 명의 동학농민군도 오실(梧室) 뒷산을 향해 전진하였다. 고지전(高地戰)적인 양상을 보인 전투에서 지세상 유리한 곳에서 수비하던 관군과 일본군은 대포를 비롯해 각종 화기를 돌격하는 동학농민군에게 퍼부었다. 그러나 동학농민군은 굴하지 않고 계속 공격을 시도하였다. 이러한 공방전이 오후까지 이어졌으나, 관군의 공격적인 방어를

막지 못한 동학농민군은 패퇴하지 않을 수 없었다. 이 전투로 1만여 명이었던 동학농민군은 2차 접전 후 3,000여 명밖에 되지 않았고, 다시 2차 접전 후에는 500여 명밖에 되지 않을 정도로 커다란 타격을 입었다. 그러나 수적으로 열세였던 관군도 감히 더 이상 그들을 추격하지 못했다.

공주를 점령한 다음 서울로 북상하려던 동학농민군은 이렇게 우금치에서 좌절당하고 말았다. 결국 우금티전투의 참패는 서울로의 북상을 완전히 포기하게 했고, 제2차 동학농민전쟁의 승패를 결정지었다고 할 수 있다. 이처럼 일본군의 개입으로 동학혁명운동은 더 이상 뜻을 이루지 못했다. 수운이 일찍이 지적한 "개같은 왜적놈…"을 끝내 몰아내지 못하였다. 한국 근대사의 잔혹한 비극은 이렇게 공주 우금티로부터 시작되었다.

김용옥은 최근 일제 식민통치의 시발점은 사실상 1894년 동학농민군이 관군과 일본군의 연합군을 상대로 최후의 격전을 벌인 우금티전투로 봐야 한다는 주장했다. 김용옥은 "우금치에서 동학농민군 수십만 명이 목숨을 잃은 뒤부터 조선은 사실상 일본의 식민지 상태에 들어갔으며, 이때부터 일본 제국주의는 조선을 집어먹기 시작했다"[12]고 말했다.

우금치는 충남 공주에서 부여로 넘어가는 견준산 기슭의 높은 고개. 1894년 9월 전봉준이 이끄는 동학농민군은 일본군의 경복궁 난입과 경제적 약탈을 규탄하며 반봉건 · 반외세의 기치를 내걸고 재봉기해 일본군의 총칼에 맞서다가 거의 전멸했다. "우금치전투 이후 일본의 조선 침탈은 가속됐고, 일본은 식민통치 기간에 좌우 이념 대결, 6.25 동란에 이르기까지 한반도에 모든 죄악을 다 뿌려놓은 것"이라는 그의 주장은 우리 민족이 또다시 외세에 의해 전쟁으로 치닫지 않기 위해서는 민족이 하나 돼야 한다는 의미가 담겨 있다. 이어 김용옥은 "동학의 인내천, 생명 · 평등사상은 천도교만을 위한 것

12) 서울 종로구 경운동 천도교 중앙대교당에서 열린 '제143주년 지일기념' 행사에서 강연한 내용(세계일보 2006. 8. 14)

이 아니라 민족 근대정신의 출발점이요, 아시아를 뛰어넘는 위대한 사상" 이라고 말했다.

노태구는 동학혁명의 특징을 이렇게 언급하고 있다.

> ① 동학사상은 새로운 변혁의 창조적 개천사상이었다. 기존의 체제를 기본으로 삼아왔던 척사사상이나 개화사상과는 달리 동학에서는 기존 체제를 전적으로 부인하는 성격을 전제로 하고 있었다.
>
> ② 동학사상의 형성은 전통적인 민간신앙적인 개벽사상과 성리학적인 인격지향성, 그리고 불교적인 사해평등의 이념과 서구사상의 현실적인 요소를 종합하고 있었다.
>
> ③ 동학사상에서 가장 중요하게 내세웠던 핵심사상은 바로 평등의 실현이라고 할 수 있다. 즉 인내천의 종지에서 알 수 있듯이 모든 사람이 계급적인 신분적인 차등에서 벗어나서 대등한 존재로 인정받아야 한다고 주장한다.[13)]

신용하는 동학농민전쟁의 사회사적 의의를 일곱 가지로 들었는데, 그 중에 하나이다.

> 동학농민혁명운동은 전국적으로 각계, 각층 광범위한 국민들의 정치적 사회적 각성을 크게 촉진하였다. 동학농민혁명운동이 제기한 여러 가지 민족적 정치적 사회적 신분적 경제적 문화적 문제들은 전국민에게 심대한 충격을 주었으며 이 큰 충격을 받고 19세기 말 한국 국민들의 정치의식과 사회의식이 크게 계발되고 고양되었다.[14)]

---

13) 노태구 「한국민족주의의 전개과정과 과제」『신인간』 제638호, 2003. 10월호, p.83

14) 신용하 『동학과 갑오농민전쟁연구』 일조각, 1993, p.393

30만 명의 희생자를 낸 갑오년 농민전쟁은 비록 당시 사회의 근원적인 구조에 대한 변혁까지는 이르지 못했다 할지라도 사회변혁의 가능성을 제시하였고, 농민해방의 성격을 주조로 하는 혁명의 이념과 실천의 양면성을 가지게 되었다. 그 농민전쟁의 밑바닥에 흐른 동학은 인간의 존엄성과 평등성을 각인시켜 주었고, 지배계급에 저항하는 농민중심의 민중적 저항 의식을 형성하였다.

한국근대사회에서의 민족주의사상은 곧 척사적인 보수주의적 성격, 개화사상의 문명근대화적 발전지향성, 그리고 동학에서 찾아볼 수 있는 평등성을 그 주조로 하였다고 할 수 있다.

한편 최시형은 혁명 이후 피신생활을 하면서 포교에 진력을 다하였고, 향아설위(向我設位)·삼경설(三敬說)·이심치심설(以心治心說)·이천식천설(以天食天說)·양천주설(養天主說) 등의 독특한 신앙관을 피력하였다.

4) 증산교단의 원시반본과 상등국(上等國) 사상

김홍철은 단군의 통치이념은 단군신화에 보이는 무적(巫的)인 것보다 선적(仙的) 기지(氣志)로 고대부족국가를 통일했으리라고 보았다. 또 그는 이 무적인 것과 선적인 것이 다 내포된 것이 풍류도라 하고, 이 풍류도가 통일신라, 고려, 조선을 거치면서 쇠퇴하였는데, 이를 다시 세워 큰 매듭을 지은 사람이 증산 강일순이라고 했다.[15]

> 상제님이 말씀하시기를, "이때는 원시반본하는 시대라. 혈통줄이 바로 잡히는 때니 환부역조하는 자와 환골하는 자는 다 죽으리라" 하시고, 이어 말씀하시기를, "나도 단군의 자손이니라" 하시니라.(증산도 『도

15) 김홍철 「증산사상과 풍류도」 『증산사상연구』 제18집, 증산사상연구회, 1992, p.168, p.178

전』 2:26)

증산교단의 경전 중에 "나도 단군의 자손이니라" 이라는 구절이 수록된 곳은 이 『도전』이 유일하다. 그 만큼 이 구절은 참으로 중요한 의미를 지닌다. 이 말은 1902년에 한 것으로 『도전』에 기록되어 있다. 시기적으로 한반도를 중심으로 외세 열강의 각축이 극심한 때였다. 을사늑약이 이루어지기 3년 전이다. 원시반본(原始返本)이란 '시원의 근본 자리로 돌아간다' 는 뜻이다. 이는 우주론적인 의미가 강한 말이다. 후천의 개벽기에는 가을의 추수 때를 맞이하여 천지만물은 생명의 근본 자리로 돌아가야 한다는 천도의 당위성을 강조한 말이기도 한 것이다. 아울러 이 말 가운데는 근본으로 돌아가는 그 시원적인 뿌리가 다름 아닌, 조상, 민족의 주신이라는 뜻이 들어있다. 또 경우에 따라서는 반본(返本) 자체가 노자의 말에 "반자(反者) 도지동(道之動)" (40장)이라 한 것처럼 우주적 거대 운동을 상징하므로 우주적 사건을 수반할 수도 있다는 것이 『도전』의 기본 뜻이다.

이 원시반본이라는 말에 붙어 있는 말이 바로 환부역조(換父易祖)이다. 이 말은 제 아버지와 조상의 혈통 줄을 바꾸는 것이다. 바꾼다는 말은 제 조상의 선령신을 모시지 않고 남의 조상신을 떠받드는 것을 의미한다. 다시 말해 밀려오는 4대 강국의 무력적 종교 문화 앞에 제 조상신을 바꾸는 어리석음을 당해서는 안 된다는 사전 경고이기도 한 것이다. 또 환골(換骨)이란 제 자신의 뼈를 바꾼다는 말이다. 조상을 남의 조상으로 바꾸어 섬기고, 그것도 모자라 제 자신의 혈통까지 바꾼다는 뜻이다. 환부역조가 서양종교에 대한 경고의 뜻이 들어 있다면, 환골은 일제의 창씨개명이나 세례명과 같이 족보의 이름을 멋대로 바꾸는 것에 대한 질책의 말로 이해할 수 있다. 모두 주체성을 강조한 표현들이다.

그러면 환부역조하고 환골하면 어떤 일이 생기는가?

하루는 말씀하시기를 "부모를 경애하지 않으면 천지를 섬기기 어려우리라. 천지는 억조창생의 부모요, 부모는 자녀의 천지니라. … 이제 인종씨를 추리는 후천 가을운수를 맞아 선령신을 박대하는 자들은 모두 살아남기 어려우리라" 하시고, 또 말씀하시기를, "조상은 아니 위하고 나를 위한다 함은 부당하나니 조상의 제사를 극진히 받들라. 사람이 조상에게서 몸을 받은 은혜로 조상 제사를 지내는 것은 천지의 덕에 합하느니라" 하시니라.(『도전』2:26)

자손이 선령신을 박대하면 조상도 그 자손을 박대한다는 인과응보의 법칙이 그대로 적용된다는 말이다. 여기서 화자(話者)인 '나'의 위격을 상제로 보면, 조상제사를 위하지 않고 상제에게만 매달린다고 해서 조상 공경을 아니 해도 된다는 생각은 위험하다는 지적이다. 이와 같이 증산교단의 숭조관(崇祖觀)은 당시의 시대 상황을 정확히 꿰뚫어 본 결과에서 나왔다고 할 수 있다.

이 밖에 증산은 오선위기론(『대순전경』 5:25), 만동묘 황극신(『무극진경』 8:164, 9:45), 상등국(『도전』 5:389)을 주장하여 한민족 중심의 미래상을 설파하였다. 특히 청나라를 중국(中國)이라 부른 신도를 꾸짖고, "청나라는 청나라요, 중국이 아니니라. 내 세상에는 내가 있는 곳이 천하의 대중화요, 금강산이 천하만국의 공청(公廳)이 되느니라"(『도전』 2:36)하여 장차 한국이 진정한 대중화국(大中華國)이 되고, 명산인 금강산이 천하만국의 유엔본부 같은 수도청(首都廳)이 된다고 예시했다. 또 "도는 장차 금강산 1만2천봉을 응기하여 1만2천의 도통군자로 창성하리라"(『전경』 예시 45)고 하여 한반도(금강산)가 정신문화의 중심임을 말하고 있다. 하지만 상등이 되고 중심이 되기 위해서는 그에 상응하여 책임이 따른다는 점을 명심해야 한다.

3. 단군운동의 전개와 의의

1) 나철(羅喆)의 대종교 운동

홍암 나철은 1863년 12월 2일 전라남도 낙안군 남산면 금곡리(현 전남 보성군 벌교읍 칠동리 금곡부락)에서 출생하였다. 그의 자는 문경(文卿)이고, 호는 경전(耕田 또는 經田)이다. 어린 시절에는 이름을 두영(斗永)이라 하였으나 과거와 벼슬길에 오르면서 인영(寅永)이란 이름을 사용하였기 때문에 나인영으로도 널리 알려져 있다. 1909년 대종교를 창시하면서 이름을 외자인 철(喆)로 바꾸었다. 그리고 호도 홍암이라 하였다.

나철은 29세에 장원급제하여 승정원가주서(承政院假注書)와 승문원권지부정자(承文院權知副正字)를 역임하였다. 그는 일제의 침략이 본격화되자 관직을 사임하고 호남 출신의 지사(志士)들을 모아 비밀단체를 조직하여 구국운동을 전개하였다. 그는 을사늑약이 체결되기 직전인 1905년 6월 몇몇 동지들과 일본으로 건너가 미국으로 가려 했으나, 일본 측의 방해로 뜻을 이루지 못하고 동경에 머무르게 되었다.

이들은 일본의 총리대신, 추밀원장, 귀족원, 중의원 앞으로 동양의 대세를 논하고 한국과 일본과 청국간의 평화를 이루는 방안을 제시하며 주한일본공사의 횡포를 지적하는 내용의 글을 보냈으며, 그에 대한 응답이 없자 일본 궁성 앞에서 3일간 단식투쟁을 하였다. 이들은 이등박문(伊藤博文)이 조선과 새로운 협약을 체결한다는 소식이 각 신문에 발표되자, 나라 안에 있는 매국노들을 제거해야 국정을 바로 잡을 수 있다고 생각하고 칼 두 자루를 사서 행장에 감추어 귀국하였다.

나철은 귀국 직후인 음력 1904년(을사년) 12월 30일 하오 11시경, 서대문역 부근에서 어느 백발노인이 "나의 본명은 백전이오, 호는 두암이며, 나이는 90인데, 백두산에 계신 백봉 신형의 명을 받고 나공에게 이것을 전하려 왔소"하며 『삼일신고(三一神誥)』와 『신사기(神事紀)』 두 권의 책을 주었다. 두 권의 책을 받기는 받았으나 별 관심이 없었다.

나철은 1907년 3월 25일 다시 오적(五賊)을 주살하려 하였으나 사건의 전모가 탄로나 동지들이 체포되자 자수하여 10년형의 언도를 받고 7월 12일 전라도 무안군 지도(智島)로 유배되었다. 그는 같은 해 12월 7일에 고종의 특사로 풀려났으며, 다음 해인 1908년 11월에 다시 일본으로 건너가 외교적 방법으로 구국운동을 하였으나, 별 소득을 얻지 못하였다.

이때 그는 일본에서 두일백(杜一白)이라는 한 노인을 만났다. 1908년 12월 5일, 동경 청광관(淸光館)여관에서 만난 그 노인이 이르기를, "나의 성명은 두일백이오, 호는 미도이며, 나이는 69세인데, 백전 도사 등 32인과 함께 백봉신사에게 사사하고, 갑진(1904년) 10월 초3일에 백두산에서 회합하여 一心戒를 같이 받고, 이 포명서를 발행한 것이니 귀공의 금반 사명은 이 포명서에 대한 일이오"하였다.

이어 12월 9일 다시 나타나 나철과 동석하였던 정훈모에게 영계(靈戒)를 받게 하고, 간곡히 말하기를, "국운은 이미 다하였는데, 어찌 이 바쁜 시기에 쓸데없는 일로 다니시오. 곧 귀국하여 단군대황조의 교화를 펴시오. 이 한 마디 부탁뿐이오니 빨리 떠나시오"하며 「단군교포명서(檀君教佈明書)」 한 권과 고본 「신가집(神歌集)」 및 「입교절차」 등의 책을 주었다. 이를 받고 귀국하였다. 그는 다음 해인 1909년 1월 15일 자시, 서울 재동 취운정 아래 육칸 초옥에서 '단군대황조신위'(檀君大皇祖神位)를 모시고 제천의식을 거행한 뒤 '단군교포명서'를 공포함으로써 단군교를 중광하였다. 이 자리에는 나철, 오기호, 강우, 유근, 정훈모, 이기, 김윤식 등 수십인이 참례하였다.

그러나 일부 사람들이 단군교를 빙자하여 친일행위를 하므로 홍암은 1910년 7월 30일 교명을 '대종교'(大倧教)로 개칭하였다. 교명을 바꾼 직후 나라가 일제에 의해 강점되자 그는 활동지역을 만주로 넓히고 1914년 5월 13일에는 총본사를 만주 화룡현 청파호로 이전하였다. 아울러 서울에 남도본사, 청파호에 동도본사를 설치하는 한편, 백두산을 중심으로 동서남북 4도 교구와 외도교구를 선정함으로써 교구제도를 확대·개편하였다.

그러나 1915년 일제의 「종교통제안」 발표로 인해 대종교가 불법화되고 그에 따라 교단이 어려움에 봉착하게 되자, 나철은 1916년 8월 15일 단군신앙의 성지인 황해도 구월산에서 시봉자 6인과 함께 제천의식을 거행한 다음, 시봉자들에게 단식(斷食) 수도를 하겠으니 방문을 열지 말라고 하고 3일 동안의 수도에 들어갔다. 16일 새벽, 인기척이 없어 제자들이 문을 열고 들어가 보니 홍암은 자신의 죽음이 갖는 의미를 밝히는 순명삼조(殉命三條)라는 유서를 남기고 조식(調息)의 폐기법(閉氣法)을 사용하여 운명한 다음이었다.

나철의 사상은 그가 남긴 「순명삼조」에 집약적으로 담겨져 있다.

> 첫째로는 나는 죄가 무겁고 덕이 없어서 능히 한배님의 큰 도를 빛내지 못하며 능히 한겨레의 망(亡)케 됨을 건지지 못하고 도리어 오늘의 업신여김을 받는지라. 이에 한 오리의 목숨을 끊음은 대종교를 위하여 죽는 것이다.
> 둘째로는 내가 대종교를 받든 지 여덟 해에 빌고 원하는 대로 한얼의 사랑과 도움을 여러 번 입어서 장차 뭇 사람을 구원할 듯하더니 마침내 정성이 적어서 갸륵하신 은혜를 만에 하나도 갚지 못할지라. 이에 한 오리의 목숨을 끊음은 한배님을 위하여 죽는 것이다.
> 셋째로는 내가 이제 온 천하의 많은 동포가 가달길에서 떨어지는 이들의 죄를 대신으로 받을지라. 이에 한 오리의 목숨을 끊음은 천하를 위하여 죽는 것이다.

즉 그의 사상은 전통적으로 한민족의 신앙대상이었던 한배검에 대한 철저

한 신앙과 강한 민족의식으로 집약된다.[16]

대종교는 종교활동과 교육을 모두 항일운동에 초점을 맞추었다. 1918년 서일, 김동삼, 김좌진, 유동열 등 대종교인 39명이 임오독립 선언서를 발표하였다. 그리고 서일이 조직한 중광단, 윤세복이 조직한 홍업단 등이 무장반일 투쟁에 앞장섰다. 1920년 서일은 북로군정서의 총재가 되어 김좌진, 이범석 등을 이끌고, 만주의 청산리에서 일본군을 크게 섬멸하는 전과를 거두었다. 이 전투는 독립군 1천8백 명으로 일본군 3개 여단과 맞서 일본군 사상자가 3천3백인데 비해 독립군은 60명이 희생되었을 뿐이다. 당시의 전투가 얼마나 치열했는가를 짐작할 수 있다.(자세한 내용은 다음 항에서 설명함)

대종교가 국조단군을 숭배하고 일제와의 무력투쟁을 전개하였다고 하여, 본래 국수적, 배타적이었다고 보는 것은 옳지 않다. 대종교의 삼일철학은 민족적 주체성과 세계적 보편성을 균형있게 추구하였으며, 다만 침략자인 일제에 대한 무력투쟁은 민족의 생존권 확보를 위한 불가피한 투쟁이었다. 한 가지 대종교의 역사관 중에서 우리가 유의할 것은 부여족뿐만 아니라, 여진, 몽고, 거란 등 소위 동이족 전체를 배달족이라 불렀다는 것이다. 이는 범동이족주의(汎東夷族主義)라고 부를 만한 것으로 포용성을 상징한다.

2) 청림교의 야단

만주지역에서의 청림교 활동은 국내에 덜 알려져 있고, 연구도 미약하다. 허영길의 논문을 중심으로 소개한다. 허영길은 논문에서 청림교(青林教)를 20세기 초에 동학과 단군신앙으로 민족의식과 전통을 계승, 발전시킨 민족종교라고 규정하고 있다.[17]

동학이 19세기 말 한민족에게 희망을 준 혁명적인 사상을 가지고 있었다

16) 노길명「한국근현대사와 민족종교운동」『한국민족종교운동사』 2003, 한국민족종교협의회, pp.48~50

면 청림교는 일제식민통치시기 현실사회에 대항하면서 민족의 독립과 해방을 추구하려는 진보적인 사상을 지니고 있었다고 볼 수 있다. 즉 청림교 교의의 이면에는 현존의 "일제 식민지 통치는 멸망하고 한국이 독립한다"는 반일민족독립사상이 내포되어 있었던 것이다. 일제는 한국 국내에서 청림교를 유사종교로 단정하고 대대적인 탄압을 가하였다.

청림교의 창교주에 대해서는 자료가 부동함에 따라 정시종설, 임종현설, 남정설 등 의견이 분분하지만 청림교가 창립된 시기가 동학농민혁명 직후이고 동학의 남접 계통이라는 견해가 비교적 확고하다. 즉 동학농민혁명이 일제와 조선봉건통치세력의 잔혹한 탄압으로 하여 실패하자 교주 최제우의 문하인 경성 출신 남정(南正)이 수운 선생의 동학사상과 당시 민중 속에서 널리 유행되고 있던 정감록사상을 결합하여 청림교를 창건하였다.

일제의 한국강점 이후 국내에서 수많은 애국지사들이 독립운동을 위하여 북간도로 이주하였고 가난한 농민들도 살 길을 찾아 북간도로 몰려들었다. 그리하여 북간도지역의 한인이주민수는 급속히 증가, 1912년에는 16만 3천명, 1919년에는 27만 9천여 명, 1925년에는 34만 6천여 명, 1931년에는 39만 5천여 명에 달했다.[18] 결과 1910년대에 이르러서는 북간도지역의 한인 집거구를 중심으로 한인사회가 형성되기에 이르렀으며, 이는 한국의 민족종교가 국외로 전파되어 상생할 수 있는 지리적, 사회적 조건을 마련해 주었던 것이다.

한편 조선왕조 말기에 국내에서 참언들이 널리 유포되었는데, 이는 당시 사회의 불안정성과 그 사회에서 생활하고 있는 백성들의 생존과 구원을 갈망하는 심정을 반영하는 것이라 평가된다. 그리고 백두산에 정도령이 나타

17) 이 글에 실린 청림교에 관한 자료는 연변박물관 허영길 선생으로부터 얻은 것임. 허영길 「북간도 지역에서의 청림교의 반일운동연구」(한국민족종교협의회 국제세미나 발표논문, 2008년)

18) 沈茹秋, 『延邊調査實錄』 참조.

난다는 소문을 듣고 북간도로 찾아오는 이주민들도 적지 않았다고 하는데[19], 이러한 예언도 한인들이 북간도로 대량 이주하는 데 촉진제로 작용하기도 하였다. 한인들의 북간도 이주와 함께 여러 가지 종교도 이곳에 전파되기 시작하였다. 동학은 북간도 한인사회에 유입된 민족종교의 효시라고 볼 수 있다.[20] 당시 북간도에서 유행되고 있는 민족종교들로는 대체로 대종교, 천도교, 청림교 등이었다.[21]

일제는 한인의 북간도 이주 동기에 대하여 '예언의 맹신에 의한 이주'와 '이조 오백년 동안 정변이 끊이지 않았고 그 말기의 비정으로 인하여 국민들 속에 유포된 이러한 미신이 국외 이주의 하나의 동기'[22]라고 분석하였다. 이러한 분석은 일제가 저들의 한국침략에 의한 한인들의 만주이주 본질을 왜곡하는 것이라 평가되나, 어느 한 면으로는 당시 한인들의 만주이주에 종교적인 요인도 어느 정도 역할하고 있었음을 보여주는 것이라 분석된다. 그 종교적 요인은 첫째, 초기 이주시기에 「정감록」에 의한 참언설과 같은 예언에 대한 믿음이었다. 둘째, 한인 이주민의 증가는 한국교단의 안목에서 볼 때 새로운 선교지역으로 지목될 수 있었다. 셋째, '을사늑약'과 '한일합방' 이후 많은 민족독립 운동가들이 '종교구국론'에 입각하여 종교적 형식을 사회결사의 모체로 간주하였기 때문이다.[23] 북간도지역에서 건립된 '간민회(墾民會)', '중광단(重光團)' 등도 모두 종교를 중심으로 설립한 단체였다. 이러한

19) 韓國獨立運動史資料業書 第 10輯, 北愚桂奉瑀資料集(1) : 『꿈속의 꿈』 · 『조선문학사』, 한국독립기념관, 한국독립운동사연구소, 1996, pp.100~102. 계봉우는 정감록에 기록된 정도령이 백두산에 있다는 소문을 듣고 1904년 가을에 咸鏡南道 甲山郡 砲臺山을 거쳐 북간도 奶頭山에 왔던 일을 상세하게 기록하고 있다.

20) 尹政熙, 『間島開拓史』(『韓國學硏究』 별집3), 인하대학교 한국학연구소, 1991, p.18

21) 日本高等法院檢事局思想部 : 『思想彙報』(4) 第2號, 高麗書林, p.8

22) 在滿日本帝國大使館, 『在滿朝鮮人槪況』, 昭和9年(1934), p.90

23) 崔峰龍 : 『만주국의 종교정책과 재만 조선인 신종교의 대응』, 韓國學中央硏究院 韓國學大學院 韓國史專攻 박사학위논문, 2006, p.39

단체들은 한인들의 사회생활, 정치운동과 밀접한 관계를 가지고 있었다. 이는 한인사회를 바탕으로 독립운동을 전개할 때 종교가 비밀결사의 모체로서 반일교육의 중심, 사회여론의 발원지, 반일운동의 발상지였다는 것을 보여주고 있다. 특히 종교계에서 설립한 사립근대학교는 민족교육운동에서 상당한 비중을 차지하면서 민족정신을 고양시키고 평등과 자유 등 근대적 민주의식을 키우는 역할을 하였다. 이와 같이 한인들의 이주와 함께 북간도지역으로 전파된 종교는 한인사회의 형성뿐만 아니라 이 지역에서 무장독립운동을 전개할 수 있는 사상적, 조직적, 대중적 기반을 마련하는 데 큰 역할을 하였던 것이다.

북간도에서 청림교의 포교가 시작된 구체적인 시간은 명확하지 않다. 다만 청림교 교주 임창세(林昌世)가 1919년 1월 백두산에서 하산하여 연길현 세린하 대구동 일대에서 청림교를 포교하는 과정에 3·13 반일시위운동에 참여하였다는 것[24]을 감안하면 북간도에서의 청림교의 포교 연대를 대략 1910년대 말기로 추정할 수 있다. 한국과는 달리 이 시기 북간도에서는 청림교신도들의 대량적인 이주로 하여 교세가 흥성하였다. 자료에 의하면 1919년 북간도지역에서의 청림교 신도수는 32,884호에 164,420명에 달하고, 포덕사가 198명, 순회포덕사가 37명에 달했다. 물론 이러한 수자는 과장된 것이라 분석되나 당시 청림교의 상황을 어느 정도 설명해 주고 있는 것이다.

1919년 3·1만세운동을 계기로 청림교 신도들은 용정 3·13 반일시위운동에 적극 참가하였다. 용정 3·13 반일시위운동이 일제에게 무참히 탄압된 후에도 북간도 각 지역에서는 각종 성원대회와 집회가 연이어 개최되었다. 1919년 3월 중순부터 4월 말까지 북간도에서는 도합 54회의 집회가 개최되었고, 참가인원이 무려 101,470명에 달했다. 3·13 반일시위 이후 북간도지

24) 허영길, 「임창세 次女 林順玉 調査記錄」, 1994년 11월 27일.

역의 한인들은 민족의 독립과 해방을 얻으려면 평화적인 시위거나 청원의 방식으로서가 아니라 무장한 적(敵)은 무장으로 타도하여야 한다는 도리를 깨닫게 되었다. 결과 1919년 3월부터 1920년 초까지 북간도지역의 민족주의자들은 분분히 반일단체를 건립, 무장부대를 편성하고 군자금을 모집하기 시작하였다. 여기서 주목되는 것은 평화적인 반일시위운동이 점차 무장투쟁으로 전환되는 시기에도 종교계 인사들이 주요한 역할을 하였다는 점이다. 각 독립운동 단체의 구성원들 가운데 상당수가 종교인이며, 이들이 무장투쟁을 주도하였던 것이다.

1920년 북간도에서 조직된 종교계의 무장단체로는 대종교의 북로군정서, 기독교계의 간도국민회군(間島國民會軍), 천주교계의 의민단(義民團), 성리교(聖理教)의 신민단, 공교회(孔教會)의 광복단, 군무도독부, 청림교의 야단(野團), 원종교(元宗教)의 대진단(大震團),[25] 유교의 의군부, 의군단 등이 있었다.[26] 당시 일제 측의 조사 자료에 의하면 1920년 8월 북간도에는 크고 작은 무장단체가 14개가 있었는데 대원수는 3,700명에 달했으며, 그중 종교계에서 조직한 무장단체의 인원은 2,500명으로서 무장대원 총수의 약 67.7%를 차지하였다.

1919년 1월 임창세는 백두산에서 하산한 후 연길현 세린하 대구동에 자리를 잡고 청림교 포교에 나서게 된다. 특히 1919년 후반기부터 청림교는 젊은 신도들을 조직하여 부락별로 군사훈련을 실시하였는데, 그 수가 무려 2만여 명에 달하였다고 한다. 당시 북간도지역의 한인 총인구수가 27만 9천여 명으로 볼 때[27], 이러한 수자는 지나치게 과장된 것이라 평가되나, 이러한 자료들은 당시 청림교 신도들의 반일열정이 얼마나 높았는가를 보여주고 있다.

---

25) 소래 김중건이 세운 元宗教에 대하여도 주목할 필요가 있다.

26) 愼鏞廈『韓國近代民族獨立運動史硏究』, 一潮閣, 1988, p.253

27) 金正柱『朝鮮統治史料』第10卷, 韓國史料硏究所 出版, 1971, pp.349~350

1920년 초 임창세, 신포, 오석영, 김광숙, 윤좌형, 현기정(기정), 지창우, 임방혁, 박송욱, 남홍윤 등은 연길현 세린하 대구동에서 반일무장조직인 '야단'을 건립하고 임창세를 총재(단장), 신포를 대장으로 위임하고 반일무장투쟁에 궐기하였다. 야단은 단장 아래에 군무와 총무를 두고 그 아래에 다시 분단장과 약간의 역원(役員)을 두었다.

야단은 성립된 후 북간도지역의 신도들을 중심으로 무장투쟁을 전개하기 위한 여러 가지 활동을 활발히 전개하였다.

첫째, 야단은 군자금을 모연(募捐)하여 무기구입에 힘썼다. 야단은 성립된 그날부터 무장투쟁방침을 천명하였다. 초기 야단은 대원이 20명에 불과하였고 아무런 무기장비도 없었다. 이러한 실정에서 야단에서는 우선 무기구입에 필요한 군자금을 징수하기로 결의하였다. 이에 따라 야단은 유력한 골간들을 연길현, 화룡현 일대에 파견하여 청림교 교도들과 지지자들로부터 군자금을 모연하기 시작하였다. 야단에서 군자금 모연을 연길현과 화룡현으로 정한 것은 이 지역의 대부분 주민들이 함경도 출신들이기 때문이었다. 왜냐하면 야단의 임창세 등 주요 지도자들도 모두 함경북도 출신이기에 그들은 자연히 지연, 인연, 혈연 등을 통하여 군자금을 해결하고자 하였던 것이다. 지창우, 현기정 분단장은 북쪽의 연길현 일대, 그리고 남홍윤, 임방혁 분단장은 남쪽의 화룡현 일대에 각각 파견되었다.[28]

그러나 당시 북간도 일대의 한인들 대부분은 가난한 농민들이어서 많은 군자금을 모연할 수 없었다. 그리하여 야단은 한국 국내의 함경북도에도 유력자들을 파견하여 군자금을 모연하고자 하였다. 이 시기 야단에서 얼마나 되는 군자금을 모연하였는지에 대해서 구체적 통계수자가 없지만, 1920년 6월 야단이 중기관총 1정, 수류탄 1개를 소유하였고 90여 정의 보총에 90여 명

28) 龍井市公安局檔案 第47冊 案卷, 『青林教資料』(延大抄件), pp.1~2

의 대원을 가진 무장부대로 확대되었다는 점을 감안하면 상당수의 군자금을 모연하였음을 알 수 있다. 야단의 무기구입은 대체로 연해주를 통하여 이루어졌다. 임창세의 넷째 동생인 임창덕과 다섯째 동생인 임창국이 주로 무기구입을 담당하였다. 그중 임창덕은 야단 무기구입 대원을 영솔하여 러시아 연해주에 가서 무기를 구입해 오다가 희생되었다고 하는데 군자금모금과 무기구입과정에서 희생된 신도들이 적지 않은 것으로 추정된다.

둘째, 야단은 공화주의를 지향하였다. 당시 북간도에 이주한 함경북도 한인들 대부분이 조선봉건왕조의 학정과 수탈로 말미암아 북간도로 이주하였기에 그들은 복고주의보다 공화주의에 더 기울어져 있었다. 야단의 주요 골간들도 거의 모두가 함경북도 출신의 평민들로서 조선에서 살 길을 찾아 중국에 들어온 후 귀화, 입적한 사람들이었기에 봉건왕조의 회복보다는 공화주의를 선택하였던 것이다. 비록 야단이 공화주의를 지향하였다는 기록이 없지만 야단이 대종교의 북로군정서를 향배하였다[29]는 점으로 미루어 볼 때 야단도 북로군정서와 마찬가지로 공화주의를 지향하였을 것으로 판단된다.

셋째, 야단은 각 단체의 통합을 지향하였다. 북간도지역의 반일무장단체들은 일제와의 대결에서 단합의 필요성을 절실히 느끼고 여러 차례 통합을 시도한 바 있으나 종교적, 정치적, 시대적 원인으로 인하여 쉽게 연합전선을 형성하지 못하는 한계점을 지니고 있었다. 이에 임창세는 여러 단체에 一心協力하여 연합전선을 형성할 것을 적극 호소하는 한편 솔선수범하여 먼저 대종교 계통의 북로군정서[30]와의 연합을 시도하였다. 임창세가 연합의 대상

29) 박환, 위의 책, p.151

30) 1919년 12월 서일 등은 대한군정서를 북로군정서로 개편하고 소재지를 왕청현 덕원리에 두었다. 북로군정서는 정치행정사무, 군자금모연, 군인모집, 지방통신연락, 교제, 경비 등 사무를 담당하는 총재부와 군사훈련, 사관학교운영, 무기의 수리와 보관, 군사정탐 등 항일무장투쟁을 위한 무력강화사업을 담당하는 군사령부 두 조직체계가 있었다. 그 구성원은 다음과 같다. 총재부(소재지 : 왕청현 덕원리) 총재 서일, 부총재 현천묵, 비서장 김성, 비서 윤창현, 서무부장 任度準, 재무부장 계화, 인사국장 정신, 경리국장 崔益恒, 계사국장 金京俊, 탁지국장 尹廷鉉, 모연국장 이홍래, 모연대

을 북로군정서로 정한 것은 두 단체가 모두 함경북도 출신의 평민들이 주도하고 있었고, 또 함께 민족종교를 신봉하고 있었으며 무장투쟁노선을 추구하고 있었기 때문이라고 분석된다. 야단이 정치적 이념으로 북로군정서를 향배하였고, 또 1925년 임창세가 대성유교를 탈퇴하고 청림교를 재건할 때 대종교를 본받아 단군을 신앙하게 되는데 이는 북로군정서 총재 서일(徐一) 등의 영향을 많이 받은 것이었다고 볼 수 있다. 일제는 조사자료에서 임대성(또는 임갑석)을 회장으로 하는 청림교 단체가 조금 온건한 군정서와 제휴하고 있으며 무기관계는 불명하다고 보고하였다. 1920년 5월 야단은 정식으로 북로군정서와 합병하였는데 군사령관은 김좌진, 군사고문은 임창세였다. "각 독립단체의 분립은 민족의 행복을 가져올 수 없으므로 우리들의 취지는 자강자립이고 서로 연합함으로써 독립에 일조하는 것이다. 민족의 번영과 조국의 독립을 달성하기 위해서는 각 독립운동단체의 연합이 절실히 필요하다. 이에 본 단은 일반 직원과 다수 단원의 결의에 따르고 천(天)의 대운과 시(時)의 대세에 호응하여 전 민족이 신뢰하는 대한군정서와 합병하기로 한다." 야단과 군정서의 합병은 당시 북간도지역의 각 반일무장단체간의 연합에 적극적인 영향을 주었다. 결과 봉오동전투와 청산리대첩 전 북간도지역에는 강력한 연합부대가 편성될 수 있었던 것이다.

넷째, 야단은 무장투쟁을 활발히 전개하였다. 당시 북간도지역의 반일무

장 崔壽吉, 징모국장 金禹鍾, 징모과장 金國鉉, 경신국장 채규오, 통신과장 蔡信錫, 시찰장 金錫九, 경비대장 許活, 의사 南鎭浩. 군사령부(소재지 : 왕청현 서대파 十里坪) 사령관 김좌진, 참모장 이장녕, 참모부장 나중소, 여단장 崔海, 연대장 鄭勛, 참모 조성환, 연성대장 이범석, 군기국장 양현, 군법국장 金思稷, 군계보관 徐靑, 정탐대장 許中權, 참모 金弘國, 군의정 朱見龍, 부관 박두희. 총재부 산하에는 지방경신국과 경비대가 있었는데 그 밑에는 각지 경신분국 35개 소, 경비대원 200명이 있었다. 군사령부 산하에는 서대파 상촌의 士官練成所가 있었는데 소장 김좌진, 학도대장 박두희, 교관 이장녕, 이범석, 金奎植, 김홍국, 최상운 등이 있었고 학생 400여 명이 있었다. 군사령부 산하에는 사관연성소 외에 4개 대대가 있었다. 제1대대장 李良, 제2대대장 楊春錫, 제3대대장은 임도준, 제4대대장은 玄甲이었다. 매개 대대는 4개 중대로, 매개 중대는 2개 소대로 편성되었다. 『개척』 위의 책, pp.387~389

장단체는 수시로 한국 국내에 진입하여 일제의 초소와 식민통치기구를 습격하였다. 1920년에 한·중 국경에서 전개된 수차례의 대일작전에 반일무장단체는 도합 1,631명이 출동하였고 그 해 3월 한 달에만 북간도지역의 반일무장단체는 한국 국내의 온성 일대를 8차례나 습격하였다.[31] 당시 북간도지역의 반일무장단체의 세력을 보면 기독교계의 국민회군이 40%, 대종교계의 북로군정서가 30%, 공교회의 의군단이 10%, 기타 단체가 20%를 점하고 있었다. 야단은 이 시기 북로군정서부대와 연합하여 반일무장투쟁을 전개하였을 뿐만 아니라 청림교 신도들을 동원하여 각 반일독립무장단체에도 병력과 군수품을 공급하기도 하였다. 1920년 5월경(음력) 봉오동전투 시에 청림교는 신도들을 동원하여 병력과 군수품을 지원하였으며 동년 10월 청산리전투 시에도 북로군정서와 연합하여 일제침략군을 타격하였을 뿐만 아니라 병력과 군수품을 제공해 주었다.

야단과 북로군정서가 합병된 후 임창세 등 야단의 주요 지도자들은 연령상 관계로 무장부대에서 활동할 수 없었기 때문에 연길현 상의사 로두구 왕가동에서 수도하면서 군자금 모연과 군수품 공급에 주력하였다. 북로군정서가 왕청현 서대파 근거지를 떠나 화룡현 삼도구 산림지대로 이동하자 임창세 등은 이도구에 있는 중국사원(中國寺院)으로 가서 수도하면서 북로군정서 총재 서일, 사령관 김좌진 등과 금후 방책을 연구하기도 하였으며 북로독군부 부장 최명록과의 연계도 시도하였다. 한편 임창국 등 야단 무장대원들은 북로군정서부대에 편입되어 세상에 위훈 떨친 청산리대첩[32]에서 혁혁한

31) 姜德相 編, 『現代史資料』(26), 朝鮮(二), 東京 : みすず。書房, 1967, p.249

32) 1920년 8월 하순부터 북간도의 각 반일무장단체는 일제의 사주를 받은 중국 동북군벌정부의 압력으로 부득불 근거지 이동을 하게 되었다. 북로군정서는 근거지 이동을 위하여 1920년 9월 9일 사관연성소 제1기생 298명을 졸업시키고 선발대로 한 개 步兵大隊와 한 개 教成隊를 편성하여 김좌진을 사령관으로, 박두희를 부관으로 하는 군사령부의 지휘를 받게 하였다. 보병대대 대장 김사직이고 그 밑에 4개 중대 400명을 두었다. 제1중대장 김규식, 제2중대장 洪忠熙, 제3중대장 吳祥世, 제4

전공을 세웠으며 일제의 '경신년토벌' 을 분쇄하고 밀산현으로 이동하였다. 그리고 1920년 말 밀산현에서 대한독립군단[33]에 편입되어 활동하다가 1921년 1월에는 호두(虎頭)를 거쳐 노령으로 전이하였던 것이다.

중대장 金燦水였다. 교성대 대장은 나중소, 부관 崔俊衡이다. 교성대는 한 개 중대에 4개 소대로 편성되었는데 중대장 이범석, 제1소대장 李敏華, 제2소대장 金勛, 제3소대장 李鐸, 제4소대장 南益이며 매개 소대는 50명, 4개 소대 도합 200명이었다. 1920년 9월 북로군정서의 총병력은 1,600명, 청산리전역에 참가한 병력은 600명(그중 야단 90여 명)이었다. 무기는 보총 1,300정(그중 야단 90여 정), 기관총 7정(그중 야단 1정), 권총 150정, 수류탄 多數이며 탄약은 군총 1정에 300발 내외이다. 북로군정서부대는 9월 17일과 18일 총기와 탄약 등을 牛車에 적재하고 왕청현 서대파 근거지를 떠나 10월 12일 화룡현 삼도구 청산리부근에 도착하게 된다. 이에 앞서 일제는 '훈춘사건' 을 조작하고 조선주둔 제19사단을 주력으로, 러시아에 출병한 간섭군을 포함한 토벌군 2만여 명을 북간도에 파견하여 반일무장단체를 소멸하려 시도하였다. 10월 19일 북로군정서와 홍범도 연합부대는 화룡현 삼도구 廟嶺에서 지도자회의를 열고 일본군의 '토벌' 에 대한 대응책을 토의하였다. 당시 북로군정서부대 간부진영은 아래와 같다. 사령관 김좌진, 참모부관 나중소, 부관 박두희, 연성대장 이범석, 종군장교 이민화, 김훈, 백종렬, 한근원, 대대장 서리 홍충희, 제1중대장 서리 강화린, 제2중대장 서리 홍충희, 제3중대장 서리 김찬수, 제4중대장 서리 오상세, 대대부관 김옥현. 10월 21일 북로군정서 연성대는 靑山里 白云坪 계곡에 있는 直沼에 매복하여 일본군 전위중대 90여 명을 전멸시켰으며 인차 이동하여 22일 아침 5시경에 泉水洞에 주둔한 일본군 한 개 기병소대를 습격하여 거의 전멸시켰다. 22일 오전 9시부터 저녁 7시까지 북로군정서부대는 漁浪村 부근 野鷄溝 '874' 고지에서 일본군 東支隊의 주력부대와 격전을 벌리게 되었다. 한편 10월 22일 홍범도 연합부대는 어랑촌 서쪽 完流溝에서 일본군과 격전을 벌리고 적들로 하여금 자상전을 벌리게 하여 많은 적을 소멸하고 북로군정서부대가 자리잡은 어랑촌부근 야계골 '874' 고지에 도착하였다. 때는 바로 북로군정서부대와 아즈마지대가 혈전을 벌리고 있을 때였다. 홍범도연합부대는 즉시 전투에 참가하여 적들의 뒤통수를 공격하였다. 밤이 되자 적들은 진공을 멈추고 후퇴하였다. 북로군정서부대와 홍범도 연합부대도 어둠을 타서 선후로 퇴각하였다. 어랑촌전투를 끝내고 북로군정서와 홍범도연합부대는 소부대로 나누어 安圖縣 荒溝嶺 방면으로 이동하였다. 이동과정에 선후로 맹개골전투, 만기구전투, 천보산전투, 고동하곡전투 등 대소 전투를 진행하여 적들의 진공을 격퇴하였다. 이리하여 1920년 10월 21일 아침부터 26일 새벽까지 6일간에 걸쳐 진행되었던 청산리전역은 아군의 승리로 끝났다. 아군은 청산리대첩을 거두고 일본군 1,200여 명을 소멸하여 일본군을 호되게 타격하였고 북간도한인들의 민족독립투쟁을 크게 고무하였다. 許松岩, 「청산리전역에 대하여」, 『용정3.13반일운동80돐기념문집』, 연변인민출판사, 1999, pp.296~314 참조/ 朴烜, 『滿洲韓人民族運動史研究』, 一潮閣, 1991, pp.110~120 참조.

33) 1920년 12월 청산리전역에서 승전한 북로군정서와 홍범도 연합부대는 밀산현으로 이동한 후 국민회군, 독군부, 신민단, 의군부, 大韓正義軍政司, 광복단, 야단, 血誠團 등 10여개 반일무장단체와 연합하여 대한독립군단을 결성하였다. 병력은 3개 대대, 9개 중대, 27개 소대 도합 3,500명이었으며 총재 서일, 부총재 홍범도, 김좌진, 조성환, 사령관 김규식, 참모총장 이장녕, 여단장 李靑天, 중대장 金昌煥, 趙東植, 尹擎天, 吳光鮮이었다. 蔡根植, 『武裝獨立運動秘史』, 大韓民國公報處發行, 1978, p.98

3) 봉오동전투와 청산리대첩

(1) 대종교의 중광단

일찍부터 만주로 망명온 민족지도자들은 일제의 통치력이 미치지 못하는 만주 땅에서 활발히 독립운동을 준비하였다. 자금을 모아 토지를 매입하고 이주민을 받아들여 한민촌을 건설하여 경제적 자립을 도모하였다. 이어 각지의 청년들을 모아 민족교육과 군사훈련을 실시하였다.

3 · 1운동은 만주의 독립운동가들을 크게 고무시켰다. 독립전쟁의 때가 다 가왔다고 판단하고, 무장투쟁을 본격적으로 준비해 갔다. 특히 대종교는 만주로 총본사를 옮기고, 1910년 10월 간도 삼도구에 지사를 설치하였다. 이것은 간도지방을 중심으로 무장투쟁을 전개할 목적이었다. 우선 동창학교, 명동학교 등을 설치하여 민족교육을 실시하고 군사교육을 병행하는 한편으로 국내에서 만주로 들어온 의병들을 규합하여 중광단(重光團)을 결성하였다. 중광단은 1911년 서일을 중심으로 한 대종교인들과 의병들이 규합한 청년조직이다.[34)]

1918년 중광단을 중심으로 한 무오독립선언, 이듬해 3 · 1운동의 영향으로 활기를 띈 중광단은 대종교에서 범종교적인 단체로 승화하여 새로운 대한정의단을 결성하였다. 기독교를 제외한 유림들이 참여하였고, 일제에 혈전을

34) 서일은 1910년 함경북도 경원군 咸一師範學校를 졸업하고 왕청현에 와서 明東學校를 설립하고 대종교에 가입하였으며 대종교 東道本司 주관을 맡아보았다. 1911년 3월 왕청현 德原里에서 대종교도를 중심으로 '중광단' 을 조직하였다. 단장 서일, 주요성원은 玄天默, 白淳, 박찬익, 桂和, 金炳德, 蔡奎五, 梁鉉이었다. '중광단' 은 대종교전파에 주력했고 명동학교를 설립하여 인재양성에 노력했으며 반일의병과 민중을 단합하여 무장투쟁을 준비했다. 1919년 5월 대종교는 공교회와 연합하여 왕청현 덕원리에서 중광단을 正義團으로 개편하였는데 간부진용은 중광단과 비슷했다. 정의단은 반일민족운동을 선전하고 반일무장투쟁준비로 군인모집, 군자금모연, 무기구입 등 활동에 노력했다. 그해 10월 덕원리에서 정의단을 軍政署로 개편하고 總裁 서일, 부총재 현천묵, 주요간부 김좌진, 李長寧, 李范奭, 曹成煥, 朴性泰, 鄭信, 李鴻來, 尹昌鉉, 羅仲昭, 金星, 朴斗熙. 군정서는 정의단과 마찬가지로 무장대오건립에 노력하였고 군정서를 통해 한인자치행정을 담당하였다.

주장하였다. 대한정의단은 이어 김좌진, 이범석 등이 가담하고, 무기를 구입하여 군정부(軍政府)의 기능을 수행하였고, 임정의 명령으로 대한군정서(大韓軍政署)라 개칭함으로써 이름 그대로 정부의 공인 군사기관이 되었다.

총재 서일, 총사령관 김좌진, 그밖에 김규식, 이범석 등이 초대 임원을 맡았다. 조직을 갖춘 대한군정서는 주민들에게 징병제를 실시하여 청장년을 소집하였고, 군자금을 조달하여 체코제, 러시아제 무기를 구입하였다. 대한군정서는 양봉산에 병영(兵營)을 건설하고 연병장을 만들어 본부로 삼았다. 김좌진 등은 서간도의 신흥무관학교에 도움을 요청하여 교관 이범석과 졸업생 박녕희, 백종렬, 강화린, 오상세, 최해, 이운강, 김훈 등을 비롯한 다수의 훈련장교들과 각종 교재를 공급받고, 모집한 장정 중에서 18세 이상 30세 이하의 초중등 교육을 받은 신체 건강하고 애국심이 강한 우수 청년 300여 명을 선발하여 속성 사관교육을 하여 일당백의 최(最)정예부대를 만들었다. 소총은 물론이고 기관총과 박격포까지 갖춰 중무장을 하였다.

한편 기독교계가 중심이 되어 결성한 대한국민회는 독립군을 편성하여 대한군정서에 비견할 만한 세력을 지니고 있었다. 이와 별도로 홍범도가 주축이 된 대한독립군, 최진동이 편성한 군무도독부(軍務都督府)가 활동하고 있었다. 당시 독립군의 분파적 활동은 항일운동에 지장을 초래하였다. 아래에 봉오동 전투와 청산리 전투를 요약하여 소개한다.

(2) 봉오동전투

봉오동 전투(鳳梧洞戰鬪)는 1920년 6월 홍범도, 최진동, 안무 등이 연합한 대한북로독군부(大韓北路督軍府)의 연합부대가 중국 길림성(吉林省) 화룡현(和龍縣) 봉오동에서 일본군 제19사단 월강추격대대와 싸워 크게 이긴 전투이다. 이때 서일의 북로군정서(西路군정서와 구별하기 위해 붙인 이름)가 병력증강을 목표로 장기적 항전 계획을 수립하고 있었다.

홍범도 휘하의 부대는 함경북도 등지로 들어가 일본군경을 공격하여 일본 식민통치기관을 파괴하는 위력을 보였다. 홍범도는 탁월한 지도력을 발휘하여 5월 예전의 의병과 농민 · 노동자를 모아 대한독립군을 창건하였다. 8월에는 국민회 소속의 대한독립군 사령관으로 300여 명의 부하를 지휘하여 두만강을 건너 혜산진과 갑산의 일본군까지 습격하여 많은 노획물을 가지고 돌아왔다. 독립군의 창설은 간도 독립군 조직 중 가장 앞선 것이며, 북로군정서보다 1년 먼저 조직된 것이었다. 그의 대한독립군 창건은 간도지역 독립군단의 조직을 촉진시켰고, 압록강 건너의 자성 · 강계 · 만포진을 습격하여 국내진공작전 중 최초의 위업을 이루어내기도 하였다. 자성전투는 3일간의 혈전이 계속되어 일본군 70여 명을 사살하고 일본군의 시설물을 파괴하여 기능을 마비시켰다.

이후 대한독립군은 재정지원을 위해 구춘선의 간도대한국민회의 산하로 들어갔다. 국민회는 직할로 안무가 지휘하는 국민회군으로 조직되어 활동하고 있었다. 국민회의 요청으로 1920년부터 대한독립군은 국민회군과 군무도독부와의 연합부대를 편성하였다. 사령관은 최진동, 부관은 안무, 홍범도는 연대장을 맡았으며, 부대는 화룡현 봉오동에 설치하였다.

1920년 6월 7일 북로 제1군 사령부 부장 홍범도는 봉오동 골짜기 인근에 포위진을 짜고 제3소대 분대장 이화일을 시켜 일본군을 유인해 오도록 하였다. 추격해 온 일본군이 봉오동 골짜기 내 독립군 포위망에 들어오자 오후 12시 3면에서 일제 공격이 시작되었고 3시간여의 교전이 이루어졌다. 시간이 흐르자 일본군은 후퇴하기 시작했고, 이를 강상모가 지휘하는 제2중대가 추격하여 추가적인 피해를 입혔다. 이 전투가 치러진 장소의 이름을 따 이를 '봉오동 전투' 라고 부른다. 홍범도 부대는 1920년 6월 삼둔자대첩에 이어 봉오동전투에서 일본군 160여 명을 충살하고 200여 명을 부상시키는 대승을 거두었다.[35)]

35) 鳳梧洞은 북간도 도문에서 서북쪽으로 15里 떨어진 곳인데 현재 연변조선족자치주 도문시 鳳梧貯水池로 사용되고 있다. 일찍 1908년 崔鎭東이 지방관청의 허가를 맡고 봉오동 골짜기의 토지를 사들인 후 함경북도 明川지방의 한인들을 초모하여 개간하게 하였다. 최진동은 봉오동 뿐만 아니라 부근의 石峴, 嘎呀河, 涼水, 大坎子 일대의 대부분 토지를 소유하고 있었다. 1919년 3.13 반일독립운동 이후 자기의 자위단무장을 기초로 반일무장단체－大韓軍務都督府를 건립하고 무기를 사들이고 장정을 모집하여 군사훈련을 시켰다. 당시 북간도 각지에서 대오가 크고 전투력이 강한 반일무장단체들로는 북로군정서, 간도국민회군, 大韓獨立軍, 군무도독부, 신민단, 의군단, 광복단 등이 있었다. 이러한 무장단체들은 봉오동을 중심으로 서대파, 석현, 가야하, 대감자, 依蘭溝 등 지방에 분포되어 있었다. 야단과 북로군정서의 합병은 북간도 각 반일무장단체들의 연합을 추진하였다. 1920년 5월 11일 봉오동에서 대한독립군, 군무도독부, 신민단, 광복단, 의군단, 국민회군 등 무장단체들은 지도자회의를 열고 연합작전에 관한 합의를 보았으며 5월 28일에 하나로 통합된 北路督軍府를 성립하였다. 그 임원은 아래와 같다. 북로독군부 부장 최진동, 부관 安武, 북로 제1군 사령부장 洪范圖, 부관 朱建, 참모 李秉栄, 餉管 安威同, 군무국장 李園, 군무과장 具滋益, 회계과장 崔榮夏, 검사과장 朴始源, 통신과장 朴泳, 치중과장 李尙柱, 향무과장 崔世日, 피복과장 林炳極, 제1중대장 이천오, 제2중대장 姜尙模, 제3중대장 姜時范, 제4중대장 曹權植, 제2중대 제3소대 제1분대장 李化一이었다. 북로독군부는 사령부를 봉오동 상촌에 두고 강력한 국내진공전을 계획하였다. 1920년 6월 4일 신민단 소속 朴昇吉부대 30여 명은 함경북도 종성군 江陽洞 일본군 초소를 습격하여 일본군 헌병군조 福江三太郎 이하 4~6명을 섬멸하였다. 강양동 초소가 습격되었다는 보고를 접한 일본군 新美中尉는 17명을 거느리고 두만강을 건너 後安山 일대까지 들어왔다. 한편 일본군 제 19사단 安川추격대대는 후안산에서 신미부대와 회합한 후 다시 두 갈래로 나뉘어 봉오동으로 진공해왔다. 당시 봉오동과 그 주변에는 600~800명 반일무장이 주둔하고 있었으며 봉오동 상촌에 주둔한 반일부대만 하여도 홍범도의 대한독립군, 최진동의 군무도독부, 李興洙의 신민단 도합 300여 명이나 되었다. 일본군이 추격해 온다는 정보를 입수한 북로독군부는 아래와 같이 전투부서를 하였다. 사령관 홍범도가 거느린 부대와 지휘부는 上村 西山에, 북동과 남동 東山에는 최진동부대, 南山에는 신민단부대가 배치되어 적들의 퇴로를 차단하기로 하였다. 그리고 이천오의 제1중대는 상촌 서북단에, 강상모의 제2중대는 동산에, 강시범의 제3중대는 북산에, 조권식의 제4중대는 서산 남단에 각기 매복하였으며 허형근이 인솔하는 한 개 소대는 골짜기의 홈채기에 매복하였고 백성들은 모두 피신시켰다. 또한 일본군을 매복권내에 유인해 들이기 위해 이화일분대를 高麗嶺 북측의 1,200미터 지점과 그 동북 촌락에 매복시켰다. 6월 7일 아침 4시 45분 일본군 전위중대가 이화일분대 매복지점에 당도하자 이화일분대는 적에게 집중사격을 가하고는 고려툰 뒤산 산등성이를 넘어 북봉오동으로 후퇴하였다. 일본군은 반일부대의 종적을 따라 상촌으로 진격하였다. 오후 1시경에 일본군 추격대대 300여 명이 전부 아군의 매복권내에 들어섰다. 반일부대는 일본군에게 맹렬한 공격을 퍼부었다. 일본군들이 단말마적 발악을 하면서 포위를 돌파하려 시도했지만 사상자만 늘어갔다. 오후 4시 20분경 갑자기 하늘에서 천둥이 진동하고 우레가 울더니 우박이 폭풍과 함께 마구 쏟아져 내렸다. 일본군은 이 기회를 빌어 비파동으로 철거하였고 반일부대도 억수로 퍼붇는 우박과 비 그리고 기갈로 인하여 일본군을 추격하지 않고 전장을 수습한 후 왕청방면으로 전이하였다. 봉오동전투에서 반일무장부대는 일본군 장교 3명, 병졸 49명을 소멸하고 몇 십 명에게 부상을 입혔다. 일설에는 봉오동전투에서 일본군 120여 명을 소멸했다고 하지만 신빙성이 적다. 봉오동전투는 비법월경하여 북간도에 침입한 일본군에게 목적있고 계획있는 매복전을 벌려 일본군을 참패시킨 반일무장부대의 첫 전투이자 첫 승리였으며, 반일무장단체의 첫 연합작전이었으며, 일본군은 천하

봉오동에서 정예 부대의 참패를 경험한 일본군은 이후 만주의 독립군 부대 토벌 계획을 세웠고, 이에 필요한 군대 동원을 위해 혼춘 사건을 일으켜 관동군 2개 사단을 파병하게 되었다.

(3) 청산리 대첩

청산리 전투(青山里戰鬪)는 청산리 대첩(青山里大捷)이라 한다. 북로군정서(北路軍政署) 소속의 독립군이 1920년 9월 10~12일(음력), 만주 길림성 화룡현[和龍縣 : 三道溝] 청산리 백운평(白雲坪), 천수평(泉水坪), 마록구(馬鹿溝) 등지의 3차에 걸친 전투에서 5만의 왜적을 대파한 것으로 유명하다.

3·1 운동 이후 만주 일대에서는 독립군의 활동이 활발해지자. 이를 겁낸 일본은 육군을 투입하여 이들을 없애고자 하였다. 그 일환으로 일제는 중국인 마적들을 매수하여 혼춘 사건(琿春事件 : 출병의 명분을 얻고자 일본영사관을 소각한 위장사건)을 일으키도록 하였다. 이를 구실로 일제는 대규모의 병력을 간도에 보내어 독립군을 소탕하고 조선인 마을을 습격하였다.

1920년 8월 하순, 왕청현[汪淸縣] 서대파(西大坡)에 주둔하고 있던 북로군정서의 주력부대는 혼춘[琿春]의 일본 영사관을 습격해서 얻은 정보로 일본군 제14사단과, 제13사단의 일부가 장고봉(張鼓峰)을 거쳐 남하하고, 나남(羅南)의 제21사단이 도문강(圖們江)을 건너 북상하며, 만철(滿鐵)의 수비대가 송화강[松花江]을 건너 서진하여 3면으로 북로군정서군을 토벌하려는 작전이 진행 중임을 알게 되었다. 이에 북로군정서군은 1,500명으로 편성된 전투대대인 제2제대(梯隊 : 李範奭 지휘)와 비전투요원 1,000명으로 구성된 제1제대(김좌진 총사령관 겸임 지휘)로 하여금 180량의 치중차(輜重車)를 이

무적이다는 신화를 깨뜨리고 북간도 한인들에게 반일무장투쟁승리의 신심을 북돋아주었다. 『현대사자료』(27), pp.582~583, p.632, pp.634~635, 『독립신문』, 1920년 6월 25일 제88호, 제4면. 1920년 6월 22일 제86호, 제2면.]

끌고 장백산으로 대이동을 감행하도록 하였다.

북로군정서군은 장장 80리의 골짜기에 100m 내외의 밀림으로 자연성을 이룬 청산리의 백운평 골짜기로 제대를 진출시켜 우진(右陣 : 李敏華 지휘)·좌진(左陣 : 한근재 지휘)·중우진(中右陣 : 金勳 지휘)·중좌진(中左陣 : 이어성 지휘)의 기습포진을 펴고 적을 기다렸다. 9월 10일 아침, 적의 척후가 나타나 식은 말똥을 만져보고 독립군이 이 백운평을 지나간 지 오래 된 것으로 오인한 왜적은 전위사령(前衛司令)을 선두로 기마대·보병·공병의 1만 혼성여단이 골짜기로 들어가기 시작하였다.

아군은 적이 함정 속으로 다 들어올 때까지 침묵을 지키다가, 이범석이 쏜 총이 전위사령을 거꾸러뜨림과 동시에 공격을 퍼부어 3차로 적의 부대가 몰려들 때까지 적 2,200명을 사살하는 대전과를 거두었다. 타격을 받은 적군이 전열을 가다듬고 장기전 태세에 들어가자, 아군은 주력 부대가 그대로 백운평에 있는 것처럼 위장하고 밤사이 120리를 강행군하여 갑산촌(甲山村)에 도착함으로써 적의 포위망에서 벗어났다. 이어 아군은 시마다[島田]가 지휘하는 120기병 중대가 한국인 촌락인 천수평(泉水坪)에 있다는 정보를 확인하고 집단병력을 투입해서 도망자 4명을 제외한 중대장 이하 전원을 사살하고 시마다 중대장이 가노[加納] 연대장에게 보내는 정보문서를 입수, 19사단의 2만 병력이 어랑촌(漁郎村)에 있음을 알고 기선을 제압, 어랑촌 전방의 마록구(馬鹿溝)고지를 점령하였다.

이로부터 만 2주야에 걸친 혈전을 통하여 2,000명의 아군 병력은 지리적 이점을 충분히 이용해 2만의 적병 중 1,000여 명을 전사케 하는 대승리를 거두었다. 적군 5만 병력을 2,500명으로 맞아 3,300명을 사살한 청산리 3차의 싸움은 한국 무장독립운동 사상 가장 빛나는 전과를 올린 대첩(大捷)으로 독립항쟁사에 기록되어 있다. 반면에 이 싸움에서 치욕적인 참패를 당한 왜적은 그 보복으로 만주 전역의 우리 동포에게 무자비한 만행을 자행하기 시작,

간도(間島)동포 참살 사건 등을 빚어냈다.

한편 대첩을 거둔 북로군정서는 일본군의 추격을 피해 소만(蘇滿) 국경지대인 밀산(密山)으로 이동하였다. 다른 독립군들도 이곳에서 전열을 정비하였다. 청산리대첩의 영향으로 10여 개 독립군의 통합을 절감하여 마침내 대한독립군단을 결성하기에 이르렀다. 총병력 3500명으로 이루어진 이 대군단은 총재에 서일, 부총재에 홍범도 김좌진 조성환 등이 맡았다.

밀산에서 나온 대한독립군단은 이어 소련 연해주 이만(Iman : 달레레첸스크)과 자유시 등으로 이동하였다가, 급기야 소련군에 의해 무장해제를 당했다(이 과정에서 수많은 독립군이 희생되었다). 이로부터 한국광복군이 창설된 것은 1940년 9월 17일이다. 광복군의 총사령관인 이청천은 당시 대한독립군단의 여단장을 맡았었다.

당시 서일총재는 부하들을 지키지 못한 책임을 느껴 자결하였다.[36] 서일은 마지막 유서에서 "귀신이 소리내고 도깨비가 뛰노니, 하늘 땅의 정기 빛이 어두우며 뱀이 먹고 도야지가 뛰어가니 사람 겨레의 피고기가 번지를 하도다. 나라 땅은 유리쪽으로 부서지고, 티끌모래는 바람비에 날렸도다. 날이 저물고 길이 궁한데 인간이 어디메뇨?"라고 현실을 개탄하였다.

---

36) 대한독립군단은 얼마 후 작전상 노령 자유시(自由市)로 이주하였고, 서일은 승전을 위해 밀산현 당벽진으로 옮겨가 또 다른 항일투쟁의 기회를 기다리고 있었다. 그리고 여가동안에는 교서를 저술하는 데 전념하였는데, 교서 내용 중의 한 부분이 겨레 얼을 어떻게 단원들에게 고취하여 주입하느냐 하는 문제였다. 그는 겨레 얼의 존재가치를 가장 중시하였던 덕장 · 용장 · 지장이었다. 그러나 1921년 8월 26일 괴한들에 의한 불의의 습격을 받고 많은 청년동지들이 희생을 당하자 서일은 큰 충격을 받았다. 빼앗긴 조국을 구하기 위해 타국에서 분투하고 있었는데, 목숨과 같은 부하들이 무참하게 희생을 당하자 그 책임자로서 분노를 금할 수가 없었다. 하루 종일 슬픔을 이기지 못하고 비탄에 젖어 있다가 그는 이튿날인 8월 27일 오전 마을 뒷산의 산림 속에서 곧게 앉은 채 호흡을 멈춰 자결함으로써 조국의 광복을 이루려는 꿈을 이루지 못한 채 순국하였다. 1962년 정부로부터 건국훈장 독립장이 추서되었다. 다음과 같은 어록비가 전하고 있다. "조국광복을 위하여 생사를 함께 하기로 맹세한 동지들을 모두 잃었으니 무슨 명목으로 살아서 조국과 동포를 대하리오. 차라리 이 목숨 버려 사죄하는 것이 마땅하리라."

4) 신채호의 단군운동—민족주의 사학의 정립

근대적 민족주의 사학(民族史學)[37] 운동가로 박은식, 장지연, 신채호를 들 수 있다.[38] 신채호는 같은 민족주의 사가(史家)라 하더라도 독특한 위치에 있다. 이를 두고 유교적 사학과는 다른 단재사학(丹齋史學)이라고 명명하기도 한다.[39] 신채호는 추상적이고 보편적인 신(神)이나 혼(魂) 또는 얼 대신에 구체적인 고유한 사상체계를 중요시하였다. 즉 그는 화랑도의 사상을 한국의 고유한 것으로 보고, 이 낭가(郎家)사상의 성쇠가 곧 민족사의 성쇠를 좌우한다고 믿었다. 그렇기 때문에 그에 의하면 한국사는 고유사상이 외래사상과 투쟁하는 역사로 파악하였다.[40]

> 역사란 무엇이뇨? 인류사회의 아(我)와 비아(非我)의 투쟁이 시간부터 발전하며 공간부터 확대하는 심적(心的) 활동의 상태의 기록이니, 세계사(世界史)라 하면 세계 인류의 그리되어 온 상태의 기록이며, 조선사(朝鮮史)라면 조선민족의 그리 되어 온 상태의 기록이니라.[41]

신채호는 당시의 세계정세를 제국주의 시대로 보고 있다. 그는 서구열강이 추구하고 있는 제국주의 본질을 잘 파악하고 있었다.

> 저 열강이 문명은 날로 번창하고 인구는 날로 늘어 자기나라의 토지만

---

37) 민족사학과 민족주의 사학이라는 말을 구별할 것을 주장한 분도 있다. 조동걸은 민족사학이란 식민사학에 대칭하는 용어이고, 민족주의사학은 민족사학의 분류상의 호칭이라고 보았다. 예컨대 마르크스주의 사학은 민족사학이기는 해도 민족주의 사학은 아니라는 말이다.(「민족사학의 분류와 성격」『한국민족주의의 발전과 독립운동사연구』 지식산업사, 1993)

38) 신용하 「한말애국계몽사상과 운동」『한국사학』1, 한국정신문화연구원, 1980, p.289

39) 이만열 「단재사학의 배경」『한국사학』1, 한국정신문화연구원, 1980, p.296

40) 이기백 「한국근대사학의 발전」『근대한국사론선』 삼성문화재단, 1973, p.247

41) 신채호 『조선사총론』

으로 그 생활을 하기가 어려우며, 자기 나라의 생산물만으로 그 발전을 꾀하기 어려우니, 이에 나라 밖으로 영토를 확대하고 이익을 얻으려고 미발달지역을 개척하여 자신의 욕망을 채우려 하니, 자기보다 열등한 나라는 물론 동등한 힘을 가진 나라에 대해서도 경제싸움을 걸어 승부를 겨루는 것이다.[42]

당시 제국주의가 자본주의 발달과정에 따라 겪게 되는 약육강식의 경제전쟁은 필연적이었다. 이 필연적 제국주의 경제전쟁을 목도한 신채호는 역사를 나와 나 아닌, 아(我)와 비아(非我)의 투쟁으로 보았던 것이다. 신채호의 민족주의는 바로 이 제국주의의 침략에 대응하기 위한 유일한 투쟁노선이다. 이 투쟁에서 일본도 예외는 아니었다. 을사늑약 이후 국권을 상실한 우리 대한을 표현하기를, "삼림(森林)이 유(有)하건마는 아(我)의 유(有)가 아니며, 광산이 유하건마는 아의 유가 아니며, 철도가 유하건마는 아의 유가 아니다"[43]라고 통탄하면서 국가는 있으나 국권이 없는 나라를 시급히 바로잡기 위해서는 부국강병을 통한 독립을 강조한다.

그러나 그의 부국강병론은 서구문물의 모방에는 비판적이다. 그는 서양의 경제, 법률, 상업 및 부국도 결국 그들의 애국심과 국사에 대한 사상에 기초한 것으로 보고, 우리도 민족주체성과 정신적 대아(大我)를 바탕으로 애국심을 고취하고 산업과 교육을 육성하는 것이 바람직하다고 주장한다. 그 중에 신채호는 "역사가 없으면 국민의 애국심이 어디서 나오겠느냐"[44]면서 민족사의 서술 작업을 통해 애국심을 고취한다. 이러한 관점에서 기존 역사서술이 사대주의에 빠져 있다고 비판하고, 역사중심의 민족주의 사관정립에 몰두한

42) 신채호 『단재 신채호전집』 별집 「20세기 신민국」
43) 신채호 『단재 신채호전집』 별집 「대한의 희망」
44) 신채호 『단재 신채호전집』 「역사와 애국심과의 관계」

다. 그는 우리 민족사의 사통(史統)을 세움에 있어, 아래와 같이 단군을 시조로 분명히 하고 2천만 민족은 그의 자손이라 하였다.

> 始祖 檀君(단군)이 太白山에 下하사, 此國을 開創하고 後世子孫에 貽(이)하시니, 三千里 疆土(강토)는 其 産業也며, 四千載 歷史는 그 譜牒(보첩)也며, 歷代帝王은 其 宗統(종통)也며,[45)]

이어 신채호는 단군을 고구려 왕조의 직접 조상이라는 관점에서 '단군 → 부여 · 고구려로 양분 → 부여 멸망, 고구려 재통합'[46)]으로 보았으며, 특히 묘청을 진압한 김부식이 『삼국사기』를 지을 때에 우리의 옛 사서를 없앤 후에, 조선의 강토를 줄이고, 조선의 문화를 유교화 하며, 외국에 구걸이나 하는 외교가 전부인 양하여 철저히 사대주의로 꾸며놓았다고 지적하였다. 신채호는 우리 역사에서 김부식에 의해 자주적인 국풍파(國風派)가 패하고, 사대주의가 승리한 것을 '1천년 이래 제1대사건'이라고 비탄해 하였다.[47)]

신채호는 초기에는 국민을 계몽의 대상으로 파악했으나, 3 · 1운동 이후 민중의 위대한 힘을 발견하였다. 여기서 신채호 사상은 '신국민설(新國民說)'과 뒤에 나오는 '민중혁명론'으로 구체화된다.

먼저 신국민설은 말 그대로 한 나라의 국가경쟁의 원동력은 한두 사람의 영웅에 의해서 나오는 것이 아니라, 국민 전체에 있다는 주장이다. 이 신국민설은 결국 부국강병의 근대적 국민국가를 수립하기 위해서는 근대적 국민인 신국민이 바탕이 되어야 한다는 뜻이며, 그들이 역사의 주체라는 것이다.[48)]

---

45) 신채호 『단재 신채호전집』 「국가는 즉 일가족」

46) 신채호 「독사신론」

47) 신채호 「조선역사상 일천년래 제일대사건」

48) 이만열 「단재사학의 배경」 『한국사학』 1, 한국정신문화연구원, 1980, p.323

그런데 신채호는 근대국민국가의 수립을 보지 못하고 망국(亡國)을 당하자 국민이라는 말 대신에 '민중' 이라는 말을 사용하게 된다. 바로 조선혁명선언(1923년 작)은 민중을 혁명의 대본영으로 삼은, 민중에 의한 무력혁명론이며, 민중에 의한 무장독립전쟁론이다. 그렇지만 그는 무력주의를 절대적이 아닌 제한적인 의미에서 정당한 것으로 생각하였으며, 결국에는 민족주의와 인류공영을 양립시키고자 하였다.[49]

4. 동학과 단군운동의 평가

1860년 수운 최제우의 동학 창도로부터 한국의 민족운동은 두 가지 큰 흐름을 형성하였다. 하나는 1894년의 농민혁명운동이고, 다른 하나는 1905년부터 시작된 민족종교운동이다. 전자는 민족운동이 종교적 신앙으로 무장하는 특이한 실례가 되었다. 동학으로부터 비롯된 한국의 근대민족종교는 당시의 민중의 욕구와 민족의 염원을 동시에 담고 있었다. 적극적으로는 제국주의 침략에 항쟁하였고, 소극적으로는 식민지배로부터 고통을 감내할 수 있는 희망을 민중에게 안겨주었다.

그런데 일제시기에 들어서자 종교계를 친일화(親日化)하려는 공작이 노골적으로 드러났다. 유교계에 대하여는 대동학회나 공자교를 만들어 친일파 유교를 조장하였던 것처럼 동학에 대하여는 일진회를 급조하여 공작하였고, 대종교에 대하여는 단군교를 공작하여 민중의 독립의지를 약화시키려 획책하였다. 그러나 친일파 종교가 늘어날수록 민족종교운동은 더 강하게 전개되었으며, 이렇게 일어난 민족종교는 온갖 탄압에도 불구하고 일반 민중들

---

49) 『한국철학사상사』 한울아카데미, p.381

을 국권회복을 위한 항일투쟁에 동원하는 데 큰 성과를 거두었다.

그러나 1894년 동학농민운동은 제국주의와의 항쟁에 있어서 제국주의의 선진무기에 대응할 수 있는 방어무기를 준비하지 못한 채 정신력 하나로 전장에 나감으로써 전술적 패배를 당할 수 밖에 없었다. 그리고 혁명이후에 어떤 시민사회를 건설할 것인가에 대해 목표는 있었으나, 구체적인 대안을 제시하지 못한 것과 혁명의 지도력을 제대로 발휘하지 못했다는 한계를 갖는다. 함석헌은 동학에 대해, 그 이름이 표시하는 대로 서학 곧 천주학에 대한 반동으로 일어난 것이나, 그 안에는 미신적인 요소를 가지고 있다는[50] 극단적인 주장도 제기하였다.

신용하는 동학을 평하여, "동학농민혁명운동은 한국근대사에서 수천 년 묵어 온 낡은 구체제를 붕괴시키고, 근대사회에의 길을 넓게 열어주었으며, 이 열린 길 위에서 개화파들이 구조적으로 역할을 분담하여 동학농민들의 개혁요구 조항들을 개화파식으로 번역하고 수정해서 근대국가와 근대사회 수립의 대개혁을 단행한 것"[51]이라 했고, 이이화는 "농민군의 타도대상은 수령과 벼슬아치 구실아치, 양반, 지주, 부호였고, 관물의 늑탈 이외 토지문서와 노비문서를 탈취하거나 불태워 경제적 계급적 평등을 구현하려 하였다"[52] 고 하여 평등사회 실현을 동학농민전쟁의 목적으로 보았다. 특히 신용하는 동학의 집강소에 대해 "한국 역사상 최초의 농민을 위한, 농민에 의한, 농민의 권력기관이었고 통치기관이었다" 고 보고, 이 집강소에 의해 "농민적 민족주의와 농민적 민주주의의 신체제를 수립하려는 농민통치를 과감히 단행한 것"[53] 으로 평가했다.

---

50) 함석헌 『뜻으로 본 한국역사』 제일출판사, 1965, p.321
51) 신용하 『동학과 갑오농민전쟁연구』 일조각, 1993, p.393
52) 이이화 『이야기한국사18—민중의 함성과 동학농민전쟁』 한길사, 2003, p.309
53) 신용하 『동학과 갑오농민전쟁연구』 일조각, 1993, p.207

그러나 동학혁명 세력은 1904년 일진회의 준동과 1906년 이용구의 시천교 창립으로 반봉건, 반외세의 민족혁명을 이끈 주체자로서의 명예를 크게 손상 입었으며, 그 권위에 치명상을 입었다. 일진회는 일제로부터 5만원을 받아 횡령하였으며, 그 후에도 막대한 정치자금을 공급받았다. 그들은 일제의 주구(走狗)로서 친일매국 행위를 일삼았다. 30만 동학혁명군의 선혈을 팔아먹었다. 이것은 동학이 쌓아 올린 '민족적 순결성의 상실' 이라 할 수 있고, 또 이것은 '민족적 신성모독' 인 것이다. 이러한 실추된 명예와 권위를 그나마 회복할 수 있었던 것은 3 · 1운동과 의암 손병희의 순교 순국이 있었기 때문에 가능했다. 손병희는 3 · 1거사를 하루 앞둔 2월 28일에 33인 대표들 앞에서 다음과 같이 말했다.

> 금차 우리의 의거는 위로 조선(祖先)의 신성유업(神聖遺業)을 계승하고, 아래로 자손만대의 복리를 작흥(作興)하는 민족적 위업이다. 이 성스러운 과업은 제현(諸賢)의 충의에 의지하여 반드시 성취될 줄을 믿어 의심치 않는 바이다.[54]

다음으로 민족의 순결성을 회복하기 위해 일어난 운동이 나철의 대종교운동이다. 1909년, 홍암(弘巖) 나철(羅喆, 1863~1916)에 의해 중광(重光)된 대종교(大倧敎)는 일제침략에 대응하여 만주 등지에서 활발히 독립투쟁을 전개한 민족종교였다. 홍암은 일제침략에 대응하기 위해서는 민족의 역량을 하나로 모으는 것이 필요하며 그것은 국조신앙(國祖信仰)인 단군신앙(檀君信仰)을 중심으로 전 민족이 결집하는 것뿐이라고 판단하여 대종교를 중광(重光)하였다. 따라서 대중교의 중광은 그 자체가 민족모순에 대한 대응이라

54) 최린 「자서전」 『한국사상』 제4집, 1962, p.181/ 신용하의 『한국민족독립운동사연구』, p.274

는 민족사적 사명을 지니고 있었으며,[55] 그 역사적 근원을 5천 년 전 단군에 두었다는 것을 의미한다. 나철은 이 땅에 멀리 사라진 단군신앙을 부활하였다. 동학에서 하늘은 말했지만, 단군은 말하지 않았었다.[56] 대종교가 나와 단군을 말하기까지는 동학으로부터 50년의 세월을 기다려야 했다. 나철은 평소 "순왈도(順曰道), 일왈성(一曰誠)"[57]이라는 22자 밀계(密戒)를 중요시 하였다. 이것은 그가 모든 행동의 일거수일투족을 신성한 道에 중점을 두다는 것을 알 수 있다. 그래서 그의 대의명분은 "국망도존(國亡道存)" 이었다. 국가는 비록 망할 수 있었도, 도는 가히 존재한다는 뜻이다. 도로써 국가를 구할 수 있다(以道救國)고 믿었기 때문에 대종교의 중광(重光)이 가능했고, 민족의 중광이 가능했다.

나철의 생애 중에서 구월산 삼성사에서의 제천의례와 그의 순국은 대종교 운동의 큰 전환점이 되었다고 평가할 수 있다. 이 제천의례를 거행하기 이전까지만 하더라도 비교적 온건한 방법을 채택하고 있었던 대종교의 항일운동은 그의 순국을 계기로 하여 적극적인 무장투쟁방법으로 전환되었다. 대종교는 1918년 '무오독립선언서' 를 발표하는 한편, 비밀결사단체인 중광단(重光團)을 조직하여 무장독립운동을 적극적으로 전개하기 시작하였다. 중광단은 그 후 북로군정서(北路軍政署)로 발전되어 1920년에는 항일독립투쟁사에서 가장 큰 성과로 기록되고 있는 청산리대첩을 승리로 이끄는 데 주도적인 역할을 하였다. 당시 청산리대첩에는 여러 항일무장단체들이 참여하고 있었지만, 그 대다수는 대종교와 청림교의 신도들이었으며, 주도세력 또한 대종교의 간부들이었다. 대종교가 일제에 의해 수많은 신도들이 희생당하는

55) 노길명,「한국근현대사와 민족종교운동」『한국민족종교운동사』 2003, 한국민족종교협의회, pp.25~28
56) 동학에서 단군을 말한 것은 수운교에 이르러서 나타났다.
57) 순수한 것을 도라하고, 으뜸은 정성이니라.

상황에서도 만주지역을 중심으로 활발한 항일무장투쟁을 전개할 수 있었던 것은 구월산 삼성사에서의 민족혼의 부활을 알린 제천의례와 살신성인의 순명 사건이 지대한 영향을 끼쳤다고 할 수 있다. 다만, 해방 이후 지도체제의 미흡으로 민중과 함께 하지 못하고, 민중의 마음을 붙잡지 못한 것이 가장 큰 아쉬움으로 남는다.[58]

한편 1910년 대종교에서 이탈한 정훈모는 친일파 민병한, 박영효, 정두화 등을 끌어 들였고, 한 때 민병한의 행랑채에 단군 초상을 봉안하여 민족과 신앙의 순결성에 먹칠을 하였다. 대종교의 순결성은 나철과 서일의 순교에 의해 명맥을 지켜 나갈 수 있었다.

그리고 청림교는 20세기 초에 동학과 단군신앙으로 민족의식과 민족혁명 전통을 보존, 계승한 민족종교로서 일제 식민통치 시기에 현실사회를 부정하는 민족독립사상을 함유하고 있었다. 북간도에서의 청림교의 활동은 임창세, 현기정 등에 의해 활발히 전개되었다. 그들은 1920년부터 독립무장단체 '야단' 을 조직하여 반일무장투쟁을 진행하였고 강적 앞에서 통합의 필요성을 절실히 느끼고 북로군정서부대와 합병하였다. 야단과 북로군정서의 합병은 당시 북간도지역의 각 반일무장단체간의 연합에 적극적인 영향을 주었다. 청림교도들은 봉오동전투와 청산리 전역의 승리를 위하여 군자금을 모연하고 군수품을 제공하며 병력을 지원하는 등 많은 면에서 헌신적으로 노력하였다. 특히 '야단' 무장대원들은 청산리대첩에서 대승을 거둔 후 북로군정서부대와 함께 밀산현으로 전략적으로 이동하였고 그곳에서 '대한독립군단' 에 편입되어 노령으로 전이하였다.

1920년대 초 북간도에서의 반일무장투쟁이 저조기로 진입하고 청림교가 한오 등에 의해 친일종교로 전락되자 임창세 등은 청림교를 탈퇴하고 대성

58) 함석헌 『뜻으로 본 한국역사』 제일출판사, 1965, p.322

유교를 설립하였다. 일제의 '경신년토벌' 로 인하여 수많은 반일학교가 소각되고 교육계의 반일인사들이 학살되어 북간도 한인 사립학교의 발전은 엄중히 파괴되었을 뿐만 아니라 민족인재 양성에도 큰 어려움을 겪었다.

임창세 등은 북간도에서의 무장독립투쟁이 저조기로 진입하고 친일세력이 대두하자 민족독립 인재 양성의 필요성을 절감하고 독립운동의 일환으로 먼저 북간도 문화교육 중심지 용정에 사립중학교－대성중학교를 건립하였다. 비록 대성중학교가 사회주의와 민족주의 이념의 첨예한 대립 하에서 점차 북간도 사회주의사상 전파의 '온상' 으로 변하였지만 신세대 민족독립인재를 대량적으로 양성하였고 1920년대 북간도에서의 반일학생운동을 주도하였으며 진보적 사회활동의 책원지(策源地)로 되었다는 데 심원한 의의가 있다.

또한 1925년 대성유교에서 탈퇴하여 청림교를 재건한 후 1920년대 후반기부터는 단군을 비롯한 한국의 역대 개국시조를 신앙대상으로 삼고 용정에 영모전(永慕殿)을 건축하고 개국시조들의 비를 세워놓고 정기적으로 일본의 패망을 기원하는 '멸왜기도(滅倭祈禱)' 를 드리면서 광범한 신도들에게 민족의식과 반일사상을 선전하였으며, 일제의 패망 직전에는 미국의 한국 상륙준비와 민족독립봉기까지도 계획하였으나,[59] 준비의 부족으로 실현되

---

59) 일제는 민족종교인 청림교를 '가장 견인한 민족독립운동단체' 로 인정하고 시종일관하게 임창세를 비롯한 청림교의 주모자들을 감시하여 왔다. 결과 1944년 일제는 이른바 '青林教事件' 을 조작하고 120여 명을 체포하였고, 그중 50~60명을 '反日罪' 로 投獄하였다. 투옥된 청림교 반일인사 중 약 20명은 감옥에서 잔혹하게 학살되었고, 수많은 지사들이 重刑을 선고받았다. 청림교의 반일인사들은 반일을 하였다는 죄 아닌 '죄' 로 하여 일제의 암흑한 철창 속에서 온갖 혹형과 비인간적인 학대를 다 받았다. 살아남은 이들도 온몸이 볼모양 없이 상하고 피골이 상접한 '반병신' 이 되어 출옥하였고 어떤 이들은 그 어혈로 사망되었다. 광복 이후 그들은 응당 뭇사람들의 존경을 받아야 했지만 중공이 영도한 민주개혁 가운데서 '左' 적 사상의 영향으로 '封建迷信', '民族主義', '韓國間諜' 등 '감투' 를 쓰고 멸시와 박해를 받았으며 그들 유가족들마저 연루되어 멸시와 협의를 받았다. 이는 너무나도 불공평한 대우였다. 우리는 마땅히 잘못된 역사를 바로잡아 수난자들의 공적을 공정하게 평가하여 이미 구천으로 간 수난자들의 망령을 위로해 주어야 한다.

지는 못했다.

한편 증산교단은 어떤 외세의 압력에도 굴하지 않고 조상의 혈통줄을 바르게 지켜야 한다는 원시반본을 주장하였으며, 조상의 신령을 잘 받는 것이 바로 신도(神道)의 변함없는 법칙임을 예시하여 숭조(崇祖)와 경천(敬天)을 동일시하였다는 특징을 갖는다.

신용하는 "한국민족의 독립운동에는 무장투쟁만이 중요했던 것이 아니라, 비무장투쟁도 마찬가지로 중요했으며, 비무장투쟁과 무장투쟁은 서로 유기적 연관과 통합과 끊임없는 인과관계의 고리로 연결되면서 커다란 흐름의 독립운동으로 발전해 왔다"[60]고 평가했다. 구한말 의병전쟁으로부터 시작된 무장항일운동은 1910년 이후 국내에서 국외로 활동무대를 옮겼다. 주로 남만주와 연해주가 중심이 되었다. 항일무장운동은 의병전쟁과는 대규모 준비를 진행시켜 갔다.

당시 북로군정서나 대한독립군 같은 부대는 그 전투력이나 정신면에서 왜적보다 우세하였으며, 지휘관의 작전능력도 탁월하였다. 서일 같은 경우 진중에서도 수행실을 따로 마련하여 기도와 수행, 그리고 작전연구를 병행한 수전(修－戰)병행의 군교(軍－敎)일치를 철저하게 실천하여 군의 정신전력을 강화하는 요인이 되었다. 또 종교적 성금이 곧 군자금으로 활용되어 전력강화에 큰 보탬이 되었다는 점도 간과할 수 없다. 그러나 청산리대첩 이후 달라지긴 했으나 단체간 이견노출로 상당한 진통이 있었던 것도 사실이다. 이때 만주지역 독립군들이 대단합을 이루어 무장(武裝) 항일운동을 성공적으로 전개했다면 그 결과는 다른 양상을 보였을 것이다.

그렇지만 대동 통합의 길을 찾지 못하고 서로를 비방하고 원망하고 있을 때, 왜적의 역공을 당한 독립군은 그만 만주에서의 독립군 거점 기지를 잃어

---

60) 신용하 「대한북로군정서 독립군의 연구」『한국독립운동사연구』 제2집, 독립기념관, 1988.11(인터넷자료)

버리고 말았다. 최적의 유리한 거점기지를 상실한 독립군의 앞날은 어둠이 밀려 왔다. 그럼에도 독립군의 찬란한 정신은 한국광복군으로 이어졌고, 1945년 숱한 과제를 남긴 채 조국광복을 맞이하였다.

조국광복의 기쁨을 누리지도 못한 채, 우리는 또 다른 이방의 문화를 만나게 되었다. 일제보다 더 큰 상대였다. 바로 서양에서 온 외래사조와 외래종교였다. 정신을 차릴 수 없이 물밀 듯이 몰려왔다. 이들은 일제의 빈 공간을 재빠르게 채우기 시작했다. 민족종교계를 비롯한 민족운동진영은 저들에 의해 미신집단으로 전락하였고, 친일정권에 의해 빨갱이 동조자로 몰렸으며, 계속되는 박탈감에 역사의 죄인처럼 숨어 살아야 했다. 이런 때에 1965년 6월, 남원에 본부를 두고 있는 민족종단 갱정유도(更定儒道) 도인들이 급거 상경하였다. 이미 12년 전에 「해인경」이라는 경전과 '누건수(淚巾水) 교리'[61]를 영작(英作)하여 미국 대통령과 미상하의원 의장 및 유엔 사무총장에게 항공우편으로 발송한 것이 문제가 되어 도조인 영신당주(迎新堂主) 강대성(姜大成)을 비롯하여 도인 50여 명이 연행 고문당한 세칭 '대화중흥국사건' (大和中興國事件)[62]이 있었지만, 이번 서울에서의 시위사건은 철저하게 준비된 집단시위로 전개되었다.

1965(乙巳)년 현충일 아침 9시, 서울 남대문에서 중앙청, 그리고 시내 각 구에 분산된 도인들은 일제히 서울 시민들에게 30만 장의 유인물을 나누어 주었다. 유인물이 살포되자 경찰에서는 깜짝 놀랐다. 갓 쓴 도인들의 집단 행

61) 영신당과 부인, 아들 세 사람이 각각 선(仙), 불(佛), 유(儒)의 천지도수에 따라 천상(天上)에 있는 신명(神明)들을 인간에 해원을 시키고, 지상(地上)에 있는 인간죄악을 없애자고 서로를 붙들고 울다가 아들은 아버지와 어머니를 위로하며 울고, 영신당은 부인과 아들을 붙들고 '천지간에 몹쓸 내가 수도한 게 죄가 되어 이러한가' 탄식하며 울었다. 세 사람이 붙들고 울고 또 울어 3일을 계속 울면서 나오는 눈물을 수건에 닦아 이것을 짜 모으니 각각 한 그릇씩이 되었다. 이 눈물을 서로 나누어 마시고 또 울어 눈물을 짜 모아 나누어 마시고 하였다는 데서 나온 이름이다.

62) 노길명 「한국근현대사와 민족종교운동」 『한국민족종교운동사』 한국민족종교협의회, 2003, p.57

동도 기이하게 보였겠지만, 유인물에 공산국가를 용인하는 듯한 용공적(容共的) 표현이 있다고 판단했기 때문이다. 급히 출동한 경찰이 유인물을 압수하며 이들을 연행하기 시작했다. 5백여 명이 모두 붙잡혀 경찰에 분산 수감되었다.

이날 시위에서 주장한 내용 중에 중요한 4개항의 내용을 간략히 소개해 당시 통일의 열망이 어떠했나를 알아보고자 한다.[63]

① 원 미소용(遠, 美蘇慂)하고 화 남북민(和, 南北民) 하자.

미소의 종용(꼬임)을 멀리하고 남북민이 화합하자는 내용이다. 단군 이래 우리 민족은 화려한 금수강산에서 찬란한 문화를 꽃피워 왔으며 예의 바른 군자의 나라였는데, 일제가 36년간 짓밟더니 이제 미국과 소련이 우리나라에 들어와 바둑판을 벌이고 있는 형상이다. 동족상잔의 대립을 종식시키고 남북한이 자주적으로 태평세계를 만들자는 것이다.

② 민족도의(民族道義)라야 통일독립(統一獨立) 된다.

민족적 도의와 도덕이 희미하여 재물을 탐하는 자, 권세를 탐하는 자가 많고 포악 무도한 백성들이 늘어나고 있으니 이는 외세가 잘못 가져다준 결과이다. 그러므로 우리는 하루 빨리 우리 문화, 우리 풍속, 우리 사상에 기초한 민족도의를 회복하여 통일과 독립을 이루자는 내용이다.

③ 양(攘) 이적풍(夷狄風)해야 화민양속(化民良俗) 한다.

우리나라의 풍속은 상고시대부터 순박하고 아름다우며 인정 많고 예절 또한 뛰어나 동방예의지국이라 불리어 왔다. 그런데 최근 서양의 풍속이 이 나

63) 김홍철 「영신당의 개벽사상과 한국의 미래」『민족종교의 개벽사상과 한국의 미래』 한국민족종교협의회, 2004, pp.302~303

라에 들어와 살상, 음란, 사치가 팽배하며, 간신도적이 많아지고 있다. 하루 빨리 서양의 망국풍을 물리치고[攘], 순화(淳和)로 화민하고, 인후(仁厚)로 양속하여 우리의 아름다운 전통을 회복하자는 의미이다.

④ 삼팔선을 피벽(披闢)하고 우리 것을 찾는다.

같은 민족이면서 강대국들의 힘에 눌려 온 분단된 슬픈 역사를 청산하자는 것이다. 금수초목도 오고가는 땅을 가로막혀 내왕도 못하니, 남의 권력이나 권세를 믿지 말고, 우리 정신 우리 찾고, 우리의 힘을 우리 모아 삼팔선을 활짝 열어[披闢] 나가자는 것이다. 산하대운이 돌아오는 이 때에, 그동안 같은 민족이면서도 서로 적대시해 온 슬픈 현실에서 하루 빨리 벗어나 우리가 주체가 되어 통일을 해결하고 천하제일의 부강국가를 만들자는 내용이다.[64]

당시 5·16 군사정권하의 경찰이 '원 미소용(遠, 美蘇慂)'이라는 자구의 해석을 용공적으로 본 것은 현실적으로 어쩔 수 없는 당연한 결과였는지도 모른다. 본래 '민족을 분단시킨 미국과 소련의 종용(慂)을 멀리하여 민족의 자주성을 갖자'는 의미인데 이 문장의 구두점을 임의로 찍어 '원미(遠美), 소용(蘇慂)'으로 보아 '미국을 멀리하고, 소련의 종용을 받자'로 해석한 것이다. 이는 반공법 위반으로 걸기 위해 반미용공(反美容共)의 논리를 억지로 들이댄 것이다.

더구나 집단 시위로 변화되면서 '조선독립만세'를 부르게 된 것이 더욱 더 경찰로 하여금 용공으로 간주하게 만들고 말았다. 그러나 조선독립만세를 부른 것은 북한을 찬양하고 동조키 위한 의미에서가 아니고, 국조 단군 이래

64) 김홍철, 「주간종교」(갱정유도－그 역사와 사상, 1989) 연재문. 『갱정유도개설』, pp.47~49. 당시에는 6개 항목중에 ①~④항 까지만 전단으로 만들어 배포하였다. 원문은 갱정유도 『평화와 통일』 늘하늘, 2001, pp.36~43.

계속되어 오고 있는 우리 민족의 정통성을 드러내려는 의미에서 '단군창업 조선독립만세'라 불렀던 것이다.

이 사건이 일어나자 당시 언론들에서는 대서특필하여 이 사실을 보도하면서 일면 놀라기도 하고 일면 비방하기도 하였다. '장안에 난데없는 청포데모', '갓 데모' 등과 같이 성명서의 내용보다는 외형에 치우쳐 비하하기도 했다. 그러나 이 사건은 철저하게 준비된 집단적 평화시위였고, 군사정권의 획일화된 친미반공(親美反共)노선에 반대하고 평화통일을 지향했다는 점에서 '갱정유도 서울평화통일시위사건'으로 부를 수 있을 것이다. 당시 이 사건으로 김창석, 한양원, 오세묵, 박찬두 도인 등이 반공법위반으로 구속당했으나 결국 무혐의로 석방되었다.

아무튼 흰 고무신을 신고 갓망건에 청포(青袍) 두루마기 자락을 휘날리며 중앙청을 향해 달려가는 갱정유도 500여 명의 시위군중은 당시 위정자들을 깜짝 놀라게 하였고, 5·16 이후 숨죽여 살았던 국민들에게 민족주체성을 각성시켜 주는 계기가 되었으며, 민족종교인들에게 현실참여의 눈을 뜨게 했다.

5. 결론—단민주주의 통일방안의 제안

1876년 개항으로 조선은 결과적으로 세계자본주의 체제로 편입당하기 시작했고, 이는 종래의 중국 중심의 화이관(華夷觀)의 붕괴를 의미했다. 여기에는 두 가지 문제가 따랐다.

하나는 내적으로 봉건사회를 청산하는 일과 외적으로 서양제국주의를 물리치는 일이었다. 이에 대한 대처방안은 여러 계열에서 다양하게 제기되었고, 그 이념에 따라 다른 양상으로 전개되었다.

특히 19세기 말과 20세기 초에 등장한 특이 현상의 하나가 민족종교의 등장이었다. 동학과 대종교, 청림교 등의 민족종교는 민족의 암울기에 혜성처럼 나타나 민족해방의 등대가 되었고, 민족희망의 상징이 되었다. 민족종교는 신성(神聖)교단으로서 '개 같은 왜적놈' 에게 나라를 침범당할 수 없기에, 국난을 회피하지 않고 온 몸을 다 던져 살신성인의 정신을 집단적으로 유감없이 발휘하였다.

동학의 우금티전쟁이나 대종교의 청산리대첩이 대표적인 예라 할 수 있다. 그러나 민족종교가 신성교단으로서의 역사적 사명을 다하기 위해서는 궁극적으로 민족을 해방시키고, 해방된 민족을 성화(聖化)시키는 일이었다. 하지만 그런 종교적 성업(聖業)은 미완으로 남고 말았다. 그것은 지금 살아 있는 자의 몫으로 남게 된 것이다.

한국 근대 민족운동 내지는 민족주의 운동사에 우리가 가치를 부여할 수 있는 것은 우리가 꼭 필요로 하는 것을 그곳에서 찾을 수 있기 때문이다. 즉 첫째는 자주성이다. 둘째는 통일성이다. 셋째는 창조성이다.

이것은 어떤 사실을 경시하기 위한 것이 아니고, 배타적 국수주의(國粹主義)를 강조하기 위한 것도 아니며, 혁명주의를 찬양하기 위한 것도 아니다. 자주성의 반대는 의타성(依他性)이다.

의타성이란 어려움의 극복을 스스로 해결하지 않고 남에 의지하여 해결하려는 의존적 행태를 말한다. 통일성이란 민중과의 연대를 의미한다. 통일성의 반대는 분열성(分裂性)이다.

분열성이란 자타(自他)협력을 도모하지 않고 민중을 배제하거나 자기들만의 의사와 이익에 충실한 행동을 말한다. 따라서 현재로부터 과거로 거슬러 올라감에 있어서 자주성과 통일성과 창조성의 바탕 위에서 근대 민족운동의 가치를 평가할 수 있다.

예컨대 의병운동은 자주성은 강하나 통일성이 결여되어 있고, 개화운동은 자주성과 통일성이 모두 결여되어 있다고 할 수 있다. 유인석의 경우처럼 척왜(斥倭)를 주장하면서도 유교의 도(道)를 보존해야 하고, 소중화(小中華)로서 금수화(禽獸化)를 막아야 한다고 말해 철저한 민족의식을 갖지는 못했다. 윤치호나 이승만의 경우는 세계와의 통교와 통상을 위해서는 서양 도덕과 문화의 근본인 기독교를 받아 들여야 한다고 역설함으로써 제국주의의 지배 전략에 그대로 이용당하고 정당화해 주는 우를 범하고 말았다. 반면에 동학운동과 단군운동은 자주성과 통일성과 창조성에서 앞선다. 이를 가능하게 만든 것은 동학운동과 단군운동이 다 같이 민족의 고유성에 바탕을 두고 이를 지키기 위해 민족적 투쟁에 적극적이었다는 점이다.

한말 민족운동은 크게 동학운동과 단군운동으로 대별된다. 신용하는 이 중에 단군운동에 주목하여, 한말 애국계몽운동기의 하나의 큰 사상흐름으로서 '단군민족주의' (檀君民族主義) 라는 말을 사용하였다.

> 우리가 여기서 말할 수 있는 것은 韓末(한말) 애국계몽운동기의 하나의 思想으로서 「檀君民族主義」「檀君내셔널리즘」이라고 부를 수 있는 思潮가 사상계에 큰 비중을 차지하고 전개되다가 그 한 흐름은 歷史로 흘러들어가 申采浩(신채호) 등의 「古代史」의 설명에 投射(투사)되고, 다른 한 흐름은 宗教로 흘러들어가서 羅寅永(나인영) 등의 「大倧教(대종교)」의 창건으로 投射되었다고 볼 수 있다는 점이다.

이 단군민족주의는 두 가지 흐름으로 나타났는데, 그 중의 하나가 역사로 흘러들어가 신채호 등의 고대사 연구에 투사되고, 다른 한 흐름은 종교로 흘러들어가 나인영(나철) 등의 대종교 창건으로 투사되었다고 보았다.[65]

65) 신용하 「신채호의 애국계몽사상」『한국학보』 20집, 1980, p.111

그 후 단군민족주의를 본격적으로 연구한 이는 정영훈이다. 그는 단군민족주의란 "단군을 민족사의 출발점으로 상정하고 '단군의 자손'으로의 단일민족의식을 기본으로 하여 민족정체성을 구성하며, 그같은 인식 밑에 민족적 통합과 발전을 도모하던 일련의 의식-사상 또는 문화적-정치적 운동을 가리킨다"[66]고 규정하였다. 이어 임형진은 6·15 선언 이후 남북 모두에게 단군민족주의는 서로를 위한 최선의 정치사상임을 자각하는 계기가 되었다고 보았다.[67]

저자는 근대 한국민족주의 운동의 두 갈래인 동학운동과 단군운동을 따로따로 보지 말고 하나의 큰 흐름으로 보아야 한다고 생각한다. 그러니까 '단군민족주의'라는 말은 단군운동만을 말하고, 동학운동은 누락할 위험성이 있다. 동학운동은 제폭구민(除暴救民)과 척양척왜(斥洋斥倭)를 주장하였고, 단군운동은 외세격퇴와 민족독립을 주장하였다.

19세기 중엽부터 한민족은 두 가지 큰 도전에 직면하였다. 하나는 외부로부터 들어온 도전으로서 선진 자본주의 열강의 침입이었다. 다른 하나는 조선왕조 내에서 새로운 질서를 요구하는 농민들을 짓밟은 봉건적 구체제의 거센 도전이었다.

이런 150년 전의 도전이 지금 멈추거나 해결된 것은 아니다. 지금 한민족은 설상가상으로 남북으로 분단되어 있다. 분단을 고착화하여 이득을 보려는 세력과 이를 통일하여 민족적 통합을 이루려는 세력과의 충돌이라는 또 하나의 도전이 눈앞에 가로 놓여 있다.

이 모든 얽히고 설켜 있는 도전을 하나로 꿰뚫고 있는 것은 외세의존세력의 도전으로 귀결된다. 이런 사대매국의 집단에 응전하는 세력이 바로 자주독립세력이다.

---

66) 정영훈 「단군민족주의의 前史」『단군학연구』 8호, 2003, p.148

67) 임형진 「한국정치사 속에서의 단군민족주의」『고조선단군학』 28호, 2013, p.375

이 자주독립세력은 동학운동과 단군운동으로부터 그 정신을 이어받고 있다. 동학운동과 단군운동을 공히 사상적 토대로 삼고 있는 이 땅의 자주독립세력이 궁극적으로 이루려는 것은 단순한 애국계몽이 아니라, 정치적 이념의 구체적 실천이다. 여기서 저자는 자주적인 정치 이념의 표상으로 "단군민주주의"를 주창한다.

단군민주주의란 개념은 지금까지 사용해 온 '단군민족주의'의 한계를 극복하고 단군이념에 동학의 개혁적 · 민주적 이념을 결합한 새로운 의미를 갖는다. '단군'(檀君)이란 단군민족의 순연한 자주적 평화이념의 완전한 계승성을 의미하고, '민주주의'(民主主義)란 동학의 만민평등과 사인여천에 입각한 제폭구민(除暴救民)으로 백성을 제일의(第一義)로 삼은 상균적 주민 자치(自治), 주민 자결(自決)의 직접정치의 계승성을 의미한다.

그러므로 단군민주주의는 단군동학주의의 다른 이름이며, 자주독립운동의 다른 이름이며, 홍익민주주의와 평화민중운동의 다른 이름이다. 따라서 '단군민주주의'는 현실개혁을 통해 궁극적으로 분단을 극복하고 자주독립으로 열강의 침략주의를 몰아내고 완전한 민족통합국가를 세워 세계평화에 선도적으로 기여하자는 것이다.

이런 의미에서 '단군민주주의'는 2000년 6 · 15공동선언에서 천명한 제1항의 '그 주인인 우리민족끼리'라는 입장에서 직면한 민족통일을 구현하여야 한다는 당위성에서 '단군민주주의통일론'이라 부를 수 있다. '단군민주주의통일론'은 '자주독립' '상생평화'를 전제한다는 조건하에서 단군민주주의에 의해 통일을 준비하자는 것이다.

이렇게 자주와 평화를 기초로 통일독립을 지향하는 단군민주주의를 '단민주주의(檀民主主義)'라고 표기한다.

다시 말해 단민주주의의 '단'은 아시아 지역에서 하늘과 태양을 뜻하는 탱그리(Tangri), 텡그리(Tengri)와 우리말 탱글탱글의 단(Tan)이며, 단군(檀君)

의 단이며, 단국(檀國)조선과 탁리국(橐離國)의 단이며, 밝달 · 박달 · 배달의 단이며, 환단(桓檀)의 단이며, 하늘의 광명과 함께하는 땅의 광명인 '밝'으로서의 단이며[68], 동이 단궁(檀弓), 단학의 단이며, 튼튼하다 · 탄탄하다 · 단단(檀檀)하다 · 대단(大檀)하다의 그 단이다. 이처럼 단민주주의의 '단(檀)' 은 천지인이 함께하여 유기적으로 밝음의 세상을 열어가는 단단한 빛이며, 사회적 갈등을 해소하여 한 살림으로 살아가는 홍익의 주체성이며, 아울러 남북한의 역사적 동질성을 확인시켜 줄 수 있는 유일한 언어로써 분단을 극복하여 통일을 앞당기는 평화의 불씨이다.

통일이란 두 체제의 사회적 통합과정인 동시에 인간 자주성을 바라보는 시각인 개체성과 전체성의 통합과정이다. 이러한 통합과정에서 나타나는 것이 창조성이다. 창조성이란 인간의 자주성을 개체성에 두느냐, 아니면 전체성에 두느냐의 문제를 해결할 수 있는 조화(調和)능력을 말한다. 이것은 어느 한쪽이 다른 한쪽을 선악으로 규정할 수 있는 문제가 아니라, 그 시대를 살고 있는 사람들이 어디에 가치부여를 할 것인가의 문제이다. 그런데 인간 존재 자체가 개체성과 전체성을 동시에 갖는다는 데 더 깊은 문제가 있다. 만약 인간의 개체성만을 중시한다면 어떤 문제가 발생하는가? 인간의 개체성을 존중해야 한다는 말은 현대 국가에서 너무도 당연한 말이다. 인간으로서의 인권의 개체성은 어느 법으로도 무시할 수 없다. 그것은 당연히 보호받아야 한다.

그러나 이 말속에는 무서운 독소가 들어있다. 각각의 인간이 가지고 있는 힘이 똑같으면 문제가 발생하지 않겠지만, 그 힘에 있어서 차이가 나면 문제

---

68) 「환단고기」에 하늘로부터의 광명을 '桓(환)' 이라 하고, 땅의 광명을 '檀(단)' 이라 했다. 自天光明謂之桓也, 自地光明謂之檀也(신시본기). 밝달 · 박달 · 배달이 신라에 와서 풍류도(風流道)나 풍월도(風月道)가 된 것은 바람 풍(風)의 발암의 '발' 과 달아날 류(流)와 달 월(月)의 '달' 이 만나 '발달' 이 되고 이 말이 밝달 · 박달 · 배달로 변해 간 것이다. 즉 풍류도는 '밝은 땅의 도' 이다.(안호상 참조)

가 발생하게 된다.

결국 힘이 센 자가 나타나 힘이 약한 자를 억압하여 그 개체성을 독점하는 것이다. 국가가 개체성의 보호라는 명분을 내세워 개개인이 가지고 있는 힘의 크기를 무시하게 되면, 그 국민들은 힘이 센 자에 의해 모든 개체성이 흡수 내지는 몰수당하고 말 것이다. 이때 개개인이 가지고 있는 힘의 크기를 개체보호능력이라고 하는데, 이 개체보호능력은 권력이나 금력에 의해 왜곡현상이 나타나게 된다. 특히 자본주의적 체제에서는 '경제적 물질' 즉 '돈'에 의해 왜곡되거나 변질되기 쉽다.

반면에 사회주의적 체제에서는 개체성보다도 전체성을 중시하고, 전체성에 가치부여를 한다. 그래서 개개인은 개체성의 발휘보다도 전체성의 사회를 위해 복무하게 된다. 개체성의 존재는 오로지 전체성 속에서 찾을 수 있다. 이때 문제가 되는 것은 그 전체가 일부이냐 아니면 진정한 전체이냐는 것이다. 즉 진정한 전체가 아니고 편협된 전체일 때 문제가 야기된다는 말이다. 여기에는 참여한 일부가 있는 반면에 상대적으로 누락된 일부가 있어 서로 갈등을 일으킨다.

이 편협된 일부는 어디까지나 일부분이지 전체가 아니다. 이 편협된 일부들은 나머지 누락된 일부를 알지 못하고 자신들이 전체성 속에 있는 것으로 착각하기 쉽다. 이러한 착각으로 인해 자신들만이 전체성의 결과물로 혜택과 만족을 누리는 것을 당연시한다. 이렇게 '잘못된 만족'으로 착각하게 만드는 것이 바로 권력이다. 그러므로 인민은 그 권력에 속아 권력을 스스로 통제할 수 없게 된다.

여기서 국가 내지는 국가 권력의 창조성이 반드시 요구된다. 창조성이란 국가 권력이 개체성과 전체성을 조화(調和)하고, 그 조화를 만족스럽게 만드는 균형추(均衡錘)의 기능을 하는 능력을 말한다. 균형추가 제 기능을 다하지 못할 때 그 권력과 국가는 무너지게 된다. 대부분의 국가는 자율적으로 균형추의 역할을 하기보다는 개인과 인민의 요구에 밀려 마지못해 하는 경우가 많다. 이럴 때 나타나는 것을 국가권력이 가지고 있는 '창조성 결여' 라고 한다.

안종운은 현대 민주주의의 개혁을 위해 '질량민주주의' 를 제창한 바 있다.[69] 질량(質量)이란 질과 양의 합성어이다. 그는 서구의 다수결 원리에 기초한 현대의 민주주의를 양적(量的) 민주주의로 보았다. 다수결이란 무엇이 옳은가 그른가를 단순히 다량주의에 의해 결정하기 때문에 다수는 옳고 소수는 그른 것이 된다.

여기에 정의와 선악은 존재할 수 없다. 이런 정의와 선악이 부재한 몰가치의 역사를 치유하기 위해 그는 동양의 지혜를 찾고자 했다. 특히 그는 동양의 공맹(孔孟)의 왕도정치에 입각하여 현대의 민주주의를 비판적으로 보고, 이의 질적 향상을 꾀하고자 하였다. 민주주의 질적 향상은 고품격의 인격함양을 통한 양질(良質)의 지도자를 배출함으로써 달성한다는 뜻이다. 그래서 그들이 정치를 맡고, 그들로 하여금 정의와 선을 구현하도록 하면, 우리 사회가 진정한 민주주의 즉 "국민으로부터, 국민에 의한, 국민을 위한 정치"가 실현될 수 있다는 주장이다.

하지만 동양은 지혜는 풍부하였으나 제도화에는 미흡했다. 정치란 마음으로 할 뿐만 아니라, 제도화를 통해 구현해 나가는 것이기 때문에 그에 따른 제도적 장치를 마련하는 일이 급선무라고 본다. 이런 면에서 저자는 그 대안을 한민족 고유의 전통사상인 홍익인간(弘益人間)의 정신에서 찾고자 한다. 윤내현은 홍익인간의 이념은 모두가 균등하다는 사상에서 출발하지만, 그 추구하는 바는 막연한 균등이나 균빈(均貧)이 아닌 균부(均富)라고 해석했

69) 안종운 『민주정치 혁명론』 청목출판사, 2002, p.440. 저자가 충남 청양 거주시에 안종운 박사를 뵙고 질량민주주의에 대해 담론을 가진 적이 있다.
70) 윤내현 「단군학 정립을 위한 몇 가지 전제」 『단군학연구』 8호, 2003, p.201

다.[70]

다시 말해 홍익인간이란 모두가 부유해지자는 측면에서 균등해지자는 것이지, 가난해지자는 의미의 균등은 아니라는 것이다. 여기서 모두가 더불어 잘 사는 사회를 만들어 국가공동체를 발전시키자는 것이 홍익인간의 목적임을 알 수 있다. 홍익인간은 단순히 복지만을 추구하지 않으며, 개체성과 전체성의 조화를 추구하는 천도(天道)의 이상이다.

홍익인간의 홍익(弘益)이 대익(大益)이 아닌 것에 특별한 의미가 있다. 홍(弘)의 활 궁(弓)에는 태양의 밝음이 들어 있고, 마늘 모(厶)에는 팔뚝(肱)의 뜻이 들어 있다. 홍익이란 말에서 '공평' 과 '노동' 이라는 가치와 함께 '크게' 그리고 '널리' 라는 두 가지 의미를 동시에 갖고 있다는 것을 알 수 있다. 따라서 홍익이란 한쪽에 치우침이 없이 개체성을 키우면서 동시에 전체성에까지 미쳐 결국 개체성과 전체성을 동시에 키우는 천도의 정신에서 나온 것이다. 이처럼 개체성과 전체성을 동시에 키우는 일이 앞에서 말한 조화능력인 창조성이다.

이렇게 할 때 진정으로 '널리' '골고루' 유익하게 한다는 뜻에 부합할 것이다. 이처럼 홍익인간에 바탕을 두면 우리의 민주주의도 선악을 구별하지 않은 채 다수결을 만능으로 여기는 양적 민주주의를 물리치고, 정의로운 양심세력이 다수결이 되는 고품격의 질적 민주주의를 지향하게 될 것이다. 미국의 이홍범이 홍익주의(Universal Democracy)를 '인격 민주주의' 라고 규정한 것도 이와 같은 맥락이다.[71] 1989년에 홍익민주주의 이론을 공개적으로 처음 제기한 박정학은 "홍익민주주의를 우리 민족과 세계의 미래문제를 해결할 이념" 이라고 제안한 바 있다.[72] 그런데 진정한 홍익인간은 천손(天孫)이라는 자각에서 나오는 것이다. 그래서 혈연주의, 지역주의, 자기 우월주의를

71) 이홍범 『홍익민주주의』 대성, 1993, p.147

72) 「미래 인류사회의 지배이념 홍익민주주의」 『한배달』 46호, 2007. 겨울, p.141

극복해야 하는 공통적 과제를 안고 있다. 경상도가 천손민족이면 전라도도 천손민족이며, 남한이 천손민족이면 북한도 천손민족이다. 우리는 천손이기에 평등하고, 존엄하다.

일찍이 조소앙은 혁신을 통한 정치, 경제, 교육의 균등을 역설하였다. 이를 부연하면, 경제적인 부인 균부(均富)가 필요하고, 또 정치적인 권리인 균권(均權)과 문화적인 지식인 균지(均知)도 필요한 것이다. 빈부의 격차가 너무도 현저한 지금 절실히 요구되는 것이 균부이다. 빈부의 격차가 심해진 것은 부정한 방법으로 축재한 졸부(猝富)들이 부당한 방법으로 권력과 야합하면서 자본주의를 사유화(私有化), 천민화(賤民化)하고 있기 때문이다. 이런 졸부들은 대한민국 국적을 포기하고서도 가짜 대한민국 국민행세를 하면서 자본의 해외유출과 탈세를 자행하고 있다.

이에 따라 벌어지는 빈부의 차별과 불평등의 심화는 더욱 노골화되고 있다. 이런 차별사회는 홍익인간의 사회가 이루려는 것을 방해하는 적(敵)이다. 홍익의 사회는 균등하게 골고루 잘 사는 사회가 정의로운 것이라는 합리적인 인식으로부터 출발한다. 균부는 합리적인 부의 재분배와 소유의 제한을 통해 이루어진다. 균부가 이루어지면 사회가 건강해진다. 부자사회보다 더 중요한 것은 건강한 사회를 지속적으로 유지하는 제도적 장치를 마련하는 일이다.

이것은 동학에서 말하는 만민평등의 상균사회(相均社會)와 맥을 같이 한다. 동학혁명 자체도 불평등에 대한 민중의 도전으로부터 시작되었다. 불평등의 타파는 모든 혁명을 일으키는 강한 추동력이다. 그러나 불평등의 장기적인 심화는 민생을 파탄에 이르게 하여 마침내 민주주의 그 자체도 파탄에 이르게 하고, 자본주의의 건전한 발전을 가로막아 위기를 불러온다.

그런데 불평등에 대한 제도적 혁신의 과정에는 많은 장애물이 나타날 것이다. 이 장애물을 격파해내는 일은 인간 자신의 도덕적 성숙도와 사회적 연대감에 비례할 것이다. 도덕적 성숙에 의해 사회정의가 구현되고, 사회적 연대에 의해 인간은 성숙한 시민으로 성장한다. 공정성의 원리에 의하면, 재화, 권력, 영향력, 지식이 많은 개인, 사회, 국가, 종교들은 공동체의 장점을 증진시키기 위하여 지도력을 발휘하고 책임감을 질 의무가 있다.

그러나 현실적으로는 자기중심성, 이기성, 방종의 관성이 무의식적으로 나타나 공동체가 지녀야 할 공유가치의 확산을 방해한다.[73]

예컨대, 인도네시아 수마트라섬에 사는 원시부족인 쿠부족은 마을사람들이 합동으로 잡아 온 멧돼지를 가족단위로 공평하게 분배한다. 공평하게 분배받은 고기를 온 가족이 먹으면서 한없는 즐거움을 만끽한다. 당시 멧돼지는 유일한 소득물이었다. 지금은 그런 소득물이 복잡하고 다양해졌기 때문에 문제도 복잡하고, 해결방안도 다양할 수밖에 없다.

어느 시대, 어느 사회나 이런 문제를 안고 있지만, 이를 어떻게 슬기롭게 극복하느냐에 따라 사회발전의 척도가 결정된다. 과거 고조선이 2천년을 지속하였다는 사실은 오늘의 우리에게 큰 깨달음을 준다. 거기에는 홍익인간의 이념이 있었던 것이다.

이는 말로만 외치는 홍익인간이 아니라, 당시 사회 속에서 벌어지는 불평등의 요소를 사전에 차단하고 갈등요인을 극소화하는 어떤 안전장치가 있었다고 보아야 한다. 그 사회안전망에 의해 사회가 지속적으로 유지발전을 하였을 것이다. 그것이 바로 공동체의 공유가치로서의 '균등과 공평의 홍익인간이념' 이었다고 보는 것이다.

홍익인간이념을 좀 더 구체적으로 말하면, 고조선 시대에 사용된 수미균평위(首尾均平位)라는 말로 설명할 수 있다. 이 말이 『고려사』에 신지비사(김위제전)[74]라는 이름으로 기록(모두 50자)되어 있다는 면에서 신지(神誌)

---

73) 두유명 지음/ 나성 옮김 『문명간의 대화』 철학과 현실사, 2007, p.46

74) 『高麗史』 권122, 「列傳」 권35 金謂磾傳

가 곧 단군의 신하였던 점으로 보아 단군시대의 홍익인간의 또 다른 이름으로 볼 수 있는 근거가 된다.

神誌秘詞(신지비사) 고조선의 신지가 전한 비사

如枰錘極器(여평추극기) 마치 저울의 대와 추와 판과 같으니
秤幹扶疏樑(칭간부소량) 저울대는 부소량이고
錘者五德地(추자오덕지) 저울추는 오덕지이며
極器百牙岡(극기백아강) 저울판은 백아강이로다

朝降七十國(조항칠십국) 조선의 조정이 70여 제후국의 복종을 받아 다스림은
賴德護神精(뇌덕호신정) 조상의 덕에 힘입어 천신의 가호를 받음이니
首尾均平位(수미균평위) 머리와 꼬리의 자리를 고루 똑같이 하면
興邦保太平(흥방보태평) 나라를 일으키고 태평한 세상을 보전하리니
若廢三諭地(약폐삼유지) 만약 세 곳 밝힌 땅이 막히게 되면
王業有衰傾(왕업유쇠경) 왕조의 다스림이 쇠망하게 되리라.

일찍이 단재 신채호는 이 「신지비사」가 만일 전부가 다 남아 있으면 우리의 고사(故事) 연구에 큰 힘이 될 것이라며 그 일부인 10짝 만이 전해 옴을 애석하게 생각했고, 부소량을 하얼빈, 오덕지를 안시성으로, 백아강을 평양(낙랑) 등의 지명으로 해석하였다.[75] 정인보 역시 이를 고조선 시기의 저술로 보고 신지(神誌)의 '비사'와 '진단구변도국'이 가장 오랜 것이라 하여 「신지비

75) 신채호 『조선상고사』(상), 삼성미술문화재단, 1977, p.24, p.83
76) 정인보 『담원 정인보전집 4-조선사연구』(하), 연세대출판부, 1983, p.220

사」가 고조선의 문헌임을 분명히 했다.[76] 문정창은 "저울대와 저울추와 저울판의 균형이 잡혀지면 나라가 흥하고 태평이 계속될 것"[77] 이라고 해석하였다. 여기서 저울대(秤, 칭), 저울추(錘, 추), 저울판(極器, 극기)의 3가지는 고조선의 3태극 사상을 의미한다. 고조선 통치의 기본 이념인 홍익인간 자체가 천지인의 3태극 선(善) 순환구조를 가지고 있다.[78] 3태극이 좌(左) 선순환구조와 우(右) 선순환구조를 동시에 가지고 있는 것이다.

특히 본문 중의 70여 제후국을 다스렸다는 말은 당시의 고조선이 오늘날의 중국이 50여 소수민족이 모여 있는 것과 같이 다(多)민족, 다(多)종족 국가였다는 것을 의미한다고 본다. 이는 결코 고조선이 폐쇄적 의미의 단일민족이 아닌, 개방적인 민족관으로 나라를 다스렸다는 것을 말해 주는 중요한 단서가 된다. 신채호가 『조선상고사』에서 고조선의 3조선 분립통치설을 말한 것도 같은 맥락으로 볼 수 있다.

그런데 「신지비사」 중에서 '首尾均平位(수미균평위) 興邦保太平(흥방보태평)' 이라는 말은 한국독립당과 임시정부 건국강령에 포함되어 있을 정도로 널리 알려진 말이다.

특히 이 두 구절에 주목하여 정치개혁을 주장한 사람은 조소앙이다. 조소앙은 「한국독립당 당의 해석」에서 '당의(黨義) 원문의 중심사상' 을 평등으로 보고 다음과 같이 해석한다.

> 당의(黨義)의 중심사상은 평등(平等)이다. 우리 선철은 말하였으되 "수미균평위(首尾均平位)하여 흥방보태평(興邦保泰平)함이 홍익인간하고 이화세계하는 최고공리"라 하였다. 다시 말하면 머리와 꼬리－상하

---

77) 문정창 『고조선사 연구』, 백문당, 1965, p.75

78) 이민화 『브레인미디어』 2014. 12. 2.

(上下)라고도 할 수 있다－의 위치를 고르게 함으로써 나라를 홍왕케 하며 태평을 보전함이 널리 인간을 유익케 하며 세계를 진리로써 화(化)하는 가장 높은 공리(公理)라 함이다.[79]

이어 조소앙은 임시정부가 마련한 「대한민국 건국강령」에서 수미균평위하면 홍방보태평(興邦保泰平)하리라 함은 홍익인간과 이화세계하자는 우리 민족의 최고공리라고 선언하였다.[80] 이는 공동체의 유지방안이었던 '수미균평위' 가 '홍익인간' 의 평등에 있음을 분명히 밝혀준 것이다.

다시 말해, 머리로부터 꼬리까지 그 자리를 고르게 한다는 것은 머리의 자리[首位]와 꼬리의 자리[尾位]가 상하형평을 유지하여 [均平位] 나라가 홍성(興盛) 한다는 3태극의 조화를 뜻한다. 이는 단군조선이 상위층과 하위층의 갈등구조를 균평위(均平位)로 바꾸어 2천 년 동안 슬기롭게 국가공동체를 유지 발전시켰다는 것을 의미한다. 이런 정신을 본받아 『관자』(목민)에 이르기를, "천하에 재물 없음을 걱정하지 말고(天下不患無財), 골고루 나눌(均分) 인물이 없음을 걱정하라(患無人以分之)" 라고 하였고, 『맹자』(고자下)에도 맥국(고조선)은 20분의 1을 징수하여 백성을 보호하였다고 한다.

이 상하 균평위의 고조선 정신을 계승한 것이 조선시대의 대동법(大同法)이다. 이 대동법은 말 그대로 부역을 고르게 하고 백성을 편안케(均役便民)하여 진보된 사회를 만들겠다는 의지를 반영하고 있다.

조선의 15대 임금 광해군(1575~1641, 재위 : 1608~1623)은 외교와 정치에 대한 극단적인 평가가 있으나 즉위 직후 단행한 대동법은 기득권층의 반발에 막혀 실시하지 못했던 세제 개편을 본격적으로 단행했다는 점에서 역

79) 조소앙 『소앙선생 문집』(상), 횃불사, 1979, p.206
80) 조소앙 『소앙선생 문집』(상), 횃불사, 1979, p.148

사적으로 중요한 의미를 가진다. 조선시대 농민이 국가에 부담하는 대표적인 세금은 토지에 대한 세금인 전조(田租)와 특산물을 납부하는 공납(貢納)이 있다.

공납은 농민이 호별(戶別)로 특산물을 국가에 바치는 것인데, 관청의 서리들이 중간에 개입하여 필요한 특산품을 미리 사들여 농민에게 비싸게 받아내는 방납(防納)[81] 혹은 대납(代納)의 폐단이 컸다.

임진왜란 후 공납제의 폐단은 더욱 커져서 호피(虎皮) 방석 1개의 대납 가격이 쌀 70여 석이나 면포 200필까지 치솟기도 했다. 특히 전란 후 제대로 파악되지 않은 토지조사 사업과 백성의 부담을 덜어줄 수 있는 세제 개혁에 깊은 관심을 가지고 있던 광해군은 1608년 왕위에 오른 후 곧 공납제도 개혁에 착수했다. 광해군의 구상을 실천한 대표적인 인물이 영의정 이원익(李元翼)이다. 그는 즉위년 5월 7일에 대동법을 추진할 기관으로 선혜청을 설치하였다. 이원익은 "매년 봄과 가을에 백성들에게서 쌀을 거두되, 1결당 매번 8말씩 거두어 본청에 보내고 당시의 물가를 보아 가격을 넉넉하게 헤아려 정해 거두어들인 쌀로 방납인에게 주어 필요한 때에 사들여야 합니다"라고 건의했다.

광해군은 이 건의를 받아들여 경기도에 처음으로 대동법을 실시했다. 기존에 특산물을 현물로 납부하는 것을 '쌀' (또는 포)로 대신하여 납부하는 것이 대동법의 핵심이다.[82]

---

81) 공물을 대신 바치고 그 대가를 곱절로 불려서 받는 일. 상인이나 하급 관리가 이런 일을 하여 이득을 취했으며 국가도 징수의 편의를 내세워 이를 장려하였다. 이로 인한 폐단이 심해져 임진왜란 이후에 대동법(大同法)의 시행을 보게 되었다.

82) http://blog.naver.com/hellopolicy?Redirect=Log&logNo=150172075551

83) 곡식 100짐을 생산해 내는 토지면적을 1결(結)이라고 한다. 결 밑에 작은 단위들이 있는데, 종합해 보면 1결 = 100부 = 1000속 = 10000파가 된다. 토지상황과 농사기술 등에 따라 1결의 면적은 달라질 수 밖에 없다. 대개 작게는 3만 평 정도에서 많게는 15만 평까지 잡기도 한다. 1마지기가 대략 200평 정도이니 작게 잡아 3만 평이면 150마지기가 된다. 땅의 넓이보다도 생산량에 의해 세금의 크기가 결정되었기 때문에 그래도 공평을 기하려 한 점이 있다.

또한 호별(戶別)로 부과하는 방식에서 부과 단위를 토지 결수[83]에 둠으로써 땅을 많이 소유한 지주(地主)의 세금 부담을 크게 늘렸다.[84] 땅의 소유정도에 따라 세금을 많이 부과해야 한다는 이 간단한 대동(大同)의 논리가 조선의 조정에서는 오랫동안 부정되어 왔던 것이다. 다음은 인조(仁祖) 때의 상황이다.

> 우의정 신흠(申欽)이 의논드리기를,
> "대동법의 제도에 대해서는 신(臣)은 …대체로 먼 외방은 경기와 달라 부자(富者)의 전결(田結)이 매우 많은데, 10결을 소유한 자는 10석을 내야 하고 20결을 소유한 자는 20석을 내도록 되어 있으니, 이런 식으로 될 경우 전결이 많으면 많을수록 더욱 고통스럽게 여길 것은 당연합니다. 어떤 이는 말하기를 '소민(小民)은 편하게 여기는데, 달갑지 않게 여기는 쪽은 호족(豪族)들이다' 고 합니다. 이 말이 근사한 듯하지만, 대가(大家)와 거족(巨族)이 불편하게 여기며 원망을 하는 것이라면 이 또한 쇠퇴한 세상에서 우려스러운 일이라 할 것입니다. 신은 원래 민간의 사정을 알지 못하기 때문에 여타의 곡절은 자세히 모르겠습니다마는, 이 한 조목에 대해서만은 항상 염려해 왔습니다…." 하였다.[85]

뒤이어 북벌론자였던 효종이 "대동법을 시행하면 대호(大戶)가 원망하고, 시행하지 않으면 소민(小民)이 원망한다고 하는데, 원망하는 대소(大小)가 어떠한가?" 라고 묻자, 신하들은 소민(小民)의 원망이 더 크다고 대답했다.

---

84) 대동법 체제에서의 세금은 처음에는 토지 1결당 16말씩이 부과되었으나 점차 조정되어 1결당 12말로 확정되었다.

85) "大抵遠方, 與京畿不同, 富者田結甚多, 有十結者當出十石, 有二十結者當出二十石, 循此以上, 愈多愈苦。或言小民則便之, 其不欲者, 在豪右之家云。" (『조선왕조실록』, 인조2년 1624년 12월 17일)

이에 효종은 대소를 참작하여 시행하라는 타협점을 제시하기도 했다.[86] 이때 이미 대호(大戶)와 소민(小民)의 두 계급이 대립과 공존했음을 알 수 있다. 대동법은 처음 시행 후 100년이 되어서야 전국적으로 실시되었다.

이유원의 『임하일기』에는 당시 대동법 시행에 대한 부호(富豪)들의 저항을 이렇게 적고 있다. 이런 저항에도 불구하고 대동법의 시행으로 조선은 세계역사상 유례가 없는 500년의 공동체를 향유할 수 있게 되었다.

> 인조(仁祖)조에 삼도(三道)에 대동청(大同廳)을 설치하였다. 이보다 앞서 광해조(光海朝)에 이원익(李元翼)이 공부(貢賦)를 방납(防納)하는 데 따른 폐단을 개혁하고자 선혜청(宣惠廳)을 설치하여 대동법(大同法)을 시행하기를 청하였다. 그 법은 매년 봄가을에 민전(民田) 1결당 각각 8두(斗)씩 도합 16두를 거두어 서울에 나누어 주고, 사주인(私主人)이 스스로 사서 들이게 하고 그 값을 넉넉하게 지급하며, 주인[主人 경주인(京主人)과 영주인(營主人)] 역시 스스로 마련할 수 있게 하는 것이다. 먼저 경기에 시행하니 백성들이 모두 편하게 여겼는데, 오직 부호(富豪)들만은 방납에 따른 이익을 잃을까 봐 백방으로 저지하였으므로 끝내 제도(諸道)에 확대하여 시행하지는 못하였다. 이에 이르러 이원익이 건의하여 청(廳)을 설치해서 삼도에 대동법을 시행하기를 청했는데, 조정의 의견이 같지 않아 강원도에 시행하는 데 그쳤다.[87]

이처럼 세금제도는 어느 시대에나 민감한 사안이다. 문제를 현실로 돌려보자. 2012년도 한국의 경우, 상위층 10%가 국민소득(국내총생산액)의 45%

---

86) "上曰: "大同之法行而大戶怨, 不行而小民怨, 則怨之大小如何?" 諸臣皆曰 : "小民之怨大。" 上曰 : "酌其大小而行之。" (『조선왕조실록』, 효종 원년 1649년 11월 5일

87) 이유원 『임하일기』(전모편, 양민)

를 독점하고 있는 상황에서[88] 나머지 90%가 55%을 가지고 진흙탕 싸움을 벌이며 살아가는 '수미불평위(首尾不平位)'에 빠져 있다. 즉 첨예(尖銳)한 양극화 구조의 개선은 너무도 시급하다.

그렇다면 상위층 10%가 독차지하고 있는 45% 몫을 얼마나 떨어뜨려야 정상이라 할 수 있을까? 1차적으로 최소한 1940~50년대에 미국이 기록한 바 있는 최저 30~35% 몫까지[89] 우리도 낮출 수 있어야 한다. 이처럼 10~15% 포인트를 낮추어 머리의 수위(首位)와 꼬리의 미위(尾位)의 균평을 지향한다는 것은 그 자체만으로도 가히 혁명적이다. 그 해결방안으로는 우선 소득세와 상속세를 '과감한 누진율'로 적용하는 것이 합리적이다.

2014년도 기준 종합소득 과세표준액이 1200만원 이하는 세율이 6%, 1200만원 초과~4600만원 이하는 15%, 4600만원 초과~8800만원 이하는 세율이 24%, 8800만원 초과~1억5천만원 이하는 세율이 35%, 1억5천만원 초과는 세율이 38%인데, 이 중에 1억5천만원 초과는 세율을 40~45%로, 3억원 초과는 3억원 초과와 6억원 초과로 나누어 탄력적으로 인상해야 한다고 본다. 주역에도 부(富)를 이웃과 같이 한다(富隣)고 했다.(소축괘)

지금과 같이 배려와 기부(寄附)를 모르고, 기회균등을 어기는 졸부와 재벌 중심의 천민(賤民)자본주의가 계속되는 한, 이런 '과감한 누진율'을 피해 갈 수 없다. 자본주의 사회에서 인간은 갈수록 개인의 주체성을 획득하고자 욕망한다. 그래서 자본주의는 조건부 제약(制約)을 통해 개인의 주체적 욕망에 골고루 응답해야 한다.

최근 김낙연은 한 연구에서 우리나라 80년 동안의 소득세 자료를 분석한 바, 상위 1%의 소득집중도가 해방 전에는 높은 수준이었고, 해방 후에 급락

88) http://www.youtube.com/watch?v=HI8XOlWM6PI(한겨레 담)
89) 토마 피케티 『21세기 자본』 장경덕 외 옮김, 글항아리 2014, p.36

하여 비교적 낮은 수준이었으나 1990년대 이후로 다시 급상승하여 U자형 양상을 보인다고 지적했다.[90]

이처럼 90년대 이후 소득불평등이 급속히 확대된 요인으로 '외환위기 이후 성과주의 보수체계가 확산' 된 것과 '소득세 과세체계의 누진성 후퇴' 를 들고 있다. 앞으로 한국경제가 저성장이 불가피한 상태에서 고령화의 급속한 진전으로 여전히 악화될 것으로 전망했다. 또 그가 제시한 상위 10%의 소득집중도의 국제적 비교표에 의하면 한국은 미국(50% 미만)보다는 낮고, 영국(40% 미만), 일본(40% 초과), 프랑스 (35% 미만) 보다는 높은 약 46%로 나타나 그 상승속도가 매우 빠르다는 것을 알 수 있다. 한편 2013년 국가별 행복지수의 순위를 보면 1위 호주, 2위 스웨덴, 6위 미국, 21위 일본, 27위가 한국이다.

1913~2009 한국의 상위 10%의 소득집중도의 국제적 비교표(김낙연 p.83)

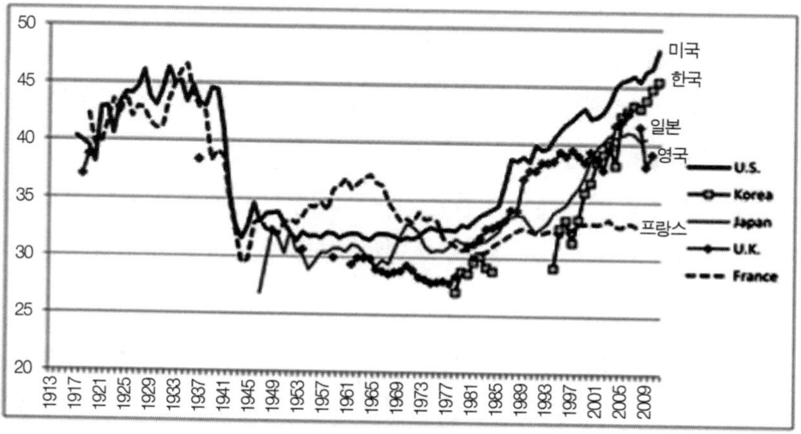

90) 김낙연「한국의 소득불평등 1933~2012 : 소득세 자료에 의한 접근」『피케티의 21세기 자본론과 한국경제』한국경제연구원, 2014. 9, p.76

또한 앞에서 말한 공동체의 유지에 필요한 공유가치를 남한내 뿐만 아니라 남북간 동시에 확산하는 일이 당면한 과제로 되고 있다. 남한내 자본주의 체제의 건강성을 회복하고, 체제가 다른 두 공동체간에 공유가치를 확산함으로써 사회적 불안을 해소할 수 있고, 이를 위해 상호 교류를 통한 신뢰성의 구축이 필연적이다.

남북은 실수와 실패에도 불구하고 신뢰의 역량을 지속적으로 배양해야 한다. 이것이 6 · 15공동선언 제4항에 있는 '민족경제의 균형적인 발전'의 토대가 될 수 있다.[91] 그리하여 민족적 단위의 균부(均富), 균권(均權), 균지(均知)로 나아갈 수 있는 방책을 준비하고,[92] 그것을 구체적으로 구현하는 것이 바로 통일전략이다. 또 이것이 국제적으로 확대되어 국가 간 균부, 균권, 균지를 갖추면 세계평화가 조금씩 이루어질 것이다. 이를 위한 효과적인 방법의 하나로 피케티는 '누진적인 글로벌 자본세'의 도입을 역설한다.[93] 이는 유토피아적인 이상이지만, 21세기의 세계화된 세습자본주의를 통제하고, 여기에 세계화된 금융자본주의를 통제하면서 세계의 불평등을 완화시키는 데 기여할 것으로 본 것이다.

국내외적으로 일고 있는 상위 10%[首位]의 경제적 부의 집중 현상은 수미균평위(首尾均平位)의 정신에 어긋나는 것이다. 이런 차원에서 머리로부터

---

91) ① 남과 북은 나라의 통일 문제를 그 주인인 우리 민족끼리 서로 힘을 합쳐 자주적으로 해결해 나가기로 하였다. ② 남과 북은 나라의 통일을 위한 남측의 연합제안과 북측의 낮은 단계의 연방제안이 서로 공통성이 있다고 인정하고, 앞으로 이 방향에서 통일을 지향시켜 나가기로 하였다. ③ 남과 북은 올해 8. 15에 즈음하여 흩어진 가족, 친척 방문단을 교환하며 비전향 장기수 문제를 해결하는 등 인도적 문제를 조속히 풀어 나가기로 하였다. ④ 남과 북은 경제 협력을 통하여 민족 경제를 균형적으로 발전시키고 사회 · 문화 · 체육 · 보건 · 환경 등 제반 분야의 협력과 교류를 활성화하여 서로의 신뢰를 다져 나가기로 하였다. ⑤ 남과 북은 이상과 같은 합의 사항을 조속히 실천에 옮기기 위하여 이른 시일 안에 당국 사이의 대화를 개최하기로 하였다. (6 · 15 남 · 북 공동 선언문)

92) 이를 실천하기 위한 한 방법으로 평양에서 2022년도 아시안게임을 남북이 공동으로 개최하는 것도 좋을 것이다.

93) 토마 피케티 『21세기 자본』 장경덕외 옮김, 글항아리 2014, p.617

꼬리까지 균형을 이루어야 한다는 고조선의 수미균평위(首尾均平位)의 상하균등 정신은 곧 동학의 상균이며, 이는 홍익인간이 추구했던 현실 개혁과 공동체 번영의 이념과도 일치하는 것이다. 홍익이 본체라면, 균평위와 상균은 작용이다.

이 균평위(均平位)의 상균 정신은 오로지 경제적 소득만을 한정하여 말하는 것이 아니다. 다음과 같이 국민 누구나 '소득, 참여, 도덕' 이라는 3가지 측면에서 기회가 균등하게 부여되어야 한다는 점이다. 소득 균등이 이루어졌다고 해서 참여 균등이나 도덕 균등이 무시될 수 없고, 경제적 소득 균등이나 투표와 같은 정치적 참여 균등이 이루어졌다고 해서 사회문화적 도덕 균등이 무시되어서는 안 된다는 것이다.

궁극적으로 중요한 것은 누구나 사회나 문화를 위해 자기가 가지고 있는 선(善)을 균등하게 베풀 수 있는 기회가 열려 있어야 한다는 점이다. 부자나 권력자가 되어야 선을 할 수 있다고 생각하거나, 부자나 권력자만이 선을 독점할 수 있다는 생각도 옳지 않다. 공공을 위해 선행을 할 수 있고, 또 공공의 선을 지킬 수 있는 공공선(公共善)이라는 도덕적 기회의 제공은 모든 사람에게 절대적으로 열려 있어야 한다. 선행은 오히려 약자가 더 적극적이다.

이와 같이 한쪽에 편중됨이 없이 국민 누구나 '소득, 참여, 도덕' 이라는 3가지 측면의 기회가 천지인 삼태극처럼 유기적으로 균등하게 부여되어야 한다. 이 공공부(公共富), 공공의(公共義), 공공선(公共善)은 '~와 함께(with)' 에서 '모두와 함께' (With=All Together)라는 목표를 달성하는 데 목적이 있다. 30년의 압축성장이 빚은 공동체의식의 마비로부터 깨어나 공공성을 회

소득 균등	경제적 균등	공공부(公共富)	부(富)의 공공화	지(地)의 역할
참여 균등	정치적 균등	공공의(公共義)	정의(正義)의 공공화	천(天)의 역할
도덕 균등	사회문화적 균등	공공선(公共善)	선(善)의 공공화	인(人)의 역할

복하는 것은 수미균평위를 통해 이루고자 한 홍익정신의 또다른 실천이다.

이 때 중요한 것은 권력이다. 보이지 않는 국가권력의 작용이다. 나쁜 권력은 나쁜 음식이 내 몸을 망치듯이 공동체를 파괴한다. 좋은 권력은 좋은 음식처럼 공동체를 살려낸다. 부(富)의 공공화, 정의(正義)의 공공화, 선(善)의 공공화는 '좋은 권력' 에 의해 앞당겨질 수 있다.

그런데 문제는 오늘날 우리에게 현실 개혁의 의지가 있느냐, 없느냐는 것이다. 이런 현실개혁[94]을 통한 혁신의 의지를 혁심(革心)이라 할 때, 혁심만이 머리와 꼬리의 상하구조를 균평위에 올려놓을 수 있을 것이다. 바로 단민주주의는 피케티가 지적한 것처럼 민주주의가 자본주의에 대한 통제력을 되찾고, 공동의 이익이 사적 이익을 보장할 수 있는 한국적 대안이 될 것이다. 그리고 단민주주의가 자본주의와 공산주의의 횡포를 제어하고 그 단점을 보완하여 공평한 사회를 앞당겨 실현할 것이다. 그것이 한민족이 오랫동안 꿈꾸어온 천도적 의미의 홍익공동체 사회이며, 현대적 의미의 일류복지국가일 것이다.

이 두 목적을 결합한 새로운 통일의 목표는 우리가 분단을 극복하고 세계속에서 당당하게 구현할 초일류홍익국가(超一流弘益國家)를 건설하는 데 있다. 이에 따라 남과 북은 먼저 '자주독립' 의 정신에 따라 신뢰를 쌓아 상호교류를 확대하며, 이런 기초 위에서 정부연합 구성을 위한 남북공동의 통일헌장을 발표하고 제3의 '남북통일과도정부' 를 구성하여 남북의 지지와 국제적 협력을 얻은 다음에 마지막으로 세계화의 거센 물결에도 흔들리지 않는 단단한 '홍익통일국가' 를 수립하는 것이다.

이러한 일련의 과정 즉 상호교류 확대 → 남북공동 통일헌장 발표 → 남북통일과도정부 구성 → 홍익통일국가 수립 등의 단계별 통일과정은 2000년

94) 불평등을 완화할 수 있는 수단 : 조세, 이전 지출에 의한 복지정책, 고용시장의 유연화, 교육제도의 개선 등(조윤제 외,「한국의 경제성장과 사회지표의 변화」)

6 · 15선언의 제2항에서 말한 "남측의 연합제와 북측의 낮은 단계의 연방제안의 공통점"에 기초한 것이다. 다시 말해 현재의 2국가 2정부체제를 2국가 3정부라는 3태극 체제로 발전시키는 것이 통일의 결정적인 계기가 될 것이다. 마지막에 1국가 1정부체제로의 완전한 국가통일은 우리 내부역량의 성숙과 동북아 평화세력의 지지가 결합할 때 가능할 것이다. 여기에 단민주주의 역할이 요구되며, 천부경과 주역, 단군사상과 동학운동에서 찾아낸 통일철학의 시대적 의의가 있다고 본다.

그러므로 오늘의 '단민주주의'는 태초 이래 하늘을 공경해 온 천손의 조상들이 이루고자 했던 수미균평위(首尾均平位)[95]와 홍익인간 이화세계의 현재적 실천이 될 것이며, 동시에 근대 동학혁명이 이루고자 한 만민평등과 사인여천(事人如天)에 기초한 인간존엄의 상균적(相均的) 민주정신을 완성하는 일이 될 것이다. 이러한 토대 위에서 우리는 민족의 자주적 통일과 번영을 이루고, 동북아와 인류의 평화발전에도 기여할 수 있을 것으로 기대한다.

참고문헌

『동경대전』

『용담유사』

95) 수미균평위(首尾均平位)를 역학적으로 말하면 천지정위(天地定位)에 비유할 수 있다. 천지정위(天地定位)란 하늘과 땅이 마땅한 자리를 정한다는 뜻이다. 만약 수미불평위(首尾不平位)하면 하늘과 땅이 자리를 정할 수 없는 것과 같다. 또 주역에서는 더 구체적으로 "위호천위 이정중야(位乎天位以正中也 : 需卦象)"라고 했다. 하늘자리에 자리 잡을 때 正中할 수 있다는 뜻이다. 따라서 수미균평위(首尾均平位)를 이룸으로써 나라의 법도가 바르고 가운데 한 正中의 하늘자리[天位]를 얻는다고 할 수 있다. 이처럼 주역은 부(富)의 집중을 반대한다. 부는 홀로 하여서는 안 되고(不獨富), 이웃을 끌어들여 함께 나누어야 한다는 것이다(攣如 富以其隣: 소축 구오). 여기서 부(富)는 독부(獨富)가 아닌 이웃과 함께하는 '부린(富隣)'을 속성으로 한다는 것을 알 수 있다. 이 부린을 어기면 그 부(富)는 오래 향유하지 못하고 빈(貧)으로 전락한다.

『삼일신고』
『대종교 중광 60년사』(대종교)
『훈 법』(선불교)
한국철학사연구회 『한국철학사상사』 한울아카데미, 1997
신채호 『조선상고사』 삼성미술재단, 1977
정인보 『담원 정인보 전집』 연세대출판부, 1983
문정창 『고조선사 연구』 백문당, 1965
조소앙 『소앙선생문집』 횃불사, 1979
함석헌 『뜻으로 본 한국역사』 제일출판사, 1965
강만길 「우리의 통일 어떻게 해 갈 것인가?」 『내일을 여는 역사』 2014, 겨울(57호)
안종운 『민주정치 혁명론』 청목출판사, 2002
신용하 「신채호의 애국계몽사상」(하) 『한국학보』 20집, 1980
정영훈 「단군민족주의의 前史」 『단군학연구』 8호, 2003
임형진 「한국정치사속에서의 단군민족주의」 『고조선단군학』 28호, 2013
이이화 『이야기한국사18－민중의 함성과 동학농민전쟁』 한길사, 2003
노태구 「한국민족주의의 전개과정과 과제」 『신인간』 638호, 2003. 10
윤이흠 · 노길명 『한국민족종교운동사』 2003, 한국민족종교협의회
신용하 『동학과 갑오농민전쟁연구』 일조각, 1993
허영길 「북간도지역에서의 청림교의 반일운동연구」 『민족종교협의회 국제세미나 자료집』 2008
이홍범 『홍익민주주의』 대성, 1993
이찬구 『천부경』 상생출판, 2014
토마 피케티 『21세기 자본』 장경덕 외 옮김, 글항아리, 2014

통일철학과 단민주주의

•

지은이 / 이찬구
발행인 / 김재엽
펴낸곳 / 한누리미디어
디자인 / 지선숙

•

121-840, 서울시 마포구 잔다리로35, 202호(서교동 서운빌딩)
전화 / (02)379-4514, 379-4519
Fax / (02)379-4516
E-mail/hannury2003@hanmail.net

•

신고번호 / 제300-2006-61호
등록일 / 1993. 11. 4

•

초판발행일 / 2015년 3월 31일

•

•

값 18,000원

•

•

ISBN 978-89-7969-498-7 93130